GERHARD WOLF

ERINNERUNGEN

Eine biografische Erzählung

novum pro

Dieses Buch ist auch als
e-book
erhältlich.

www.novumverlag.com

Bibliografische Information
der Deutschen Nationalbibliothek:

Die Deutsche Nationalbibliothek
verzeichnet diese Publikation in
der Deutschen Nationalbibliografie.
Detaillierte bibliografische Daten
sind im Internet über
http://www.d-nb.de abrufbar.

Gedruckt in der Europäischen Union
auf umweltfreundlichem, chlor- und
säurefrei gebleichtem Papier.

© 2022 novum Verlag

ISBN 978-3-99131-474-5
Lektorat: Dagmar Heißler
Umschlagfotos: Lunamarina,
Tobias Machhaus, Badboo,
Steve Scott | Dreamstime.com
Umschlaggestaltung, Layout & Satz:
novum Verlag

www.novumverlag.com

Climate neutral
Print product
ClimatePartner.com/16547-2201-1002

Meiner Tante Gisela gewidmet

Vorwort

Die nachfolgenden ERINNERUNGEN sind eine autobiografische Aufzählung von kleinen und großen Höhepunkten in meinem bisherigen persönlichen Leben.

Ich habe mich bemüht, auch einen Zusammenhang mit den jeweils aktuell vorherrschenden politischen und gesellschaftlichen Verhältnissen herzustellen.

Das Schreiben hat mir sehr viel Spaß gemacht! Vor allem, weil Erinnerungen an Einzelheiten aufgetaucht sind, die ich eigentlich schon längst vergessen meinte.

Ich hoffe und wünsche, dass der Leserin, dem Leser die Lektüre ebensolches Vergnügen bereitet, wie es mir beim Schreiben vergönnt war.

Gerhard Wolf

Ich komme auf die Welt

Als ich auf die Welt kam, zeigte der Kalender den Monat Juli an. Es war am frühen Vormittag eines Samstags. Meine Ankunft war wenige Augenblicke vorher vom schrillen Rasseln der Pausenklingel der Grundschule in Lobstädt angekündigt worden.

Meine Mutter war Neulehrerin und bewohnte ein kleines möbliertes Zimmer unter dem Dach dieser Schule, an der sie unterrichtete. Die Klingel war zwar bis dort hinauf zu hören, bestimmte jedoch meinen Werdegang als Neugeborenes in keiner Weise.

Mein Vater war nach der Teilnahme am Zweiten Weltkrieg, als Flakhelfer, aus amerikanischer Kriegsgefangenschaft entlassen worden. Dann hatte er seine durch den Krieg unterbrochene Schulausbildung an der Oberschule in Borna fortgesetzt und das Abitur abgelegt. Gemeinsam mit anderen Klassenkameraden hatte er dort eine Jugendtanzkapelle gegründet. Die jungen Männer probten an mehreren Tagen in der Woche nach dem Unterricht. An den Wochenenden spielten sie in verschiedenen Gasthöfen der Umgebung zum Tanz auf.

Beim Tanz in der Silvesternacht 1946/47 hatte mein Vater, der eine Ausbildung zum Kfz-Schlosser machte, meine Mutter kennengelernt. Die beiden jungen Leute verliebten sich ineinander und verbrachten viel Zeit miteinander. So blieb es nicht aus, dass die frischgebackene Neulehrerin Margot schwanger wurde und der künftige Kfz-Schlosser Klaus Vaterfreuden entgegensah.

Im März 1948 heirateten sie. Ich sollte in geordneten Familienverhältnissen aufwachsen, was ich in den folgenden Jahren auch ausgiebig genießen konnte.

Meine Großeltern waren jedoch wenig erfreut über die eingetretene Situation. So gab weder einen zünftigen Polterabend noch ein rauschendes Hochzeitsfest. Still, nur zu zweit und bescheiden verbrachten meine Eltern den Abend vor der Trauung. So setzte sich auch ihr späteres Leben fort.

Ich kann mit absoluter Sicherheit sagen, dass ich kein sogenanntes Wunschkind war. Ich war wohl eher ein „Verkehrsunfall". Dennoch bin ich am 3. Juli 1948, im Sternzeichen Krebs,
geboren worden. Natürlich kann ich mich nicht mehr an Einzelheiten erinnern. Nur an Anekdoten, die ich später aufschnappte.
Es war damals noch üblich, zu Hause zu gebären. Meine Geburt
verlief wohl auch ohne nennenswerte Probleme. Es war jedenfalls kein Transport in den Kreißsaal einer Klinik nötig. Später
hat man mir aber erzählt, dass die anwesende und regieführen-
de Hebamme bei meinem Erscheinen alle Umstehenden dring-
lichst aufgefordert hatte, mich festzuhalten, um wohl zu verhindern, dass ich auf die Gardinenstange klettere. Mein Körper
soll beinahe komplett behaart gewesen sein. So wie man das
von Affen kennt.

Was ging im Kopf dieser braven Frau vor sich? Meine Mutter, noch erschöpft von den Anstrengungen des Geburtsvorgangs,
aber stolz, einen Jungen auf die Welt gepresst zu haben, bekam
einen derben Dämpfer ihrer Emotionen. Ihr Sohn, der künftige
Stammhalter, wurde mit einem Primaten, mit einem Kletteraf-
fen aus dem Zoo verglichen!

Nun, das mit der Körperbehaarung hatte sich dann recht bald
gegeben, und ich konnte vorgezeigt werden. Über die typischen
Entwicklungsetappen „zur Menschwerdung des Affen", also vom
Liegen über das Krabbeln bis zum aufrechten Gang, kann ich
auch keine verbindlichen Aussagen treffen.

Mir wurde jedoch lange Zeit vorgeworfen, dass ich mich vor
Spinat eklatant geekelt habe, wobei der doch aufgrund seines hohen Vitamin- und vor allem Eisengehalts sehr gesund sein soll.
Ich soll den babylöffelweise gefütterten Spinatbrei jedoch wider
allen ernährungswissenschaftlichen Erkenntnissen und Empfehlungen im hohen Bogen ausgespuckt haben. Dabei soll ich mit
solcher Wucht agiert haben, dass sogar die weit entfernt hängen-
den Gardinen unter Beschuss gerieten. Einige Zeit später hatten
ja dann auch führende internationale Ernährungswissenschaft-
ler eingestehen müssen, dass der hohe Eisengehalt im Spinat nur
durch eine versehentliche Verschiebung einer Kommastelle in

einem früheren Analyseprotokoll zustande gekommen war. Mein gesunder Menschenverstand hatte das schon weit vorher erkannt!

Ich kann mich aber recht gut daran erinnern, dass ich einige Zeit später leidenschaftlicher und vor allem tollkühner Pilot eines Dreirads war. Auch im Winter gab es für mich keine verschneite Piste, die ich mich nicht mit dem Rodelschlitten hinuntergewagt hätte. Zur Verwunderung aller hatte ich mir nie eine Fraktur zugezogen. Die kleinen Prellungen und Blessuren steckte ich ohne jämmerliches Gezeter oder lautes Wehgeschrei weg, denn ein Mann weint ja bekanntlich nicht."

Ich hatte auch keinerlei Furcht vor freilaufenden Tieren. Selbst wenn sie mich an Körpergröße überragten. So schleppte ich neben streunenden Katzen oft auch herrenlose Hunde nach Hause. Einmal kam gar eine Dogge willig mit mir mitgelaufen. Ich musste meinen Arm weit nach oben strecken, um das Halsband greifen zu können. Nachdem dieses „Ungetüm" zwölf mit Margarine bestrichene dicke Scheiben eines wagenradgroßen Bauernbrotes verschlungen hatte, kam jedoch alsbald der nach ihm suchende Besitzer vorbei und nahm den Hund mit sich.

Wir wohnten inzwischen in einer kleinen, sehr schlichten Wohnung im Obergeschoß eines ehemaligen Pferdestalls. In der einstigen Wohnung des Kutschers. Hinauf führte eine sehr steile Holztreppe. Im unteren Geschoß waren einst die Pferde und Kutschen untergebracht. Diese Räume dienten jetzt als Lagerraum. Ein Bad hatten wir nicht in dieser Wohnung. Die Toilette war ein „Häuschen", und das stand unten im Hof.

Dort hatten meine Eltern auch einen kleinen Verschlag zurechtgezimmert, in dem sie Kaninchen züchteten. Einmal hatte die „Zibbe", so nennt man wohl die Häsin, ihren Wurf abgelehnt und begonnen, ihre Kaninchenbabys totzubeißen. Flugs hatte meine Mutter ein Körbchen mit Watte ausgekleidet und die Kleinen hineingetan. Mit einem Fläschchen, gefüllt mit lauwarmer Kuhmilch, wurden sie nun mühevoll aufgezogen. Ob diese Rettungsaktion von Erfolg gekrönt war, weiß ich heute nicht mehr.

Ich bleibe kein Einzelkind

Während ich meine erste Zeit als Baby in warmen Sommermonaten genießen konnte, kam meine Schwester knapp drei Jahre später Anfang März zur Welt. An diesem Tage hatte es wohl sogar geschneit. Ich durfte weder Augen- noch Ohrenzeuge der Geburt sein. So wurde ich vorsorglich bei den Großeltern untergebracht. Erst als alles vorbei war, holte mich mein Vater nach Hause. Schon vor dem Gebäude hörte ich das Babygewimmer, deutete es aber zunächst als das Miauen einer neuen Katze. Wir hatten eigentlich immer eine Katze im Haus. Es war immer etwas zum Streicheln und Spielen da.

Wenig später wurde mir meine Schwester präsentiert. Zu meinem Leidwesen war ich nun nicht mehr Mittelpunkt der Familie. Zudem konnte man ja mit diesem wimmernden Knäuel nicht spielen. Ich stand auch immer irgendwie im Weg, musste mich still verhalten, wenn sie schlief. Wozu war Barbara also gut? Erst viel später war sie einigermaßen als Spielgefährtin zu gebrauchen.

Das dauerte mir zu lange. Ich sah mich nach anderen Beschäftigungen um. Gegenüber, in dem Haus auf der anderen Straßenseite, wohnten zwei Schwestern. Ältere Damen schon. Sie betrieben einen kleinen Getränkehandel. Die Getränke wurden in Holzfässern angeliefert. Es gab Bier, Malzbier und Brauselimonade. Diese Getränke wurden in Flaschen abgefüllt, die mit einem Schnappbügel verschlossen wurden. Die gefüllten Flaschen wurden in Bierkästen aus Holz gelagert und zum Verkauf angeboten. Leergetrunkene Flaschen wurden wieder dort abgegeben. Sie wurden gereinigt und erneut befüllt. Die Flaschenreinigung erfolgte mit heißem Wasser, in das wohl auch ein mildes Reinigungs- und Desinfektionsmittel gegeben wurde. Diese Lauge war in einen großen Holzbottich gefüllt. Die Flaschen wurden hineingelegt und füllten sich dort blubbernd mit dem Reinigungswasser. Nun begann der Reinigungsvorgang. Immer zwei Flaschen wurden dem Bottich entnommen. Eine davon wurde entleert und etwa halbvoll mit sehr kleinen Stahlkugeln gefüllt. Geschickt wurden dann die Flaschenhälse mit ihren Öffnungen aneinandergehalten, senkrecht gestellt und kräftig geschüttelt. Wenn die Stahlkugeln aus der oberen Flasche in die untere Flasche gelangt waren, wurden die Flaschen gedreht und der Vorgang mehrfach wiederholt.

Ich konnte stundenlang dieser fingerfertigen Handhabung zusehen. Mich faszinierte auch das Geräusch der herabrieselnden Stahlkugeln. Wenn man die Augen geschlossen hielt, hörte man einen leichten Sommerregen. Damals wusste ich noch nichts über die australischen Aborigines und ihr Didgeridoo, ihr „Regenrohr".

Ich spielte auch mit den zahlreichen Katzen, die dort herumliefen. Ein hochkant gestellter Bierkasten, bei dem der Boden fehlte, diente mir als „Dompteurutensil". Dort lockte ich die Katzen, von einem Fach ins andere zu kriechen. Also vorn herein und auf der anderen Seite in einem der nächsten Fächer wieder zurück. Eine Art „Bierkasten-Slalom".

Die beiden Damen spendierten mir auch hin und wieder ein Bier. Ein Malzbier. Dazu luden sie mich sogar in ihr Wohnzimmer ein. Dort stand eine richtige Palme. Ich durfte mich in einen der wuchtigen Plüschsessel setzen. Das Malzbier wurde mir natürlich in einem Trinkglas serviert. Ich genoss es, den Bierschaum von den Lippen zu lecken.

Eine der beiden Damen hatte ihren Sohn schon im Ersten Weltkrieg verloren. Mit meiner Erscheinung erinnerte ich wohl sehr an ihn. Sie hatte mir einmal ein verblichenes Foto von ihm gezeigt. Ich konnte jedoch keine Ähnlichkeit mit mir entdecken. Das Foto zeigte ja auch einen jungen Mann und keinen Dreikäsehoch mit knapp vier Jahren, der ich damals war.

An den Sonntagen machten wir stets einen Familienspaziergang. Wenn es nicht gerade regnete. Ich kann mich nicht daran erinnern, ob es in diesen Jahren überhaupt einmal geregnet hatte. Vielleicht einmal nachts, wenn ich schlief.

Zu diesen Spaziergängen musste man sich natürlich fein anziehen. Fein bedeutete für mich: blitzblankgeputzte Schuhe, irgendein helles Oberteil, eine helle kurze Hose und weiße lange Strümpfe. Ich durfte schon die steile Treppe nach unten gehen, musste aber vor dem Haus auf die Familie warten, die noch damit zu tun hatte, sich selbst festlich zu kleiden. Am langsamsten war wohl meine Schwester. Denn es dauerte immer ewig, bis sie unten auftauchte. Sie wurde natürlich die Treppe heruntergetragen und dann in den Kinderwagen gesetzt. Ich musste laufen. Es kam nicht selten vor, dass mir die Warterei zu lange dauerte und ich inzwischen eine kleine Beschäftigung gefunden hatte. Natürlich blieben dabei vor allem meine weißen Strümpfe nicht sauber. Dann tolerierten meine Eltern zwar die inzwischen mit Tarnmusterung versehenen Strümpfe, aber mein verschmutztes Gesicht nicht. Mutti nahm dann ein Taschentuch, befeuchtete es mit Speichel und rubbelte mir die Verunreinigungen aus dem Gesicht. Mich schüttelt es heute noch, wenn ich daran denke.

Dann ging es endlich los. Es gab zwei Standardziele für den Spaziergang. Entweder eine Runde um den Breiten Teich oder eine Wanderung zum Lerchenberg. Am Breiten Teich gab es immer viel zu sehen. Auf dem Wasser konnte man mit Ruderkähnen fahren, die man sich ausleihen konnte. Mit meiner Schwester im Kinderwagen war das ein riskantes Unterfangen und kam deshalb nicht infrage. Zum anderen brauchten meine Eltern das Geld, das man für die Kahnausleihe hätte zahlen müssen, sicherlich für nützlichere und dringlichere Dinge. So blieb der Rundgang um den See zu Fuß. Man konnte viele Leute sehen, was auch sehr interessant war. Es war erstaunlich, welche Garderobe manche trugen. Aber man musste auch höllisch aufpassen, dass man jeden entgegenkommenden Bekannten aus der Nachbarschaft rechtzeitig und freundlich grüßte.

Der Lerchenberg ist eine kleine bewaldete Anhöhe etwas außerhalb der Stadt. Dort ging ich lieber spazieren. Ich musste zu diesem Spaziergang auch nicht unbedingt weiße Strümpfe tragen. Es war ein richtiger kleiner Wald. Meine Eltern erklärten mir die einzelnen Baumarten und nannten mir die Namen der Vögel, die dort herumflatterten. Einige erkannte ich recht bald an ihrem typischen Gezwitscher. Auch verschiedene Pflanzen lernte ich kennen.

Im Herbst sammelten wir dort Pilze. Manchmal reichte es für eine kleine Mahlzeit. Es war aber immer kaum mehr als eine Kostprobe.

Am südlichen Waldrand gab es eine Silberfuchsfarm. Durch den penetranten Gestank wurde man schon von Weitem darauf aufmerksam. Es war für mich sehr interessant, die Tiere in ihren Käfigen zu beobachten.

In den Sommermonaten gab es keine Sonntagsspaziergänge. Wir fuhren mit den Fahrrädern ins Grüne. Meine Schwester saß im Körbchen, das am Lenker von Muttis Fahrrad befestigt war. Ich saß auf einem kleinen Fahrradsattel, der auf der Querstange bei Vatis Fahrrad montiert war. Auf den großen Gepäckträgern wurde ein großer Picknickkorb, aber auch eine große Regenplane und eine Decke verstaut. So ging es los!

Unser Lieblingsziel war der Colditzer Wald. Meist rasteten wir auf dem dortigen Hochbehälter. Das war eine spärlich bewachsene Erhebung über einer Anlage der Wasserwirtschaft. Vergleichbar mit einem Wasserturm. Von dieser Anhöhe aus hatte man einen herrlichen Rundblick über die Landschaft. Die Decke wurde ausgebreitet, und alle nahmen darauf Platz. Zum Picknick gab es meist Kartoffelsalat mit gekochtem Ei. Den Durst konnte man sich mit kaltem Pfefferminztee löschen. Den Tee hatte Mutti in solche Bügelverschlussflaschen abgefüllt, wie ich sie im Haus gegenüber kennengelernt hatte.

Im Spätsommer fuhren wir dorthin, um Hagebutten zu pflücken. Diese Früchte der Wildrose wurden grob zerkleinert und getrocknet. Man konnte sie dann mit heißem Wasser überbrühen und erhielt einen sehr wohlschmeckenden und gesunden Tee. Durch den hohen Vitamin-C-Gehalt der Hagebutte wird das Immunsystem gestärkt.

In dieser letzten Phase des Sommers fuhren wir auch mit den Fahrrädern ein Stück weiter aus dem Ort als gewöhnlich. Entlang einiger Chausseen standen Apfelbäume, die viele ihrer Früchte abgeworfen hatten. Diese Äpfel sammelten wir auf und brachten sie nach Hause. Dort wurden sie gewaschen, geschält, in mundgerechte Stücke geschnitten, in Gläser gefüllt und eingeweckt. Oder die Stücke wurden gekocht und durch die Fruchtpresse gegeben, auf diese Weise wurde Apfelmus gewonnen. Dieses Apfelmus wurde auch eingekocht. Das schmeckte später sehr lecker zu knusprig gebratenen Kartoffelpuffern.

Wir Kinder, meine Schwester Barbara und ich, halfen oft und auch gern im Haushalt. Besonders gern beim Kuchenbacken. Dann galt es oft, einen Rührlöffel abzulecken oder eine Schüssel auszuschaben. Ich sah Mutti auch gern beim Kochen zu, durfte umrühren und auch abschmecken. Später wollte ich immerhin Koch werden. Koch auf einem großen Überseedampfer.

Schon in meinen ersten Lebensjahren besaß ich ja einen fahrbaren Untersatz. Ein Dreirad. Das war sehr stabil, was es auch sein musste, denn ich strapazierte es außerordentlich. Hügel, aber auch Treppenstufen fuhr ich oft im Stehen hinunter. Das Dreirad hatte jedoch keine Handbremse, und wenn ich auf der Sitzfläche stehend einen Abhang hinunterfuhr, konnte ich nicht mit den Pedalen bremsen. Also lenkte ich das Dreirad in eine Richtung, in der ein „weiches" Hindernis, wie etwa ein Gebüsch, vorhanden war oder die rasante Bergabfahrt in eine Bergauffahrt überging. Es war damals kaum Verkehr auf den Straßen und in unserer Wohngegend sowieso nicht.

In Erinnerung habe ich, dass ich einmal dennoch unter einem Pferdegespann zum Halten kam. Stets hatte ich aufgeschlagene Knie und Ellenbogen, und mein Dreirad hatte eine kaum noch erkennbare Lackierung.

Als ich dann etwas größer und älter war, bekam ich einen Holzroller. Der war rotlackiert und hatte Hartgummibereifung. Den strapazierte ich ebenso wie einst mein Dreirad. Keine Abfahrt war rasant genug, und bei den Rennen im Gelände oder auf dem Fußweg, die ich mir mit den Nachbarskindern lieferte, schonte ich das Fahrzeug keineswegs.

Mein erstes selbstverdientes Geld

Wir waren umgezogen und wohnten jetzt zur Miete in einer Hälfte einer großen Wohnung im Parterre einer Villa. Dort hatten wir endlich ein Bad mit Badewanne und eine Toilette mit Wasserspülung. Vati arbeitete als Kfz-Schlosser im Fuhrpark der Handelsorganisation Konsum.

Der Konsum war eine Handelsgenossenschaft, die flächendeckend in der DDR Lebensmittel- und sogenannte Industriewarengeschäfte unterhielt. Man konnte also neben Lebensmitteln aller Art auch Fahrräder, Küchenutensilien und Elektrogeräte wie Heizkörper, Kühlschränke und Waschmaschinen kaufen. Da es bei Waschmaschinen und Kühlschränken ständig Lieferengpässe gab, musste man sich in eine lange Warteliste eintragen. Die Wartezeiten erstreckten sich auf bis zu zwei Jahre! Als Konsum-Genossenschaftsmitglied bekam man nach jedem Einkauf, der Einkaufssumme entsprechend, sogenannte Rabattmarken. Diese konnte man säuberlich in ein spezielles Rabattmarkenheft einkleben. Einmal im Jahr konnte man diese Rabattmarken abrechnen und bekam dafür eine winzige Prozentzahl der Gesamteinkaufssumme rückerstattet.

Im Volksmund wurde Konsum so buchstabiert: *Kaufe ohne nachzudenken sofort unsern Mist!*

Es gab noch die Läden der Handelsorganisation (HO). Dort bekam man keine Rabattmarken. Die Verkaufsartikel waren in der Qualität geringfügig besser und der Verkaufspreis auch höher. Einen winzigen Teil des Lebensmittelverkaufs bestritten einige kleine „Tante-Emma-Läden". Es gab auch wenige private Verkaufseinrichtungen für sogenannte Eisenwaren.

Vati war eine Zeit lang als Kraftfahrer beim Konsum eingesetzt. Oft brachte er leere Obststiegen mit. Wir hatten Ofenheizung, und mit dem Holz dieser Kisten konnte man vorzüglich das Feuer entfachen und dann die Kohle drauflegen.

Ich bekam meine erste bezahlte Arbeit! Vati erklärte mir, wie man mit der Zange die Nägel aus den Kistenbrettchen ziehen kann. Diese Stahlstifte waren natürlich oft krumm und verbogen. Dann hieß es, sie gerade zu klopfen. Zum Schluss sortierte ich sie in leere Streichholzschachteln. Für jede mit Nägeln gefüllte Streichholzschachtel erhielt ich zehn Pfennige. Das war eine mühsame Arbeit, aber ich konnte mir von dem Geld Naschereien kaufen. Noch wichtiger war für mich, das Kleingeld zu sparen und dann auf dem Rummel auszugeben.

Mindestens zweimal im Jahr war Jahrmarkt auf einer großen Freifläche in der Nähe des Breiten Teichs. Nicht weit entfernt von unserer Wohnung. Dort konnte ich mit meinem „Nägelgeld" einige Fahrten mit verschiedenen Karussells bezahlen. Es gab dort damals auch Karussells, bei denen man als „Anschieber" tätig werden konnte. Die Ebene mit den Figuren und Gondeln, die man für eine Karussellfahrt besteigen konnte, war etwas erhöht. Darunter war eine Ebene, in der sich Haltegriffe befanden, und mit Freiwilligen wurde das Karussell angeschoben. Eine Fahrt währte wohl zehn Runden. Wenn man zehn Fahrten, also einhundert Runden, angeschoben hatte, durfte man eine Fahrt gratis machen. Beim Anschieben kam man ganz schön ins Schwitzen, und der aufgewirbelte Staub setzte sich auf Gesicht und Armen fest. Man sah beinahe aus wie nach dem Brikettstapeln im Keller.

Für unsere Ofenheizung mussten wir Briketts anliefern lassen. Entweder kam ein Pferdegespann vor einem großen Holzwagen oder ein mittelgroßer Lkw. Die aus Braunkohle gepressten Briketts wurden auf der Straße in der Nähe unseres Kellerfensters abgekippt. Dann wurde eine Holzrutsche ins Kellerfenster gelehnt. Darauf legte eine Person, meist meine Schwester, die Briketts und ließ sie nach unten in den Kellerraum rutschen. Unten im Keller war eine andere Person, meist ich, die dann die Briketts ordentlich gegen eine Kellerwand stapelte. So nahmen sie viel weniger Platz in Anspruch. Mindestens zwei oder gar drei Basisreihen mussten zunächst sehr akkurat auf den Kellerboden gelegt werden. Mit kleinen Holzstücken oder Leisten musste dabei ein geringes Gefälle in Richtung der Kellerwand justiert werden. So rutschten die Briketts beim Stapeln nicht nach vorn, und der Stapel konnte später auch nicht umfallen. Der Kellerraum war mit Kohlenstaub gefüllt, der sich nicht nur auf der verschwitzten Haut ablagerte. Er kroch auch unter die Wäsche, in die Nasenlöcher und in die Ohren. Hinterher musste gebadet werden. Manchmal kam beim Schnäuzen noch am Folgetag Kohlenstaub aus der Nase.

Die Briketts waren nicht billig. Vati hatte wenig später eine Arbeit im Braunkohlenwerk gefunden. Dort gab es zusätzlich zum Monatslohn als Deputat zwei Liter hochprozentigen fuseligen Schnaps. Der wurde als „Kumpeltod" bezeichnet. Viel, viel wichtiger waren jedoch fünfzig Zentner Braunkohlenbriketts als Jahresdeputat.

Das Braunkohlenwerk in Borna war zunächst einer der sehr zahlreichen Betriebe der SAG. Die Sowjetunion hatte sämtliche Großbetriebe zu Sowjetischen Aktiengesellschaften (SAG) organisiert. Ziel war es, im Rahmen der Reparationen nach Ende des Zweiten Weltkrieges die Gewinne in den sowjetischen Wirtschaftshaushalt abzuführen. Nach der Gründung der DDR wurden diese SAG-Betriebe in Volkseigene Betriebe (VEB) umbenannt. Organisatorisch wurden sie entsprechend dem Produktionsprofil zu Kombinaten vereint.

Zu dieser Zeit wurden noch Lebensmittelkarten vergeben. Je nach Haushaltsstärke gab es Zuteilungen für Fleisch- und Wurstwaren, Butter und auch Milch. Die Milch musste man beim Milchhändler holen. Ähnlich einem Zugschaffner lochte der mit einer Zange die vorgelegte Milchmarke, kassierte das Geld und schöpfte dann mit einem Litermaß aus einer großen Milchkanne die anteilige Milch in die mitgebrachte kleine Kanne. Solch eine Kanne fasste wohl bis zu zwei Liter. Unsere Milchkanne war aus dünnem Aluminium, hatte einen Deckel und einen dünnen Henkel mit einem hölzernen Tragegriff. Andere hatten wesentlich stabilere Kannen aus emailliertem Stahlblech mit entsprechend stabilen Henkeln.

Einmal traf ich auf dem Heimweg ein paar ältere Jungs. Sie führten mit ihren Milchkannen Mutproben durch. Dazu wurde der Deckel entfernt und dann die Milchkanne am gestreckten Arm so schnell herumgeschleudert, dass die Milch nicht herausfloss.

Das war für mich beeindruckend und der erste Kontakt mit physikalischen Gesetzen. Die beim Schleudern entstehende Fliehkraft hielt die Milch in der Kanne zurück. Natürlich beteiligte ich mich an dieser Mutprobe, ohne zu bedenken, dass der Henkel meiner Kanne aus weichem und dünnem Aluminium war. So kam es, wie es kommen musste: Meine Milchkanne flog im hohen Bogen in die Luft, um dann sehr hart auf dem Gehwegpflaster aufzuschlagen. Die tägliche Milchration versickerte im Erdreich, und die Kanne war aufgeplatzt!

Ich komme in die Schule

Mein erster Schultag war am 1. September 1955. Das war natürlich ein aufregender und schöner Tag. Stolz schleppte ich meine riesige „Zuckertüte" nach Hause. Meine kleine Schwester bekam natürlich auch eine kleine Zuckertüte, obwohl sie noch lange kein Abc-Schütze wurde. Sozusagen als Trost. Als sie drei Jahre später eingeschult wurde, bekam ich jedoch keine Trost-Tüte!

In meiner Zuckertüte befanden sich aber nicht nur Süßigkeiten, wie ich erhofft hatte. Auch Farbstifte und anderes Zubehör für den späteren Unterricht. Wer wusste es besser als meine Mutter als Lehrerin, was benötigt wurde. Mutti war jedoch nicht meine Klassenlehrerin.

Mit dem Schreibenlernen hatte ich weniger Mühe als mein Vater seinerzeit. Er war und ist Linkshänder. Man zwang ihn damals jedoch, mit der rechten Hand zu schreiben. Das ist heute noch die einzige Tätigkeit, die er mit der rechten Hand ausübt.

Ich bin Rechtshänder und habe schon immer gern gemalt. Bereits im Kindergarten hatte ich gelernt, gerade Linien zu ziehen. Das kam mir nun zugute. Ich eignete mir eine Schreibschrift, später eine Handschrift an, für die ich mich noch heute nicht zu schämen brauche.

Um schreiben und lesen zu lernen, gab es damals einen „Lesekasten". Ein flacher Kasten aus Hartpappe enthielt Bögen mit klein- und großgedruckten Buchstaben. Die konnte man sorgfältig ausschneiden und in die vorgefertigten kleinen Fächer sortieren. Den Deckel des Kastens konnte man aufklappen. Auf der Innenseite waren Pappstreifen, wie Zeilen, aufgeklebt. Hier konnte man die einzelnen Groß- oder Kleinbuchstaben auflegen und daraus Wörter bilden. So konnte man lernen, welche Buchstaben zu einem bestimmten Wort gehören. Durch diesen Trainingseffekt hatte man das „Schriftbild" eines Wortes im Gedächtnis und konnte es fehlerfrei aufschreiben. So verhielt es sich auch beim

Lesen. Später sah man ein „Schriftbild" und erkannte sofort das Wort, ohne umständlich lautieren zu müssen.

Aber bis dahin war noch ein weiter Weg. Zunächst musste doch noch lautiert werden, also die einzelnen Buchstaben in der Folge des Wortes gesagt, die Laute aneinandergereiht und schließlich das ganze Wort ausgesprochen werden. Es gab ein kleines Hilfsmittel. Das „Lese-L". Aus dünner Pappe wurde ein großes „L" ausgeschnitten. Das Papp-L hatte aber einen hohen „Fuß". Diese Lesehilfe in Form eines „L" wurde nun auf den Rücken gelegt, und der hohe „Fuß" wurde nach links gerichtet. Damit deckte man in der Zeile den bereits lautierten Buchstaben eines Wortes ab und konnte sich auf den nächsten Buchstaben konzentrieren.

Schreiben und Lesen hatten mich vom ersten Moment an fasziniert. Mit dem Rechnen stand ich immer ein wenig auf Kriegsfuß. Nun gut, in den unteren Klassen mit den Grundrechenarten noch nicht. Aber später!

Vati ist ein echtes „Mathe-Ass"! Er konnte später im Supermarkt der Kassiererin schon den Endbetrag sagen, ehe sie fertig war mit dem Eintippen. Man sagt ja den Linkshändern nach, dass sie gute Mathematiker sind.

Die Helmecke-Oma, die Mutter meiner Mutter, war auch sehr gut im Kopfrechnen. Sie war in ihrer Jugend als Dienstmädchen bei einer wohlhabenden Familie in Stellung. Da hatte sie gelernt, mit dem zugeteilten Geld zu wirtschaften. Ob Oma Linkshänderin war, hatte ich nie beobachtet.

Am Ende des ersten Schuljahres konnte ich wahrhaft stolz auf mein erstes Zeugnis sein. In allen Fächern hatte ich eine Eins erhalten. Da hatte niemand geschummelt oder gar meiner Mutter einen Gefallen getan, die ja an derselben Schule unterrichtete. Damals war ich noch sehr eifrig, fleißig und zielstrebig. Jedoch kein typischer Streber. Das legte sich zwar dann in den späteren Schuljahren etwas, aber ich gehörte stets zu den Besten in meiner Klasse.

Ich bekam einen luftbereiften Roller! Mit dem konnte man toll rollern! Der war verschiedenfarbig lackiert, natürlich aus

Stahlrohr, hatte einen chromblitzenden Lenker und einen gepolsterten Sitz über dem Hinterrad. Das Hinterrad konnte man mit einer Fußraste abbremsen. Ich war der Erste in unserer Wohngegend, der solch einen Roller besaß. Damit war ich bei jedem Rollerrennen der Schnellste! Meinen Holzroller übergab ich nun großzügig meiner kleinen Schwester.

Der Kleingarten

Am Stadtrand war ein großes Ackerstück zur Nutzung als Kleingartenanlage freigegeben worden. Wir bekamen auch eine Parzelle zugesprochen. Ich weiß nicht, wie dieser Riesenerfolg zustande gekommen war. Zur damaligen Zeit war das wie ein Hauptgewinn im Lotto. Man konnte sein eigenes Gemüse und Obst anbauen! In den staatlichen Obst- und Gemüsegeschäften gab es nur ein sehr geringes Angebot. Rotkohl, Weißkohl, saisonabhängig auch Grün- und Rosenkohl. Saisonbedingt gab es auch Äpfel und Birnen. Erdbeeren bekamen nur die ersten Kunden. So verhielt es sich auch bei Kirschen und Pflaumen. Bananen und Orangen waren ausschließlich in der Vorweihnachtszeit im Angebot und wurden streng rationiert!

Nun hatten wir also einen eigenen Garten für Obst- und Gemüseanbau! Bereits im Herbst freute ich mich auf die Erdbeeren, die wir sicherlich schon im nächsten Jahr dort ernten würden. Helmecke-Opa besorgte Barackenteile, aus denen eine kleine Laube gezimmert werden konnte. Er beschaffte auch Holzlatten für einen Zaun zur Abgrenzung zum Hauptweg. Dort wurde eine Tür eingebaut, die mit einem Vorhängeschloss verriegelt werden konnte. Rings um die Anlage herum wurde ein hoher Maschendrahtzaun gezogen. Als Abgrenzung zu den Nachbargärten dienten straff gespannte Drähte. Vorn am Hauptweg wurde ein schönes Blumenbeet angelegt. Daran anschließend gab es Beete mit Erbsen, Möhren, Kopfsalat, Gurken, Kohlrabi, Rhabarber und eine große Fläche mit Erdbeeren. Es gab auch eine Reihe mit verschiedenen Küchenkräutern.

Ich naschte gern Petersilie, die krause. Die kitzelte beim Kauen auf der Zunge. Es wurden auch ein paar Obstbäume gesetzt. Wir Kinder halfen natürlich fleißig mit. Das Säen und Pflanzen machte großen Spaß. Das Unkrautzupfen aber weniger.

Den größten Spaß machte natürlich das Ernten. Da konnte man zwischendurch gleich einmal kosten! Es war für mich ein

Vergnügen, eine Möhre aus ihrer Saatreihe zu ziehen und zu essen. Da reichte es, mit der Hand ein wenig die noch anhaftende Erde abzustreifen. Später hatten wir eine Regentonne an der Laube. Dort konnte man dann das Gemüse vor dem Verzehr ein wenig abwaschen. Zu jener Zeit war nichts bekannt von Allergien, Lactose-Unverträglichkeit und anderen „Modekrankheiten", die es heute gibt.

In der Kleingartengemeinschaft „Glück Auf" wurde jährlich gegen Ende des Sommers ein kleines Gartenfest organisiert und durchgeführt. Für die Kinder gab es einen „Kletterbaum". An einer dicken Holzstange konnte man nach oben klettern und von dem oben angebrachten Ring Süßigkeiten oder kleine Spielsachen „pflücken".

Blindekuh wurde gespielt, Topfschlagen, Sackhüpfen, Eierlauf und Wurstschnappen. Einmal war sogar ein Kasperltheater aufgebaut. Es gab einen Stand mit Getränken und selbstgebackenem Kuchen. Irgendjemand spielte auf dem Akkordeon und dazu einer auf der Trompete. Manche der Erwachsenen, auch Kinder, tanzten ein wenig. Ich schaute meist nur zu.

Mir gefiel ein Mädchen besonders. Der Garten ihrer Eltern war einer der ersten nach dem Haupteingang. Sehr oft, wenn ich mit meinen Eltern zu unserem Garten nach hinten lief, stand sie am Gartentor. Sie hatte wunderschöne blaue Augen, die mich an die Blüten von Vergissmeinnicht erinnerten. Ich sah sehr gern in ihre Augen und konnte so die Welt um mich herum vergessen.

Als es dämmerte, wurden Lampions und Fackeln angezündet. Es wurde ein Umzug auf dem Hauptweg gemacht. Das war der Ausklang des Festes. Vati lud uns Kinder dann in unseren hölzernen Handwagen. Gemeinsam mit Mutti zog er uns nach Hause. Die stahlbereiften Holzräder holperten mächtig. Wenn man einen leisen Dauerton ausstieß, wurde der in kleine Frequenzen „zerhackt". Das vibrierte wohlig in der Brust. Oben am Himmel funkelten die Sterne, und der Mond erhellte unseren Weg.

Vier Generationen in einem Haus

Der „Papi", der Vater meines Vaters, war aus der Haft entlassen worden. Ich war damals gerade wenige Tage alt, als er im Morgengrauen von sowjetischen Soldaten aus der Wohnung geholt und verhaftet wurde. Angeblich sollte er an Kriegsverbrechen beteiligt gewesen sein. Er wurde im Zuchthaus Bautzen, dem „Gelben Elend", eingekerkert. Dort herrschten beinahe unmenschliche Bedingungen. Die Zellen waren drei- und vierfach überbelegt. Es gab kaum Hofgänge, um frische Luft schnappen zu können. Auch keine Möglichkeit der Bewegung oder der Beschäftigung. Besuche waren verboten! Der russische Kommandant wurde viel später von seiner vorgesetzten Behörde seines Amtes enthoben. Da war es für den Papi aber schon zu spät. Er war schwer an Tuberkulose erkrankt. Inzwischen waren auch seine einstigen Verhaftungsgründe geprüft und für haltlos erklärt worden. Nach mehr als sechs Jahren schwerer Haft wurde er entlassen.

Der Papi wollte, dass die komplette Familie Wolf in einem Haus wohnt. So zogen wir in Urgroßvaters Haus. Das Mehrfamilienhaus befand sich am anderen Ende des Ortes. Der Zweigeschoßer wurde in der oberen Etage von meinem Urgroßvater Hugo bewohnt. Er nutzte nur zwei Zimmer. Die anderen Zimmer auf diesem Flur bewohnte die Familie meines Opas, also des Vaters meines Vaters. Opa hieß eigentlich Hans, wurde aber Papi genannt. Die Oma, seine Frau Else, wurde Mami genannt. Ihre Tochter Gisela, die Schwester meines Vaters, also meine Tante, bewohnte später separat einige Räume, die in die dahinterliegenden Seitenflügel des Gebäudes ragten.

Ich war gern mit Tante Gisela zusammen. Sie hatte sich ihre beiden Zimmerchen ganz niedlich eingerichtet. Es roch dort auch ganz herrlich. Besonders gern schnupperte ich an ihrem Bettzeug, wenn sie gerade aufgestanden war und sich nicht im Zimmer befand. Gisela hatte lange Haare und duftete immer gut. Sie war stets lustig, und sie konnte virtuos auf dem Flügel spielen, der im Wohnzimmer ihrer Eltern stand. Ich hatte Gisela einmal überzeugend versichert, dass ich sie später heiraten würde.

In den hinten angrenzenden beiden Seitenflügeln des Gebäudekomplexes wohnten in den oberen Etagen einige Mieter. In den unteren Bereichen gab es Lagerräume und eine stillgelegte Filzschuhfabrik, die dem Uropa bis zur Weltwirtschaftskrise 1929 gehört hatte.

Wir vier „jungen Wölfe" bewohnten die Parterrewohnung im Vorderhaus an der Straße. Vier Generationen einer Familie in einem Haus!

Die Wohnung und auch die einzelnen Räume waren recht groß. Ich bekam mein eigenes Kinderzimmer. Allerdings gab es kein WC, nur ein Trockenklo im Treppenhaus. Gebadet wurde immer am Freitag. Die Badewanne war in einem schmalen Raum der oberen Etage installiert. Das Badewasser wurde mit Holz oder Kohle in einem Badeofen erwärmt.

Zwischen den beiden Seitenflügeln des Hinterhauses gab es einen mit Feldsteinen gepflasterten Hof. Weiter hinten eine Art Garten. Das Grundstück wurde hinten von einem Quergebäude abgeschlossen. Im unteren Bereich dieses Gebäudes waren die Schuppen der einzelnen Mieter. Eine steile Holztreppe führte hinauf in die Etage, die auf der Sonnenseite keine Wand besaß. Hier konnte Wäsche getrocknet werden. Es gab also genügend Platz zum Spielen und Herumtollen.

Durch den Umzug musste ich eine andere Schule besuchen. Dieses Schulgebäude war unserer jetzigen Wohnung näher gelegen, als das in der alten Wohnung der Fall war. Ich besuchte nun schon die zweite Klasse. Auf dem Schulweg traf ich mich mit meinen Klassenkameraden, und so war es nie langweilig. Wir konnten nochmals so richtig losplappern, wie uns der Schnabel gewachsen war, bis wir dann in der Schule stundenlang stillsitzen mussten.

Die Schule war ein 1911 errichtetes ehrwürdiges Gebäude. Die großen und hohen Klassenräume erstreckten sich über drei Etagen. Vor dem Gebäude war eine recht weitläufige parkähnliche Freifläche mit einem Rundweg. Dort mussten wir in den großen Unterrichtspausen immer entlanglaufen. Die Aufsicht führenden Lehrer achteten streng darauf, dass wir alle in eine Richtung liefen. Es durfte auch nicht gerannt werden.

Hinter dem Schulgebäude erstreckte sich ein großer Platz, der zum Sportunterricht genutzt wurde. Rechts daneben gab es eine Turnhalle mit allen möglichen „Foltergeräten", die zum Geräteturnen nötig waren. Lediglich mit den Kletterstangen konnte ich mich anfreunden. Da kam vielleicht der „Kletteraffe" durch, der ich ja bei der Geburt gewesen sein soll. Mit dem Barren kam ich auch zurecht. Da gab es ja zwei Holme, an denen man sich krampfhaft festhalten konnte. Alles, was im Freien stattfand, war mein Vergnügen. Ich konnte sprinten, weit- und hochspringen, die Kugel stoßen und vor allem lange Strecken laufen.

Einmal hatten einige von uns herumgealbert, und zur Strafe mussten wir eine große Runde um den Platz laufen. Da wir nicht mit dem Gekicher und Gelächter aufhörten, musste eine weitere Runde absolviert werden. So ging das Runde um Runde! Der Sportlehrer gab dann entnervt auf. Wir waren nicht kleinzukriegen!

So gehörte ich auch zur Schulmannschaft, die am jährlich stattfindenden Staffellauf um den Breiten Teich teilnahm. Ich nahm auch an anderen sportlichen Wettbewerben mit leichtathletischen Disziplinen teil.

Im Schulunterricht hatte ich keinerlei Mühe, den Lehrstoff zu begreifen und anzuwenden. Dazu musste ich nie zu Hause büffeln. Was ich im Unterricht gesehen, gehört und erlernt hatte, war sofort beinahe unauslöschlich gespeichert. Mit Leichtigkeit erledigte ich die aufgetragenen Hausaufgaben und hatte daher immer viel Freizeit.

Nein! Es gab auch Aufgaben, für die ich viel Zeit aufwandte und somit meine mir so wichtige Freizeit opfern musste. Dann, wenn es galt, ein Gedicht zu erlernen. Ich sah keinen Sinn darin, einen gereimten, also nicht prosaischen Text auswendig zu lernen. Zumal dieser Text ein Thema behandelte, das viele Jahre und Jahrzehnte zurücklag. Zum Beispiel *Das Lied von der Glocke* von Schiller. Die Herstellung einer wohlklingenden Kirchenglocke kann man doch in klaren und verständlichen Worten erklären.

Etwa wie die Montageanleitung eines Möbelstücks. Aber so, wie Schiller das geschrieben hat, doch nicht. Wer wird denn heute auch noch Glockengießer?

Wenn es dann daranging, das auswendig gelernte Gedicht vorzutragen, hatte ich meist Glück. Der Lehrer forderte uns Schüler in der Reihenfolge, wie wir alphabetisch im Klassenbuch eingetragen waren, zum Vortrag auf. Ich gehörte mit „W" zu den Letzten. So hatte ich zum einen noch genügend Muße, um den Text etliche Male zu hören und so zu verfestigen. Zum anderen kam ich oft gar nicht mehr mit dem Vortrag dran, da der Lehrer inzwischen selbst genervt war.

Anders verhielt es sich mit Liedertexten. Die lernte ich meist ohne größere Mühe. Die reimten sich zwar auch oft, und deshalb wurde die Sprache „verbogen". Aber es war eine Melodie dabei. Man konnte den Text singen. Das machte die Sache für mich einfacher. Vielleicht hätte ich Schillers *Glocke* oder Goethes Ballade *Der Zauberlehrling* als Gesangsstück lieber gehabt!

Jedenfalls fallen mir heute noch ganze Textpassagen aus Liedern ein, die ich in meiner Kinderzeit gesungen habe. Wenn meine Gedanken einmal nicht auf Wanderschaft sind, dann summen in meinem Kopf häufig noch die Melodie und der Text von dem Lied, in dem ein Vöglein im hohen Baum sitzt, das so klein ist, dass man es kaum sieht, aber so schön singt, dass die Leute stehen bleiben und horchen …!

Von Schillers *Glocke* hingegen fällt mir heutzutage nicht mehr eine Zeile ein! Nur die Kurzfassung: Loch gebuddelt, Bronze rin, aufgebammelt, bim, bim, bim.

Ja, gesungen habe ich immer gern. Eigentlich heute noch. Es gibt aber kaum noch Anlässe dazu, geschweige geduldiges Publikum.

Das „Musikalische" habe ich von meinen Eltern. Mein Vater hat immer ein Musikinstrument gespielt, und meine Mutter war begeisterte Chorsängerin.

Ein Instrument habe ich nie gespielt. Ich hatte es versäumt, Notenlesen zu lernen. Versuche, mit der Mundharmonika eine Melodie nach dem Gehör zu spielen, blieben in den Anfängen stecken. Ich konnte ja dann auch nicht mitsingen, was ich ja viel lieber tat.

Ich bekomme eine Brille

Irgendwer hatte festgestellt, dass ich besser sehen könnte, wenn ich eine Brille tragen würde. Das war ein Schock! Zur damaligen Zeit wurde man als Brillenträger noch gehänselt. Man wurde als „Brillenschlange" oder „Blindschleiche" bezeichnet und in etwa den körperlich und geistig Behinderten zugeordnet. Diese Diagnose traf mich damals wie ein Faustschlag ins Gesicht!

Seinerzeit gab es ja auch noch keine formschönen Brillengestelle wie heutzutage. Es gab die „Kassenmodelle", die in allen Größen auf Lager waren. Gleiche Form, gleicher Schnitt für den Opa bis hin zum Urenkel. Alle Brillen sahen damals identisch aus. Man konnte aber wohl unter zwei Farbtönen wählen: entweder Braun oder Gelb.

Die Gestelle waren aus einem durchscheinenden Plastikmaterial gefertigt. Das Material war so spröde, dass es bei geringsten mechanischen Belastungen brach. So war ich natürlich Stammkunde beim Optiker, da er mir Bruchstellen kitten und Verformungen beseitigen musste. Später konnte ich mir selbst behelfen und nutzte Pflasterklebestreifen und konnte auch Verformungen über einer Kerzenflamme justieren.

Die Brille störte beim Fußballspielen, beim Badengehen, eigentlich ständig. Oft setzte ich sie ab und legte sie beiseite. Bald hatte ich jedoch festgestellt, dass ich ohne Brille wirklich viel weniger sehen konnte. Jedenfalls in der Nähe. Also leistete sie mir wertvolle Dienste beim Schreiben und vor allem beim Lesen. Man sagt ja auch, eine Brille wäre ein „Intelligenzverstärker". Im weitesten Sinne stimmt das auch. Ohne die Brille wäre mir vieles unerkannt und unbekannt geblieben.

Ich weiß heute noch nicht ganz genau, was die Ursache für meine Sehschwäche war und ist. Ich vermute, ich war ein „Schielauge". Ich kenne alte Fotos, auf denen ich als schielendes Kleinkind zu sehen bin. Ich habe aber nie eine „Schielbrille" getragen, wie man das bei einzelnen Kindern damals beobachten konnte. Wahrscheinlich wollten mir meine Eltern die Hänseleien ersparen.

Später musste ich mich dann jedoch einem Augenspezialisten vorstellen. Einige Wochen wurde ich stationär in die Augenklinik in Leipzig aufgenommen. Dieser Professor hatte eine primitive, aber recht effektive Therapie zur „Ausrichtung" von schielenden Augen entwickelt. Man musste eine „Schweißerbrille" aufsetzen. Die hatte jedoch keine geschwärzten Gläser. Sie war mit einem dünnen Blech verschlossen. Darin war genau im Zentrum ein dünnes Loch gebohrt, da musste man nun hindurchsehen. Die Augenmuskeln wurden also animiert, das Auge so auszurichten, dass es zentrisch durch dieses Bohrloch sehen musste und nicht zur Seite.

Diese Methode zeigte Erfolg. Die Sehfähigkeit des schielenden Auges hatte sich um knapp 40 Prozent verbessert. Mit diesem Erfolg wurde ich nach Hause entlassen, und es wurde mir aufgetragen, die „Schweißerbrille" weiterzutragen.

Ich stand schon mit der Lesebrille auf totalem Kriegsfuß! Nun sollte ich auch noch dieses Ungetüm aufsetzen? Daraus wurde nichts! So verkümmerte quasi das schielende Auge, und das andere Auge musste sich doppelt anstrengen. In der Folge wurden meine Brillen immer stärker und auch teurer. Jedenfalls die Linse für das „gute" Auge.

Heute gehört eine Brille zu mir wie meine ausgeprägten O-Beine!

Lesen – meine Leidenschaft

Kaum konnte ich „leise" lesen, las ich alles, was sich dazu anbot. Eine Tageszeitung gab es in unserem Haushalt nicht. Wir hatten jedoch einen großen Bücherschrank, und in meinem Zimmer hatte ich auch ein Bord mit Büchern, die ich zum Geburtstag oder zu Weihnachten geschenkt bekommen hatte.

Ich trug mich in die Leserkartei in der Bibliothek ein. Beinahe jede Woche tauchte ich dort auf. Ich gab die ausgelesenen Bücher zurück und lieh mir neue aus. Ich durfte sie eigentlich vier Wochen lang behalten, doch diese Frist unterschritt ich stets um ein Vielfaches.

Da ich nach der Schule meine Hausaufgaben „im Vorübergehen" erledigt hatte, blieb mir viel Zeit bis zum Abendessen. Zeit, um irgendwo in der Nachbarschaft Fußball zu spielen, mit dem Roller zu fahren oder Verstecken zu spielen.

Dann gab es Abendbrot, und danach gingen wir Kinder ins Bett. Jetzt begann meine Lesestunde! Das durfte ich eigentlich nicht. Mutti kontrollierte aber selten, ob ich wirklich schlief. Sicherheitshalber las ich aber unter der Bettdecke, beim Schein einer funzeligen Taschenlampe. Meist las ich ein Buch vom Anfang bis zum Ende an einem Abend durch. Sicher war es dann gar schon Nacht. Mir brummte hinterher der Kopf, doch aufgrund der Erschöpfung konnte ich prima einschlafen. Im Traum erschienen mir dann einige Szenen aus der Geschichte, die ich gelesen hatte. Die handelnden Personen hatten alle das Aussehen, das ich ihnen in meiner Fantasie schon während des Lesens gegeben hatte. Auch das Aussehen der Orte der Handlung bestimmte meine Fantasie.

Als ich später einmal ein verfilmtes Buch, das ich gelesen hatte, im Kino sah, war ich sehr enttäuscht.

Es kam der Tag, an dem die Bibliothekarin mir erklärte, dass es für meine Altersgruppe kein einziges Buch in der Bibliothek mehr gäbe, das ich noch nicht gelesen hätte. Manche Bücher hatte ich gar mehrfach ausgeliehen!

Ich entdecke das Kino für mich

Die ersten Kinobesuche erlebte ich an der Seite meiner Mutter als Begleitperson. Zur 17-Uhr-Vorstellung gab es mitunter Filme, zu denen auch Minderjährige in Begleitung von Erwachsenen Zutritt erhielten. Ich kann mich noch sehr gut an Filme der Unterwasserforscher Lotte und Hans Hass erinnern. Mich faszinierte, wie natürlich dieses Ehepaar unter Wasser mit Haifischen umging. Von der stets propagierten blutrünstigen Aggressivität dieser Raubfische war nichts zu sehen. In späteren Jahren interessierte ich mich sehr für die zahlreichen Unterwasserfilme der Familie um Jacques *Cousteau* mit seinem Schiff „Calypso".

Eines Tages gingen wir gemeinsam mit der Mami und Gisela ins Kino. Das hatte es vorher noch nie gegeben! Das Kino war bis auf den letzten Platz gefüllt. Es musste also ein besonderer Film sein!

Die Story ist eigentlich schnell erzählt: Ein ergrauter Dirigent spaziert durch das ärmliche Viertel einer italienischen Stadt. Dort singt ein kleiner Junge wunderschön. Mit klarer Stimme und getreu der Originalmelodie eines bekannten Volkslieds. Es kann auch eine Opernarie gewesen sein. Jedenfalls erkennt dieser alte Mann sofort das große Talent des Knaben. Er unterrichtet ihn im Notenlesen, Klavierspielen und Singen. Als der Knabe dann in die Pubertät und den Stimmbruch kommt, bildet der Alte den jungen Mann zum Dirigenten aus. Der frischgebackene Dirigent bekommt natürlich einen Auftritt als Leiter eines renommierten Sinfonieorchesters.

Es war ein toller Erfolg! Das Publikum in dem überfüllten Konzertsaal jubelte ihm zu und wollte gar nicht aufhören, frenetisch zu applaudieren.

Bis dahin war der Kinobesuch vor allem für mich gedacht. Ich sollte erkennen, dass man durch Fleiß und Ausdauer ein hohes Ziel erreichen kann. Da war ich jedoch skeptisch. Zudem ich kein Dirigent werden wollte und ja nicht einmal Notenlesen konnte. Das kann ich bis heute nicht! Ich weiß nur, dass es einen Notenschlüssel gibt, mit dem man aber nicht schließen kann.

Weshalb waren dann aber die Mami und Tante Gisela mitgekommen? Der junge Dirigent, Roberto hieß er, so wie der Film, dirigierte in einer sehr langen Szene ein Fragment der *Préludes* von Franz Liszt. Mit dieser Musik der symphonischen Dichtung war einst die UFA-Wochenschau unterlegt worden. Parallel zu den schrill-jubilierenden Trompeten- und Fanfarenklängen wurden die Siegesmeldungen der Wehrmacht im Zweiten Weltkrieg mit markiger Stimme propagiert und dazu Siegesszenen gezeigt. Aus dem Grund war dieses Musikstück noch viele Jahre nach dem Ende des Krieges verboten! Hier und heute konnte man es aber hören!

Erst viele Jahre später ist mir dieser Umstand bewusst geworden. Die Mehrheit der Bevölkerung identifizierte sich zu jener Zeit immer noch mit den Reliquien des „Dritten Reichs"! So habe ich auch nicht beobachtet, ob es Zuschauer gab, die sich etwa gar von ihren Sitzplätzen erhoben hatten und den „Deutschen Gruß" erboten. Einige erhoben sicherlich die flache Hand im Schatten der Sitzreihen der Klappsitze!

Damals gab es am Sonntag um 14 Uhr die „Kindervorstellung". Da wurden entweder einige Zusammenschnitte von Stummfilm-Slapsticks mit Buster Keaton, Charlie Chaplin oder Laurel und Hardy (*Dick und Doof*), auch etliche Zeichentrickfilme oder richtige Spielfilme für Kinder gezeigt. Meist verfilmte Märchen oder Sagen. Von etwaigen Dialogen war nichts zu verstehen, denn es wurde laut erzählt, die handelnden Figuren angefeuert und bei spannenden Szenen geschrien und getobt.

Danach, gegen 16 Uhr, gab es die „Familienvorstellung". Wenn ich ausreichend Kleingeld dabeihatte, konnte ich mir auch für diese Vorstellung den Eintritt leisten. Meine Körpergröße täuschte über mein Alter hinweg. Normalerweise war ich für Filme, die in der Familienvorstellung gezeigt wurden, nicht zugelassen. Ich kaufte mir meist die Eintrittskarten für beide Vorstellungen zusammen. So konnte ich auf meinem Platz sitzen bleiben.

Zur Familienvorstellung wurden richtige Spielfilme gezeigt. Meist waren das Piratenfilme oder Filme, die als Thema irgendeine kriegerische Handlung hatten. Jedenfalls wurde viel geschossen, Säbel blitzten, Reiter fielen vom Pferd, Schiffe versanken in den Fluten. Eine schöne Prinzessin war auch oft dabei. Es gab also viel zu sehen!

Wenn ich dann nach Hause kam, nahm sich Mutti immer die Zeit und fragte mich aus, was ich denn alles gesehen hätte. Meist konnte ich die einzelnen Handlungen auseinanderhaltend wiedererzählen. Das schulte meine Beobachtungsgabe, vor allem aber meine wörtliche Darstellung des Gesehenen.

Durch das Lesen und das Anschauen von Filmen entwickelte sich bei mir eine ausgeprägte Fantasie. So konnte ich wenig später sehr gute Aufsätze schreiben. Meine Mutter erzählte mir, dass mein Deutschlehrer oft meine Aufsätze vor versammelter Lehrerschaft im Lehrerzimmer begeistert vorgelesen hatte.

Dem gründlichen und dem vielen Lesen habe ich es auch zu verdanken, dass ich sehr gute Kenntnisse in der Rechtschreibung entwickelte. Ich musste nie den Duden zur Hand nehmen, um zu prüfen, ob ich ein Wort richtig geschrieben hatte. Am Schriftbild erkannte ich sofort, ob das Wort exakt geschrieben war oder nicht.

Wenn ich heutzutage sehe, welche „Rechtschreibung" die jungen Menschen anwenden, graust es mir. Im Zeitalter der Android-Handys und iPods verkümmert die deutsche Schriftsprache zum Kauderwelsch einer „Kürzelsprache". Die mündliche Kommunikation findet auch kaum noch statt. Man verschickt lieber eine Meldung per SMS an den Nachbarn auf der Parkbank, als sie ihm direkt ins Ohr zu flüstern.

In meiner Kindheit gab es keine elektronische Kommunikation. Wir hatten auch kein Fernsehgerät im Haus. Es gab nur ein Radio. Man schaltete es ein, um Musik zu hören oder zur vollen Stunde die Nachrichten. Am Abend gab es oft Hörspiele. Gespannt saßen wir vor dem Empfänger und lauschten dem „Kino ohne Bild". Das Aussehen der handelnden Personen und das Szenarium des Handlungsortes formten sich in meiner Gedankenwelt, in der Fantasie.

Freitags, nachdem wir gebadet hatten, saßen wir, in dicke Badetücher gehüllt, in der gut geheizten Küche. Zum Abendbrot gab es heiße Schokolade und dickbestrichene Butterbrote. Die Brotscheiben waren in längliche Streifen geschnitten. Man konnte sie so besser in die Tasse mit dem Kakao tunken. Das war eine wohlige Atmosphäre. Dann wurde erzählt. In unserer Familie wurde viel erzählt. Mein Vater und vor allem meine Mutter erzählten oft, wie es früher war. Wie es war, als sie noch selbst zur Schule gingen. Was sie im Krieg erlebt hatten und wie die ersten Jahre nach dem Krieg waren. Nach dem Abendessen mussten wir Kinder ja eigentlich ins Bett, aber wenn wir geschickt noch ein paar Fragen stellten, verzögerte sich das Zubettgehen.

Durch diese Gespräche habe ich viel von meinen Eltern gelernt. Obwohl sie selbst noch sehr jung waren, haben sie mir dennoch sehr viel Lebensweisheit vermittelt. Dafür bin ich ihnen heute noch zutiefst dankbar.

Ich kann mit voller Überzeugung sagen, dass ich eine sehr schöne Kindheit hatte. Wir waren zwar nie vermögend, haben nie in Saus und Braus gelebt, aber wir haben nie Hunger leiden müssen. Wir waren immer ordentlich und sauber gekleidet, konnten uns kleine Vergnügungen organisieren, und wir lebten in einer harmonischen und liebevollen Atmosphäre.

Der erste Weltraumflug

Über den Türen unserer Klassenzimmer waren Lautsprecher angebracht. Vom Schulsekretariat aus konnten so wichtige Mitteilungen durchgesagt werden. Am 4. Oktober 1957 tönte aus dem Lautsprecher die sensationelle Nachricht, dass die Sowjetunion den ersten Weltraum-Satelliten auf eine Erdumlaufbahn gebracht hatte. „Sputnik 1" hieß der astronautische Flugkörper. Es folgten weitere Sputnik-Flüge in den Folgejahren. Etliche sogar mit Tieren als Besatzung. Am 12. April 1961 flog dann der erste Mensch in einem Raumschiff mehr als eine Stunde rund um den Erdball. Sein Name war Juri Gagarin, ein sowjetischer Kosmonaut.

Das Thema Raumfahrt interessierte mich damals nicht besonders und auch heute kaum. Ja, ich habe die Entwicklung verfolgt und kenne die wichtigsten Höhepunkte, aber von viel größerem Interesse war und ist für mich das Leben hier auf der Erde.

Meine Zeit der Streiche und Abenteuer

Vati hatte verschiedene Beschäftigungen im Bornaer Braunkohlenwerk ausgeübt. Das ging von der Knochenarbeit im Gleisbau über die Tätigkeit als Heizer auf einer dampfgetriebenen Grubenlok bis hin zum Mechaniker im Bereich der Stromerzeugung. Einmal bot sich ihm auch die Chance, auf der riesigen Abraumförderbrücke eingesetzt zu werden. Das war eine sehr gut bezahlte Tätigkeit. Über das breite und lange Förderband dieser riesigen Stahlkonstruktion wurde der weggebaggerte Abraum auf die bereits ausgekohlte Seite des Tagebaus befördert. Vati bekam diesen Posten jedoch nicht, da er kein Parteimitglied war und sein Vater zudem vor langer Zeit im Zuchthaus gesessen hatte. Vati trat dann etwas später in die Sozialistische Einheitspartei Deutschlands (SED) ein.

Unvergesslich für mich bleibt die Episode von der „Schiebewurst", die mir Vati einst erzählt hatte. Es war in seiner Zeit als Arbeiter in einem Gleisbautrupp. Die Pausen wurden direkt am Arbeitsort gemacht. Das warme Mittagessen brachte eine kleine Dampflok mit einem Anhänger, auf dem sich in Thermobehältern die Zutaten für das jeweilige Mittagsmenü befanden. Die Verpflegung für die Frühstückspause nahm sich jeder von zu Hause mit. Ein Kollege brachte stets riesige Brotscheiben, die dünn mit Margarine bestrichen und zusammengeklappt waren. An einem Ende war eine dickere Scheibe Wurst eingeklemmt. An diesem Ende begann der Kumpel abzubeißen. Vorher hatte er jedoch vorsorglich die Wurstscheibe etwas weiter in Richtung des anderen Endes des Brotes geschoben. Dort, wo die Wurstscheibe sich einst befand, war wohl noch etwas von deren Aroma zu schmecken. So wiederholte sich dieser Vorgang, bis die Wurstscheibe direkt am anderen Ende der Brotscheiben angekommen war. Nun erfolgte der eigentliche Höhepunkt: Mit dem letzten Happen wurde nun endlich auch die Wurstscheibe verspeist! An einem Tag war der Arbeiter wohl ein wenig ungeschickt gewesen,

denn beim Biss in den letzten Brothappen öffneten sich die Scheiben, und die Wurstscheibe rutschte heraus! Sie landete direkt in
einem Blechbehälter mit Altöl!

Schon seit dem Ende seiner Schulzeit hatte mein Vater den
Wunsch zu studieren. Er wollte immer Ingenieur werden. Ein
Direktstudium war nicht möglich, denn er musste ja seine junge
Familie ernähren. So begann er ein Fernstudium. Das war nicht
nur für ihn eine erhebliche Belastung.

Nachdem er von der Arbeit kam, gönnte er sich eine kleine
Verschnaufpause. Dann gab es, wie immer, im Kreis der Familie
das Abendessen. Wir Kinder gingen danach zu Bett. Vati setzte
sich dann an den Tisch im Wohnzimmer und studierte seine Lehr-
briefe oder überflog nochmals seine Aufzeichnungen der jüngsten
Konsultationen. Das praktizierte er täglich bis zum Schlafengehen.
Damals wurde auch noch an den Samstagen gearbeitet. So blieb
nur der Sonntag für die Familie. Wenn schönes Wetter war, gingen wir eine kleine Runde spazieren. Danach setzte sich Vati aber
sofort wieder an seinen Studierplatz. Wir Kinder mussten uns dann
still verhalten. Das Radio durfte nicht angestellt werden, und wenn
wir in einem der Kinderzimmer waren, durfte auch nur geflüstert
werden, denn die Räume waren bloß durch Türen abgetrennt.

Mutti hatte wohl die größten Entbehrungen auf sich nehmen
müssen. Sie musste Vatis Rolle als Familienoberhaupt übernehmen. Besonders dann, wenn er zu den persönlichen Konsultationen zur Ingenieurschule nach Zwickau fuhr. Dann war er eine
Woche weg von zu Hause.

Für Mutti gab es in dieser Zeit auch kein Radio am Abend,
kein Hörspiel, keine Musik. Es gab auch keinen Besuch im Kino
oder im Theater. Und das fünf Jahre lang!

In den Jahren, in denen mein Vater alle seine Aufmerksamkeit
nur seinem Fernstudium widmete, nutzte ich diesen „Freiraum"
aus. Ich war an den Nachmittagen kaum noch zu Hause. Erst
zum Abendessen tauchte ich wieder auf. Auch im Winterhalb-
jahr, wenn es ja schon am Nachmittag „dunkle Nacht" wurde.

Gemeinsam mit zwei Gleichaltrigen suchte ich oft abenteuerliche Abwechslung. Einmal war während eines sehr stürmischen

Gewitters ein Segment des Bootssteges eines Segelklubs am Witznitzer Schacht losgerissen. Das Teil hatten wir in einen verschilf-
ten Uferbereich des Sees geschoben und dort versteckt.

Am Folgetag trafen wir uns dort. Jeder hatte etwas zu essen
und zu trinken dabei. Einer hatte eine große Zeltbahn mitgebracht. Die sollte als Segel dienen. Ein trockener Baumstamm,
der als Segelmast verwendet werden sollte, war schnell gefunden. Wir prüften, woher der Wind kam, und schoben dann unser
„Floß" am Ufer entlang in die Richtung, aus der der Wind wehte. Beinahe bis zum gegenüberliegenden Ufer schoben wir den
schwimmenden Untersatz, der aus einem Lattenrost von etwa drei
mal sechs Metern bestand, der auf eine Konstruktion aus Alumi-
niumfässern montiert war. Wir verstauten unseren Proviant und
die anderen persönlichen Sachen auf unserem Floß, montierten
den Segelmast und das Segel, dann stachen wir in See.

Der Witznitzer Schacht ist ein ehemaliger Tagebau, aus dem
bis einige Jahre vor dem Zweiten Weltkrieg Braunkohle gebaggert
worden war. Als die Kohleproduktion eingestellt wurde, hatte
man auch das Abpumpen des Grundwassers eingestellt. Die riesige Grube lief voll Wasser. So war ein See entstanden, der etwa
fünf Kilometer lang und knapp zwei Kilometer breit war. Auf
unserer Seefahrt hatten wir etwas mehr als drei Kilometer zu bewältigen. Es ging schräg über die große Wasserfläche.

Es wehte nur ein laues Lüftchen, sodass unser Segel kaum zur
Fortbewegung beitrug. Nur die kräuselnden Wellen schaukelten
uns zum anderen Ufer. Wir hatten das Floß gegen 10 Uhr vom
Ufer abgestoßen und strandeten gegen 17 Uhr am diesseitigen
Ufer des Sees. Wieder festen Boden unter den Füßen, mussten
wir uns erst einmal hinsetzen. In den zurückliegenden Stunden
hatten wir uns an einen schwankenden Untergrund gewöhnt.
Jetzt strauchelten wir anfänglich bei jedem Schritt auf festem
Boden. Uns ging es so wie echten Seefahrern, und so fühlten
wir uns auch!

Im Herbst, wenn es früher dunkel wurde, stromerten wir
durch die Wohngebiete, in denen einige Mädchen aus unserer
Klasse wohnten. Wir versteckten uns in der Nähe, sodass wir

die Haustür beobachten konnten. Einer von uns flitzte los, klingelte an der Tür und rannte sofort zurück in sein Versteck. Wir freuten uns diebisch, wenn die Klassenkameradin die Tür öffnete, heraustrat und sich wunderte, dass niemand da war. Wenn natürlich einer der Erwachsenen vor die Tür schaute, war unser Vergnügen weniger groß. Bald hatten die Eltern aber herausgefunden, dass die abendliche Klingelei der Tochter galt, und deshalb wurde sie vor die Tür geschickt.

Jeder von uns hatte schon eine Taschenlampe. Nur im äußersten Notfall schalteten wir sie an. Es galt Batterie zu sparen. Wir unternahmen Streifzüge durch die etwas außerhalb befindlichen Kleingartenanlagen. Hier fanden sich oft noch vereinzelt Äpfel an den Bäumen, die viel besser schmeckten als die aus dem Obst- und Gemüseladen.

Etwas weiter draußen, auf den Feldern, fanden wir Mieten. Dort hatten einige Kleinbauern meist ihre geernteten Möhren eingelagert. Sie waren auf eine dünne Strohschicht gelegt und dann mit Stroh abgedeckt worden. Darüber war Erdreich dicht verteilt worden. So blieben die Möhren frisch und waren vor Frost geschützt. Aber nicht vor uns! Wir öffneten oft eine der Mieten und entnahmen einige Möhren. Beim Kauen knirschte es zwar, denn sie waren ja nicht abgewaschen. Aber sie schmeckten beinahe zuckersüß!

Zu dieser Zeit rauchte ich schon.

Meine erste Zigarette

Meine erste Zigarette hatte ich im Alter von zehn Jahren geraucht. Der Vater meiner Mutter, der Helmecke-Opa, war der Leiter der Kfz-Werkstatt beim Konsum. Er hatte dort einen kleinen Lieferwagen als Werkstattwagen. Mit dem fuhr er oft los, um Ersatzteile für die zu reparierenden Lkw zu besorgen. Er war ja im Krieg auch Werkstattchef einer großen motorisierten Einheit gewesen. So kannte er noch viele seiner ehemaligen Mechaniker. Einige von ihnen betrieben jetzt kleine Kfz-Werkstätten oder handelten mit Kfz-Teilen. In der Zeit, als ich noch nicht zur Schule ging, hatte mich Opa oft auf diesen Fahrten mitgenommen. Ich fuhr sehr gern mit ihm mit.

Mindestens einmal im Jahr fuhr er seine Verwandtschaft besuchen. Hierzu nutzte er seinen privaten Pkw. Das war ein DKW F 8. Zu diesen Fahrten nahm mich Opa stets mit.

Es war eine recht lange Fahrt, auf der man sich viel erzählen konnte. Opa erzählte oft von seinen Erlebnissen im Krieg, und ich hörte geduldig zu, stellte aber auch oft interessierte Fragen. Oma nahm er auf diesen Fahrten nicht mit.

Die Fahrt ging in die Magdeburger Börde. Dort wurde „Platt" gesprochen. Kaum war Opa aus dem Auto gestiegen, sprach er auch diesen Dialekt. Ich blieb bei meinem ausgeprägten „Sächsisch". Das trug sehr zur Belustigung der Erwachsenen und vor allem der Kinder in dem kleinen Dörfchen bei. Wir kannten uns alle, und sofort war ich wieder einer von ihnen.

Die Erwachsenen saßen nach dem zeitigen Abendessen beim selbstgekelterten Apfelwein. Die Frauen süffelten hausgemachten Erdbeerwein. Wir Kinder hockten auf dem grasbewachsenen Damm am Dorfeingang und beobachteten die von oben herabführende Chaussee. Selten kam ein Auto gefahren oder ein Motorrad knatterte heran.

Es wurde dämmrig, und wir fühlten uns unbeobachtet. Einer von den Dorfjungen, alle nannten ihn Stalin, schlich nach

Hause und kam mit einer Flasche Wein zurück. Stalin war ein sogenanntes Russenkind. Es gab viele deutsche Frauen, die am Ende des Krieges von russischen Soldaten vergewaltigt worden waren. Stalins Mutter war damals noch sehr jung. Kein Mann hatte sie später geheiratet.

Meine Mutter hatte mir eine 1-Mark-Münze mitgegeben. Die fingerte ich aus der Hosentasche, und einer aus unserer Runde flitzte zum Zigarettenautomaten, der neben der Dorfbäckerei an der Wand montiert war. Er kam mit einer Zehnerpackung „Casino" zurück. So hatten wir Wein zum Trinken und konnten dazu rauchen. Damals war ich zehn Jahre alt.

Ich fand Gefallen am Rauchen. Meine Mutter rauchte auch. So roch sie nicht, wenn ich geraucht hatte. Vati hatte sich das Rauchen schon lange abgewöhnt. Er trank lieber echten Bohnenkaffee. Der war zwar teurer als Zigaretten, aber sicher gesünder. Zumindest für die Lungen.

Ich machte mir keine Sorgen um meine Lungen. Nach wie vor konnte ich sprinten und auch lange Strecken schnell laufen, ohne in Atemnot zu kommen. Wir hatten herausgefunden, dass es in der „Russenkaserne" ganz billige Zigaretten gab. Dieses Kasernenobjekt war nicht von militärischen Einheiten belegt. Es war eine Villenstraße, die am Ende mit hohen Holzplanken abgeriegelt war. An der anderen Seite kontrollierten Wachsoldaten die ein- und ausgehenden Personen sowie den Fahrzeugverkehr. In den Villen wohnten die Familien der russischen Offiziere. Zur Versorgung gab es eine Verkaufsstelle, das „Magazin".

Dort gab es beinahe alles. Lebensmittel, Bekleidung und auch technische Geräte wie Radios und Kühlschränke. Deutschen war es nicht erlaubt, dort einzukaufen. Wir Kinder hatten uns mit den Wachsoldaten angefreundet, und sie ließen uns passieren. Die Verkäuferinnen störten sich nicht daran, dass wir noch nicht volljährig waren. Wir zählten unser Kleingeld auf den Ladentisch und zeigten auf das, was wir haben wollten. Für 75 Pfennige gab es eine Packung „Kasbek". In dieser Zigarettenschachtel waren 25 Zigaretten. Zwei Drittel der Zigarette bestanden aus einer Papphülse. Der Rest war aus dünnem Zigarettenpapier und mit starkem Tabak gefüllt. Die Papphülse musste man in der Mitte kniffen. So wurde weitgehend verhindert, dass Tabakfusseln oder gar Tabakglut angesaugt wurden. Diesen Trick hatten uns die Wachsoldaten gezeigt. Filterzigaretten gab es ja zu dieser Zeit noch nicht.

Beinahe täglich rauchten wir eine ganze Packung Kasbek. Das nötige Kleingeld stibitzte ich manchmal aus Muttis Geldbörse. Oft gab mir aber Opa Helmecke, auch der Uropa Hugo, ein paar Münzen als Taschengeld.

Einträglich war auch das „Altstoffsammeln". Heute würde man das „Recyceln" nennen. Mit dem Riesenunterschied: Damals gab es Geld dafür! Es gab Sammelstellen mit einem „Rumpelmännchen" als Logo. Dort konnte man zu bestimmten Zeiten fast alles abgeben, was wiederzuverwerten war. Getränkeflaschen konnten ja in den Lebensmittelgeschäften zurückgegeben werden. Dafür erhielt man das Pfandgeld. Für eine leere Bierflasche zum Beispiel 30 Pfennige! Aber alte Zeitungen, leere Kartons, Einweckgläser, Marmeladengläser bis hin zu Schrott aller Art, auch Knochen konnte man beim „Rumpelmännchen" abgeben.

Das lohnte sich wirklich! Ich hatte eigentlich immer ein wenig Kleingeld in der Tasche. Andere füllten damit ein Sparschwein oder zahlten gar auf ihr eigenes Sparbuch ein. Bei mir wurde kein Sparschwein fett. Das wurde schon vorher „geschlachtet". Es gab immer etwas, wofür Kleingeld gebraucht wurde. Vor allem aber zur Finanzierung meines Zigarettenkonsums. Ich weiß nicht, wie viel Geld ich in meinem Leben in Form von Tabakrauch inhaliert habe.

Erst im Jahre 1972 ist es mir nach einigen Rückfällen gelungen, mit dem Rauchen aufzuhören. Aber dazu später.

Ich hatte auch eine andere, zudem recht ertragreiche Tätigkeit entdeckt. Einmal in der Woche verdingte ich mich als Kegeljunge bei einem Kegelklub. Damals gab es noch keine automatischen oder gar elektronisch gesteuerten Anlagen. Die umgestoßenen Kegel mussten per Hand wieder an ihren Platz gestellt und entsprechend dem erzielten Ergebnis Anzeigetafeln aus Blech hochgeklappt werden. Wenn es „in die Vollen" ging, kam man arg ins

Schwitzen. Beim „Abräumen" gab es wohltuende Verschnaufpausen. Pause gab es auch, wenn die Kegler eine Runde Bier auszutrinken hatten. Dann gab es für mich ebenfalls ein Erfrischungsgetränk. Und zum Ende des zweistündigen Kegelabends bekam ich 5 Mark in die Hand gedrückt! Ein Vermögen!

In den Sommermonaten kam ich am „Thing-Platz" vorbei. Den hatte man nach der politischen Machtübernahme Hitlers in Anlehnung an griechisch-römische Amphitheater aus riesigen roten Porphyr-Blöcken gestaltet. Das Gesteinsmaterial stammte aus einem Steinbruch in der Nähe, bei der Ortslage Beucha. Dieser gewaltige Bau gab mehreren tausend Zuschauern Platz.

Seinerzeit fanden hier politische Großkundgebungen und „germanische" Szenarien im Fackelschein statt. Jetzt hieß die Anlage „Volksplatz" und war Austragungsort von Unterhaltungsprogrammen sowie Opern- und Operettenaufführungen des städtischen Theaters, und auch Großleinwand-Kino wurde geboten.

Wenn ich von meinem Kegeleinsatz nach Hause radelte, kam ich dort vorbei und konnte meist den guten Rest eines Filmes sehen. Natürlich seitenverkehrt, denn ich hatte mich von hinten, die Einlasskontrolle umgehend, herangeschlichen.

Meine erste Liebe

In der Schule gründete unser Biologielehrer eine Arbeitsgemeinschaft „Junge Kaninchenzüchter". Natürlich war ich dabei! Der Schuldirektor hatte uns einen Winkel im Schulhof zugewiesen. Dort durften wir ein Freigehege anlegen. Wir schleppten größere Felsbrocken herbei. Die wurden in der Freifläche verteilt, auch ein kurzes dickes Rohr wu
rde eingegraben. Da konnten die Kaninchen über Stock und Stein hoppeln und sich auch in dem „Tunnel" verstecken. Dann wurde die Freifläche mit Maschendraht umfriedet. Für die kalten Wintermonate wurden Holzställe gezimmert. Größtenteils verrichteten wir die nötigen Arbeiten selbst. Hin und wieder halfen jedoch auch einige Eltern bei der Fertigstellung.

Ich weiß heute nicht mehr, woher dann die Kaninchen kamen. Wir hatten welche von der Rasse Schwarzlohe, Chinchilla und auch zwei weiße Angora.

Die Angorakaninchen waren etwas für die Mädchen, denn die mussten immer gekämmt werden. Das Wollkleid musste stets sauber sein und durfte nicht verfilzen. Das wollige Fell konnte man scheren und verkaufen. Daraus wurde Wolle gesponnen. Aus Angorawolle gestrickte Pullover waren sehr kuschelig warm.

Wir brachten jeden Tag Küchenabfälle von zu Hause mit und verfütterten sie an unsere Kaninchen. Im Freigehege mussten täglich die „Kackbohnen" weggefegt und die Fläche geharkt werden. Es musste ja immer ordentlich aussehen. In den kalten Monaten musste das Stroh in den Kaninchenbuchten regelmäßig erneuert werden. Es gab immer etwas zu tun, und es machte viel Spaß!

Kurz vor Weihnachten wurden die schlachtreifen Kaninchen aussortiert und als Weihnachtsbraten verschenkt. Der Hausmeister der Schule bekam ein Kaninchen und der Herr Schuldirektor natürlich auch.

Der Direktor bewohnte mit seiner Familie eine Villa etwas außerhalb, am Stadtrand. Das war ein weiter Weg, dennoch erklärte ich mich eifrig bereit, das Kaninchen für den Direktor hinzubringen. Seine jüngste Tochter Christine ging nämlich in meine Klasse. Sie war ein hübsches Mädchen und immer von einer Traube von Mitschülern umringt. Nun ergab sich die Möglichkeit, beinahe allein mit ihr zusammen sein zu können.

Ich besaß damals einen hellblauen Anzug aus Cord. Den zog ich nur zu ganz besonderen Anlässen an. Heute war so ein besonderer Anlass. Der Biologielehrer setzte mir das Kaninchen in einen geflochtenen Weidenkorb. Ich schlang den linken Arm um den Korb und trug ihn vorsichtig zum Bestimmungsort. Ich hatte große Sorge, dass das Kaninchen, wohl ahnend, welches Schicksal es erwartet, aus dem Korb hüpfen und davonlaufen könnte. Wahrscheinlich hatte das Kaninchen aber gründlich kalkuliert und hatte von einem Sprung in die Freiheit Abstand genommen, weil die Sprunghöhe sicherlich eine derbe Verletzung zur Folge gehabt hätte. So verhielt sich das Kaninchen relativ ruhig. Es knabberte an irgendetwas herum. Ich konnte jedoch nicht sehen, was es war. Ich war viel zu aufgeregt wegen des bevorstehenden Rendezvous und auch besorgt, stolpern zu können oder den Transportkorb fallen zu lassen.

Als ich beim Direktor klingelte, öffnete seine Frau. Sie bedankte sich erfreut und schenkte mir eine Süßigkeit. Ihre hübsche Tochter bekam ich jedoch nicht zu Gesicht.

Auf dem Nachhauseweg stellte ich entsetzt fest, dass das Kaninchen einen ansehnlichen Teil des Ärmelaufschlags meiner Anzugjacke abgeknabbert hatte. Ich liebe Tiere, und ich könnte nie einem Tier etwas zu Leide tun. In diesem Moment hätte ich es aber sogar fertiggebracht, das Kaninchen zu schlachten!

Bald darauf war ich dann doch mit meinem Schwarm eng zusammen. Es war wieder einmal ein Jahrmarkt auf der großen Festwiese am Breiten Teich. Es gab Losbuden, Schießstände, Ringewerfen und natürlich auch etliche Fahrgeschäfte. Man konnte auf Ponys reiten. Aber dafür fühlte ich mich schon zu alt.

Das große Kettenkarussell mied ich wie der Teufel das Weihwasser. Bei einer früheren Fahrt war mir einmal hundeelend geworden. Ich musste sogar erbrechen. Mein Favorit war eigentlich der Autoscooter. Mit elektrisch angetriebenen Autos konnte man auf einer großen rechteckigen Metallpiste im Kreis fahren.

Man konnte aber auch entgegengesetzt fahren, um andere Fahrzeuge zu rammen. Das war weitestgehend ungefährlich, denn rings um die Fahrzeuge war ein dicker Gummiring als Stoßdämpfer angebracht. Dennoch sahen das die Schausteller nicht gern und griffen ins Steuer. Außerdem war mir der Preis für jede Fahrt zu teuer. So blieben mir nur das Zuschauen und das Zuhören. Dort kam nämlich aus den Lautsprechern die aktuellste Popmusik.

Auch rasant, aber etwas preisgünstiger waren die Fahrten mit der „Berg-und-Tal-Bahn". Hierzu lud ich meine Klassenkameradin Christine ein.

In den Gondeln konnte man recht bequem nebeneinandersitzen. Von der rasanten Fahrt flatterten die Haare im Wind. Christine trug einen dicken langen Zopf, der dann wie eine Schlange hinterherwehte. Vorsorglich fing ich ihren Zopf ein und legte ihn zusammen mit meinem Arm um ihre Schultern. Das hüpfende Auf und Ab der Gondel spürte ich kaum. Mein Herz hüpfte rasanter!

Die Teilung Deutschlands

In dieser Zeit verschärfte sich der sogenannte Kalte Krieg zwischen den im Warschauer Vertrag verbündeten Staaten und den Staaten des NATO-Militärbündnisses. Es gab nicht nur Fälle der Spionage, auch der Sabotage. Besonders gravierend war jedoch die Abwanderung zahlreicher Bürger und ganzer Familien aus der DDR. Qualifizierte und hochqualifizierte Fachkräfte und Akademiker flüchteten über die damals noch offene Grenze. Um dem Einhalt zu gebieten, wurde die Grenze zur BRD geschlossen.

Ein aus drei Grenzstreifen bestehendes Zaunsystem wurde errichtet. Von hohen Postentürmen aus wurde ununterbrochen beobachtet, wer versucht, dieses Zaunsystem zu überwinden, um die DDR zu verlassen. Diese Personen wurden verhaftet und eingekerkert. Auf diejenigen, die sich der Verhaftung durch weitere Flucht zu widersetzen versuchten, wurde gar geschossen!

Diese Geländestreifen im Grenzgebiet und auch die Zäune waren an unübersichtlichen Stellen sogar vermint!

In Berlin wurde entlang der Grenze zwischen dem Sowjetischen Sektor und den Sektoren der Westmächte eine Mauer errichtet. Man sprach von einem „Antifaschistischen Schutzwall". In Wahrheit sollte nicht der westliche „faschistische Klassenfeind" abgeschottet werden, sondern der Fluchtweg der DDR-Bürger in den „Westen". Das war am 13. August 1961.

Bisher war das Passieren von einem Sektor in den anderen ohne Probleme möglich gewesen. Das betraf auch das Überschreiten der Demarkationslinie in den anderen Bereichen, in denen das Territorium der DDR mit dem Territorium der BRD zusammenstieß. Familienbande, Freundschaften, Liebesbeziehungen und Bekanntschaften wurden von heute auf morgen zerstört!

Der Umzug

Vati hatte sein Fernstudium mit Erfolg abgeschlossen. Mit dieser
Qualifikation fand er eine Beschäftigung in einem weit entfernten Ort. Man hatte durch intensive geologische Untersuchungen
an einigen Stellen auf dem Territorium der ehemaligen DDR
kleine unterirdische Reservoirs an Erdöl und Erdgas entdeckt.
Ein neuer Produktionszweig war entstanden. Es wurde Erdgas
und Erdöl gefördert. So machte man sich etwas weniger abhän-
gig von teuren Importen aus dem Ausland. Die Fördertechnik
kam in der ersten Zeit meist aus der Sowjetunion. Dort schickte
man zunächst auch einige Vorarbeiter hin, die später die Arbeiter anleiteten, die auf den Bohrfeldern in der DDR die Technik
zu bedienen hatten. Recht bald aber nahm man die Ausbildung
der Maschinisten für Tiefbohrtechnik in Eigenregie vor. Natürlich wurden auch Produktionszweige benötigt, in denen solche
spezielle Großtechnik konstruiert und gefertigt wurde. Ebenso
brauchte man auch Werkstätten für die Wartung, Pflege und In-
standsetzung des umfangreichen Technikparks. Es wurden auch
Pipelines für das geförderte Erdöl oder Erdgas von der Förder-
stelle bis zu den Raffinerien und Gasereien montiert. Man benötigte also auch Schweißer, Schlosser, Mechaniker, Dreher, In-
dustrieschmiede ...

Solch ein großer Betrieb war in Gommern sozusagen auf der
grünen Wiese errichtet worden. Mehr als 8.000 Arbeitsplätze
waren geschaffen worden. Der kleine Ort hatte jedoch einst nur
knapp 4.000 Einwohner. So fuhr an jedem Werktag ein riesiger
Pulk an Bussen, um die Beschäftigten von und zu ihren Wohn-
orten in der nahen und weiteren Umgebung zu transportieren.
Man hatte aber auch ein neues Wohngebiet geschaffen. Wir bekamen dort eine Neubauwohnung. Die Freude war riesig!

Während der Schulferien im Sommer 1962 bereiteten wir den
Umzug vor. Ich musste mich von vielen mir lieb gewordenen
Spielsachen und Gegenständen trennen. Die Transportkapazität

der Möbelspedition war beschränkt. Auch dämpfte die Vorfreude auf das neue Zuhause die Tatsache, dass ich in eine neue Klasse kam. Ich musste mir neue Freunde suchen. Ich kannte die Stadt und ihre Umgebung nicht. Es war ein totaler Neubeginn. Ich empfand es auch wie den Wechsel in einen neuen Lebensabschnitt. Die Kindheit war vorbei!

Wir bekamen die Nachricht, dass zwar noch einige kleine Arbeiten zur Fertigstellung der Wohnung nötig seien, aber wir in wenigen Tagen einziehen könnten. Die Zeit drängte auch, denn ich wollte gern mit Beginn des neuen Schuljahres dort sein. Also wurde der Möbelwagen bestellt und beladen.

Es war ein großer Lkw mit Anhänger. Der Lkw hatte eine geräumige Fahrerkabine, und im Hänger gab es vorn auch einige Sitzplätze hinter einer großen Frontscheibe. So konnten wir alle, gemeinsam mit den Möbelträgern, mitfahren.

Als wir nach mehr als zweistündiger Fahrt in Gommern ankamen, mussten wir entsetzt feststellen, dass es noch gar keine Straße gab, die zu unserem Wohnblock führte. Der Fahrer des Möbelwagens musste all sein Können aufwenden, um wenigstens annähernd in die Nähe des Hauseingangs fahren zu können.

In dem Neubaublock gab es keinen Fahrstuhl. Es gab damals auch noch keine Möbelaufzüge, wie sie die Möbelspeditionen heutzutage nutzen. So musste alles in dem engen Treppenhaus bis in die dritte Etage nach oben bugsiert werden. Bis zum Eintritt der Dämmerung war es geschafft! Die Möbelträger verabschiedeten sich und traten die Rückfahrt an.

Wir waren allein in unserer neuen Wohnung. Was für ein Gefühl! Es roch alles noch nach frischer Farbe, nach Zementmörtel und Beton. Die Wohnung in der Etage unter uns war auch schon bewohnt. Alle anderen Wohnungen waren noch leer, aber verschlossen.

Ich ging in mein Zimmer, schloss die Augen und atmete mehrmals tief ein. Wenn ich aus dem Fenster blickte, konnte ich die Silhouette der Stadt sehen. Weiter rechts den Friedhof. Ich dachte damals bei mir, dass ich so meine Perspektive immer vor Augen hätte.

Es war jetzt so dunkel geworden, dass man Licht machen musste, um etwas erkennen zu können. Vati musste aber feststellen, dass der Stromanschluss noch nicht fertiggestellt war. Es gab weder einen Stromzähler noch Sicherungen.

Als wir bemerkten, dass auch das Wasser noch nicht angestellt war, flitzten wir mit allen möglichen Behältnissen nach unten und füllten sie an einer Wasserentnahmestelle für die Bauarbeiter. So hatten wir ein wenig Wasser zum Waschen und für die Toilette.

Die Mieter unter uns erklärten, dass sie sich ein langes Kabel besorgt und unten auf der Baustelle an einen Schaltkasten geklemmt hätten. Sie hatten noch ein langes Kabelende. Damit wurde nun eine Verbindung bis zu unserer Wohnung hergestellt. Wir hatten Strom!

Ich bin „der Neue"

Der Weg von unserem Wohnblock bis zum Schulgebäude war eigentlich nicht weit, aber an diesem Tag erschien er mir endlos. Gedanken jagten durch meinen Kopf, was mich wohl erwarten würde, ob die anderen mich akzeptieren oder erst einmal links liegen lassen würden.

Die Schule war ein zweigeschoßiges Gebäude am Rande des Kirchplatzes, der vom Fachwerkbau des Pfarrhauses und dem romanischen Kirchenbau begrenzt wurde. Dieser Platz war auch der Schulhof. Unter dem Spitzdach waren die Verwaltungsräume wie Sekretariat, Lehrerzimmer und Zimmer des Direktors untergebracht. Auch der Hausmeister hatte dort eine kleine Wohnung. Im Vergleich zu meiner früheren Schule glich alles aber eher einer Puppenstube. Es gab auch keine Mehrfach-Unterteilung der Klassen in den einzelnen Altersstufen. Für jede Altersstufe gab es nur eine Klasse.

Der Raum für die siebente Klasse befand sich in der zweiten Etage. Die Fenster waren auf den Schulhof gerichtet. Ich war nicht der einzige „Neue" in der Siebenten. Vier andere Schüler standen auch neben mir vor den Schulbankreihen, in denen die „Alten" schon Platz genommen hatten. Die Klassenlehrerin stellte uns einzeln vor und wies uns dann einen Sitzplatz zu. Ich wurde der Banknachbar von Reinhard, der aufgrund seiner Körperfülle nur „Dicker" genannt wurde. In der Klasse gab es auch viele Mädchen. Einige von ihnen sahen recht hübsch aus. Aber nicht eine war so hübsch wie Christine!

In den nachfolgenden Monaten kamen noch mehr neue Schüler in unsere und die anderen Klassen. Sie waren alle, so wie ich auch, mit ihren Familien hierhergezogen, weil zumeist die Väter eine neue Arbeitsstelle gefunden hatten. So war es nicht nötig, sich besonders zu bemühen, um sich eine „gute Position" innerhalb der Mitschüler zu verschaffen. Recht schnell fanden sich Kontakte, und die Leistungen im Unterricht waren der Maßstab zur Festlegung einer gewissen Rangordnung. Es gab ein Grüppchen sehr intelligenter Schüler, eine Gruppe guter Schüler, aber auch einen „harten Kern" von Schülern mit unterdurchschnittlichem „IQ". Aber diese Mischung gibt es wohl in jeder Klasse.

Unser Klassenlehrer hatte die leistungsstärksten Schüler unserer Klasse als Lernpaten für die schwachen Schüler bestimmt. Mein Patenkind war der Reinhard, mit dem ich ja die gleiche Schulbank drückte. Die mir übertragene Patenschaft nahm ich recht ernst, machte es mir aber nicht unnötig kompliziert dabei. Bei möglichen Testaten ließ ich den „Dicken" bereitwillig bei mir abschreiben. Das funktionierte beinahe reibungslos, das heißt unentdeckt. Zweckdienlicher wäre es gewesen, wenn ich Linkshänder gewesen wäre. Reinhard saß rechts von mir. So schränkte mein Arm oft sein Sichtfeld ein, und ich musste den Arm für längere Zeiten auf meinen Schoß legen. Der Reinhard schrieb nicht so schnell wie ich!

Nach dem Unterricht ging ich rasch nach Hause zum Mittagessen, danach sofort zu Reinhard. Er wohnte bei seinen Großeltern am Rande der Stadt. Diese Wohngegend hatte dörflichen Charakter. Die kleinen Häuser hatten alle einen Innenhof, der im hinteren Bereich mit Schuppen und Stallungen abgeschlossen war. Da waren Kaninchen, Hühner und auch Gänse untergebracht. Reinhards Großeltern hielten immer ein Schwein, das bei Erreichen des optimalen Gewichts geschlachtet wurde. Reinhards Opa arbeitete in der ortsansässigen Konditorei und Bäckerei. Er brachte regelmäßig alte Brote und Kuchenreste mit, die an das Schwein verfüttert wurden.

Als wieder einmal das Schwein Schlachtgewicht erreicht hatte, wurde es gewogen. Die Umstehenden forderten Reinhard auf, anschließend die Waage zu besteigen. Es mussten noch zusätzliche Gewichte in die Waagschale getan werden. Der „Dicke" hatte mehr als Schlachtgewicht!

Reinhard wohnte in einer winzig kleinen Wohnung im Dachgeschoß. Er hatte dort sogar eine eigene Toilette und ein Waschbecken. Als Fenster diente eine Dachluke. Er war da oben vollkommen ungestört, denn seine Großeltern hatten Schwierigkeiten, die steile Treppe, die nach oben führte, zu erklimmen.

Dort oben erledigten wir gemeinsam die Hausaufgaben. Das nahm nicht sehr viel Zeit in Anspruch. Ich löste die Aufgaben, und Reinhard schrieb sie ab. Danach hatten wir Freizeit. Wir erzählten dummes Zeug und rauchten viel. Die kleine Dachluke schaffte es oft kaum, die Rauchschwaden abzuleiten!

Manchmal gingen wir auch angeln. Reinhard hatte eine komplette Angelausrüstung und besaß auch die nötigen Grundkenntnisse. Wenn er angeln ging, kam er nie ohne einen Fisch nach Hause. Sein Geheimnis waren die Köder. Ich kam recht schnell hinter dieses Geheimnis. Er verwendete den Teig von Obstkuchenrändern, die sein Opa mitgebracht hatte, um das Schwein damit zu füttern.

Die Fische müssen wohl doch einen Geruchssinn haben oder schmecken können. Wir hatten einmal im Winter geangelt. Wie es andere auch getan hatten, hackten wir ein Loch ins Eis und hielten die Angel mit dem Teig am Haken hinein. Es dauerte gar nicht lange, da hatte ein fetter Karpfen angebissen. Und dann noch einer. Die etwas weiter entfernten Angler staunten nicht schlecht. Bei ihnen hatte sich nichts gerührt!

Reinhard legte seinen Karpfen in die Tasche für das Angelgerät. Den anderen Karpfen schenkte er mir. Der zappelte aber nicht schlecht. So hätte ich ihn nicht nach Hause tragen können. Ich musste mein Taschenmesser hergeben, und Reinhard wollte damit den Karpfen schlachten. Der Todesstoß sollte durch die Stirn des Fisches gehen, um das Hirn auszuschalten. Gut gedacht, aber die Ausführung war weniger gut. Die ungeeignete Klinge meines kleinen Taschenmessers rutschte ab, und das Hirn wurde nicht direkt getroffen. Der Fisch hatte zwar aufgehört zu zappeln, war aber nicht tot, wie sich in der Folge zeigte. Dazu kam noch ein augenscheinlicher Misserfolg: Mein Taschenmesser ließ sich nicht mehr aus dem Fischkopf herausziehen.

Ich weiß heute nicht mehr genau, wie ich den Karpfen nach Hause gebracht hatte. Mutti meinte, dass er ein Weilchen „gewässert" werden müsse, um Schlamm und Moder aus den Kiemen zu spülen. So wurde Wasser in die Badewanne gelassen und der Karpfen hineingesetzt. Das brachte wohl seine Lebensgeister zurück, denn er begann zu schwimmen. Mein Taschenmesser steckte immer noch oben in seinem Kopf, und bei jedem Schlag seiner Kiemen kam ein dünnes „Blutfähnchen" heraus, das er hinter sich herzog. Am nächsten Tag sollte der Karpfen geschlachtet werden – zum einen, um ihn von seinen Qualen zu befreien. Zum anderen wollten wir auch einmal wieder duschen.

Vor dem Zubettgehen hatte ich nochmals nach dem Karpfen gesehen und auch die Wassertemperatur geprüft. Das Wasser war ja eisigkalt! So habe ich ein ganzes Weilchen warmes Wasser nachgelassen.

Als ich am nächsten Tag aus der Schule kam, wurde der Karpfen serviert. Mutti klagte aber, dass sie so etwas noch nie erlebt hätte. Sie hatte den Karpfen richtig geschlachtet, ihn ausgenommen, gesäubert, gewürzt und dann in den Kochtopf getan. Er köchelte auf kleiner Hitze vor sich hin. Mutti hatte inzwischen eine andere kleine Arbeit erledigt. Als sie wieder in die Küche kam, hatte der Karpfen den Deckel des großen Kochtopfs beiseitegeschoben und seinen Kopf herausgestreckt. So richtig gut hatte mir der Karpfen dann doch nicht geschmeckt!

Wir bekamen einen neuen Physiklehrer. Recht bald merkten wir, dass er sehr verunsichert war. Er konnte vortragen oder an der Tafel demonstrieren, was er wollte. Wir ignorierten ihn einfach. Die Mädchen in der Klasse interessierte die Physik sowieso kaum. Uns Jungs schon eher. Wir hätten auch gern etwas gelernt, aber der Herr F. war uns irgendwie unsympathisch. Da machte Herr F. uns ein Angebot. Nach dem offiziellen Schulunterricht sollte eine „Arbeitsgemeinschaft Physik" gebildet werden. Alle Interessenten könnten sich beteiligen.

Das hatte unsere Neugier geweckt, und zum verabredeten Termin fanden wir uns recht zahlreich ein. Es war natürlich kein Mädchen dabei. Aber mehr als zehn Jungs. Später dezimierte sich diese Zahl allerdings auf nur noch fünf interessierte Schüler. Natürlich war ich von Anfang an dabei!

Geschickt weihte uns der Physiklehrer durch kleine praktische Experimente in die Gesetze der Physik ein. Wir führten eifrig Versuche mit einer Kugel auf einer schiefen Ebene durch.

Wir staunten über die Farbenvielfalt des einst „weißen" Lichts, nachdem es sich in einem Prisma gebrochen hatte. Später steckten wir einzelne elektrische Bauteile zusammen und konstruierten so einen Rundfunkempfänger. Das war eine Gaudi, als die ersten krächzenden Musikfetzen aus dem Lautsprecher zu hören waren. Wir trafen uns regelmäßig an einem Nachmittag in der Woche und waren mit Feuereifer dabei. Sogar mein Patenkind Reinhard war interessiert bei der Sache!

In der Folge waren wir im Unterricht auch interessiert, und Herr F. hatte sein Ziel erreicht. Er hatte bei uns Autorität erworben, und wir, als Mitglieder der AG Physik, nahmen Position für ihn ein. Von diesem Augenblick an störte kein Schüler mehr seinen Unterricht, und die überwiegende Mehrheit hörte ihm aufmerksam zu.

Der Fachlehrer für Russisch war gleichzeitig stellvertretender Direktor der Schule. Er war eine wahre Respektsperson. Ich habe ihn während der vier Jahre, die ich diese Schule besucht habe, nur einmal lachen sehen. Sonst war er immer sehr ernst. Er flößte mir beinahe Furcht ein. Wenn er während seiner Ausführungen durch die Bankreihen ging und an meinem Platz vorbeikam, lief mir ein Kälteschauer über den Rücken. Dabei saß Reinhard direkt am Gang und ich daneben, am Fenster.

Russisch als Sprache war mir nicht unsympathisch. Ich hatte ja noch gute Erinnerungen an die russischen Wachsoldaten am Eingang zur Kaserne an meinem früheren Wohnort. Ich konnte inzwischen perfekt lesen, und auch das Übersetzen von russischen Texten ins Deutsche bereitete mir kaum Probleme. Regelrecht auf Kriegsfuß stand ich jedoch mit der russischen Grammatik. Ich hasste es, Konjugations- und Deklinationsreihen zu pauken und ähnlich einem Gedicht aufsagen zu müssen.

Ich hatte eine Taktik entwickelt. Wenn vorgelesen oder übersetzt werden sollte, meldete ich mich übereifrig und kam dadurch auch sehr oft hintereinander zu Wort. Wenn es dann ans Konjugieren und Deklinieren ging, verhielt ich mich ganz still. Das klappte! Ich hatte mich ja am vorherigen Teil des Unterrichts aktiv beteiligt. Aber ab und an hatte Herr W. doch meine Taktik durchschaut, und ich musste Blut und Wasser schwitzend diese Reihen herunterbeten.

Als einmal eine „Russisch-Olympiade" in der entfernten Kreisstadt stattfand, nahm ich mit einem Gedichtvortrag teil. *Rasti Moskwa* („Wachse, Moskau!") war der Titel dieser fünfstrophigen Hymne. Vor einem prallgefüllten Saal schmetterte ich die Sätze nur so aus mir heraus. Ich bekam zwar sehr viel Beifall, war aber zum Schluss nicht unter den Preisträgern. Die Rückfahrt mit dem Zug war aber sehr nett, denn die vier Mädchen aus unserer Klasse waren in der Kategorie „Singegruppe" Zweiter geworden. Sie sangen und lachten. Und ich als einziger Junge war mittendrin!

Inzwischen waren wir alle Mitglieder der Freien Deutschen Jugend (FDJ) geworden. Man traf sich zu Gruppennachmittagen, um politische Gespräche zu führen. Dort wurde mit „Freundschaft!" gegrüßt und das typische Blauhemd getragen. In den unteren Klassenstufen waren wir alle zunächst Jungpioniere und trugen ein blaues Dreiecktuch um den Hals geknotet. Später wurde man Thälmann-Pionier und trug ein rotes Halstuch. Man grüßte sich bei Veranstaltungen mit „Seid bereit!" und antwortete mit „Immer bereit!".

Vati hatte mir sehr ausführlich aus seiner Kinder- und Jugendzeit berichtet. Da war er bei den „Pimpfen" und später bei der „Hitlerjugend" organisiert. Da wurde auch ein Halstuch getragen.

In etwa dieser Zeit wurden erneut Kontingente für den Lebensmittelverbrauch vergeben. Es wurden keine Marken gedruckt wie nach dem Krieg. Man musste sich jedoch bei seinem Lebensmittelhändler registrieren, und der Kauf bestimmter Lebensmittel wurde dort in einem großen Buch festgehalten. Das galt besonders für Fleisch und Butter. In diesem Alter hatte ich die Butter beinahe in Scheiben aufs Brot gelegt. Im Nu war so die kontingentierte Butter aufgebraucht, und Fleischgerichte konnte Mutti nur noch an den Wochenenden zubereiten. Es war die Zeit, in der man alles in das westliche Ausland verkaufte, was zu verkaufen war. Es wurden Valuta benötigt, um Rohstoffe für die

Wirtschaft einkaufen zu können. Die DDR-Mark wurde international nicht akzeptiert!

An vielen Stellen waren Transparente mit Losungen angebracht, wie „Der Sozialismus siegt!".

Meine Jugendweihe

Im Frühjahr 1963 wurden wir auf die „sozialistische Jugend-weihe" vorbereitet. Einige Schüler unserer Klasse bereiteten sich parallel dazu auch auf die Konfirmation vor. Das wurde jedoch nicht ganz so gern gesehen.

Es gab Jugendweihestunden, in denen wir Diskussionsrunden mit Künstlern, Kommunalpolitikern und Geistesschaffenden hatten. Wir besuchten Ausstellungen, erlebten eine Theateraufführung und unternahmen eine Kurzreise in die Hauptstadt der DDR.

Dann war es endlich so weit! Der feierliche Akt fand im Kultursaal des großen Betriebes statt, in dem mein Vater arbeitete. Der Kultursaal diente an den Wochentagen als Speisesaal für die Belegschaft. Man hatte an diesem Tag die Esstische aus dem Saal geräumt und die Stühle in lange Reihen gestellt, die durch einen Mittelgang unterbrochen waren. Der Saal hatte auch eine Bühne. An diesem Tag war sie mit Fahnen geschmückt. Die Staatsfahne, die Fahne der Jugendorganisation und die der Partei. Ein Transparent mit einer anlassbezogenen Losung zierte die Rückwand. Daneben ein riesiges Staatsemblem. Hammer und Sichel im Ährenkranz. Etwas links, in der Bühnenmitte, stand ein Rednerpult, und vorn am Bühnenrand war Blumenschmuck drapiert. Man hatte es sogar geschafft, den typischen Geruch nach Großküche zu eliminieren!

Wir hatten uns alle festlich gekleidet. Die Mädchen erschienen mit eleganten Kleidern. Wir Jungs trugen dunkle Anzüge und zum ersten Mal eine Krawatte zum weißen Hemd. Die neuen Schuhe waren auf Hochglanz geputzt und die Haare exakt gekämmt. Gemeinsam mit unseren Verwandten, die auch im „Sonntagsstaat" erschienen waren, nahmen wir auf den Stühlen Platz und harrten der Dinge, die da kommen sollten. In meiner Aufregung hatte ich gar nicht bemerkt, dass Vati nicht mit bei uns Platz genommen hatte.

Einige Organisatoren und Verantwortliche liefen noch aufgeregt hin und her, dann trat gespannte Stille ein. Vier Musiker erschienen mit ihren Instrumenten und nahmen rechts auf der Bühne Platz. Unter ihnen erkannte ich Vati!

Ein Streichquartett, es nannte sich „Collegium musicum". Unser Musiklehrer war auch dabei. Die anderen beiden Herren kannte ich nicht. Diese vier Männer hatten sich wenige Monate vor diesem Ereignis zusammengefunden und hatten in ihrer Freizeit eifrig geprobt. Nun gestalteten sie die musikalische Umrahmung dieses feierlichen Festaktes. Zunächst intonierten sie natürlich die Nationalhymne. Die Stücke, die sie im weiteren Verlauf der Veranstaltung spielten, kannte ich nicht. Klassische Musik war damals für mich ein Gräuel. Dennoch war ich „zum Platzen stolz", dass mein Vater dort oben mitspielte!

Nachdem die typischen Reden mit den üblichen Phrasen über den Sieg des Sozialismus, die Klugheit unserer Partei- und Staatsführung und die kommunistische Zukunft, die uns alle erwarte, verklungen waren, wurden wir die Hauptpersonen. Man rief uns auf die Bühne, und wir stellten uns dort in einer Reihe auf. Immer im Wechsel Junge, Mädchen, Junge, Mädchen …

Zum ersten Mal im Leben auf einer Bühne! Mensch, waren da viele Leute im Saal versammelt! Von dort oben konnte man das erst so richtig sehen!

Ein Redner am Pult sprach uns die „Zehn Gebote der sozialistischen Moral und Ethik" vor, und wir gelobten, sie zu unserer künftigen Lebensmaxime zu machen. Dann wurden jedem von uns ein dicker, schwerer Bildband und ein Blumenstrauß überreicht. Nach einem kräftigen Händedruck durften wir die Bühne verlassen und wieder bei unseren Verwandten Platz nehmen.

Einige Jahre später stellte ich verblüfft fest, dass die Zehn Gebote der Kirche beinahe wortverwandt sind. Ich war nicht getauft, hatte also nie einen Gottesdienst erlebt und kannte Kirchen nur als historische Bauwerke. Ich schlussfolgerte, dass die Jugendweihe also eine Art „sozialistischer Konfirmation" war!

Dann gingen wir nach Hause. Es wurden auch einige Erinnerungsfotos gemacht. Endlich gab es die Geschenke, welche die eingeladenen Verwandten mitgebracht hatten. Ich bekam meine erste Armbanduhr. Es gab auch etliche Geldscheine! Damit konnte ich mir in den nächsten Tagen mein erstes nagelneues Fahrrad kaufen. Bisher hatte ich nur aus gebrauchten Teilen zusammenmontierte Drahtesel nutzen können. War das eine freudige Aufregung!

Dann gab es ein Festessen. Mit Mühe und Not fanden wir alle an unserem Tisch im Wohnzimmer Platz. Es wurde angestoßen, und ich durfte auch ein kleines Gläschen Wein nippen. Das Essen schmeckte vortrefflich. Andere Klassenkameraden waren mit ihren Familien in Gaststätten zum Essen eingekehrt.

Nach dem Essen hatte ich mich mit Reinhard verabredet. Wir holten noch andere Jungs aus unserer Klasse ab und liefen ein wenig durch die Stadt. Jetzt waren wir ja „Erwachsene"! So versuchten wir unser Glück, und wir hatten es! Im „Deutschen Haus" erkannte der Wirt sofort, dass wir die Kundschaft von morgen sind. Er servierte uns das gewünschte Bier. Wir wischten uns genüsslich den Schaum von der Oberlippe und entzündeten eine Zigarette. Nach dem dritten gezechten Bier kamen wir jedoch zu dem Schluss, dass es ratsamer sei, den Heimweg anzutreten. Wir waren nicht mehr ganz so sicher auf den Beinen.

So waren bei Rückkehr die Knie meiner Anzughose stark verschmutzt, und die einst blanken Schuhe waren derb verschrammt. Mutti öffnete mir die Wohnungstür und schmunzelte verständnisvoll. Die anderen Gäste hatten auch diversen alkoholischen Getränken reichlich zugesprochen. So war die Stimmung insgesamt sehr tolerant und entspannt!

In den ersten Tagen der folgenden Woche fragten uns die verschiedensten Fachlehrer zu Beginn der jeweiligen Unterrichtsstunde, ob sie jetzt Sie oder weiter Du zu uns sagen sollten. Wir wären ja jetzt schließlich Erwachsene. So ein Blödsinn! Nur durch diesen feierlichen Akt wird man erwachsen? Ich kenne Erwachsene, die sind kurz vor der Rente noch kindisch. Oder schon wieder?

Der Unterricht ging weiter wie vordem. Wir lernten mehr oder weniger fleißig und freuten uns schon auf die Sommerferien. Meine Eltern hatten einen idyllischen Platz an einem der zahlreichen Steinbruchseen der Umgebung gepachtet. Dort wurde unser großes Zelt aufgeschlagen, und wir verbrachten beinahe die gesamten Ferienwochen am See. Man konnte, sooft man wollte, im See schwimmen und tauchen. Das Wasser war kristallklar. Aber kalt, denn die ehemaligen Steinbrüche sind ziemlich tief. Das nun hineingelaufene Grundwasser erwärmte sich im Sommer nur wenig.

Es gab auch eine Fläche zum Federballspielen. Wir waren den ganzen Tag an der frischen Luft und in der Sonne. Wenn es dann doch einmal regnete, saßen wir im Zelt und spielten Karten.

Am Morgen fuhr ich immer mit dem Fahrrad zur Bäckerei im nächsten Dorf und holte frische knusprige Brötchen zum Frühstück. Mit den Fahrrädern fuhren wir auch die nötigen Einkäufe erledigen. Wir hatten kein Auto.

Zu jener Zeit waren sogenannte Kofferradios sehr beliebt. Das waren batteriebetriebene tragbare Rundfunkempfänger. Man konnte sie aber auch ans Stromnetz anschließen. Dieses Radio legte man sich auf den Unterarm und trug es so mit sich herum. Die ausziehbare Antenne wippte im Takt der Schritte und der Musik. Der Geräuschpegel war der jeweiligen Lieblingsmusik angepasst. Solch ein Radio wollte ich auch gern haben!

Fünf Fahrradminuten von unserem Zeltplatz entfernt gab es eine kleine Produktionsstätte, die Gehwegplatten aus Betonmischung herstellte. Sie war an einem anderen Steinbruchsee gelegen. Der hieß deshalb „Plattensee".

Ich fragte dort nach, ob es möglich sei, ein paar Wochen zu arbeiten. Da ich schon immer groß, kräftig und sportlich war, schien ich geeignet und konnte schon am nächsten Tag anfangen. Schichtbeginn war 6 Uhr! In den Schulferien!

Ich war immer pünktlich am Arbeitsort, wenn auch nicht immer mit einem Frühstück im Magen. Es gab ja später noch eine Frühstückspause. Da konnte ich mein am Vorabend geschmiertes Pausenbrot verzehren.

Das „Plattenwerk" war eine gemauerte Baracke. Davor waren hohe Splitt- und Kieshaufen. Diese Zutaten wurden in einen riesigen Zementmischer gegeben. Von dort gelangte die

Betonmischung in die Formen einer großen Rüttelmaschine.
Diese Formen waren so groß wie die Gehwegplatten später sein
sollten. Es gab die „Großen" mit den Abmessungen von 50 mal
50 Zentimetern und die „Kleinen" mit 25 mal 25 Zentimetern.

Es war ein Wirrwarr von Maschinen und Transportbändern,
begleitet von beinahe unerträglichem, quietschendem Lärm.
Wenn die feuchten Betonteile transportierbar waren, wurden sie
zum Trocknen aufgestellt. Um den Prozess des „Abbindens" zu
verzögern, mussten die riesigen Plattenstapel mit dem Wasser-
schlauch gewässert werden. Das war eine angenehme und leichte Arbeit. Die Haupttätigkeit für mich als Ferienarbeiter bestand
aber darin, die fertigen Platten per Hand auf Lkw zu laden. Verschiedene Baubetriebe und Baustoffhandlungen fuhren mit ihren Lkw vor, und wir mussten die gewünschte Stückzahl aufladen. Der Ladetrupp bestand aus zwei älteren Arbeitern, einem
weiteren Ferienarbeiter und mir. Zwei Personen waren oben auf
der Ladefläche. Die anderen beiden blieben unten und reichten
die Platten vom Stapel auf die Ladefläche hinauf. Dort wurden
sie abgenommen und in mehrere Zeilen gestapelt. Es gab keine Paletten und keinen Gabelstapler. Bei dieser Arbeit wurde
die Wirbelsäule extrem beansprucht. Auch die Fingerkuppen.
Es gab nämlich keine Arbeitshandschuhe. Lediglich aufsteck-
bare Lederläppchen sollten die Fingerkuppen schützen. Durch
die raue und feuchte Oberfläche der Betonplatten waren diese
jedoch bald verschlissen, und die Fingerspitzen wurden wund
oder bluteten sogar.

Kurz vor 15 Uhr war dann Feierabend. Ich schwang mich auf
mein Fahrrad und radelte zum Familiencamp zurück. Bloß erst
einmal ein paar Minuten hinlegen, um den Rücken geradezu-
machen. Dann ging es natürlich in die Fluten des Sees.

Nach vier Wochen war Zahltag. Ich bekam ein recht stattliches Sümmchen ausgezahlt. Es reichte jedoch noch nicht, um den
Typ von Kofferradio zu kaufen, der mir gefiel. Ich legte das Geld
beiseite. Erst nach den Arbeitswochen in den Ferienwochen des
nächsten Jahres hatte ich endlich das Geld beisammen. Jetzt gab
es dieses Radiomodell aber nicht mehr! Ich kaufte ein ähnliches

Kofferradio und zog nun damit stolz und lautstark durch die Straßen. Nicht jeder hatte damals solch ein Radio! Deshalb hatte ich meist Begleiter, und wir sind, unsere Lieblingshits mitsingend, durch die Straßen gezogen.

Ich war und bin ein großer Fan der Beatles! Aufgrund meiner fatalen Englischkenntnisse verstand ich damals kein Wort von dem, was sie sangen, aber ich sang inbrünstig mit. Dabei verwendete ich ein „Pseudoenglisch". Eine Mischung aus englischen Wortbrocken und dem Original ähnlich klingenden Fantasieworten. Schon beim ersten Akkord wusste ich immer, welcher Song gleich ertönen würde. Mir gefiel diese Art der Musik ausnehmend gut. Die Musik der Rolling Stones war mir jedoch nie so sympathisch. An die Wand über meinem Bett pinnte ich Fotos und Abbildungen der Beatles. Erst viel später kam ich an entsprechendes Material heran und besaß eine Sammlung beinahe sämtlicher Songtexte meiner Idole.

Einige Single-Schallplatten der Beatles hatte ich mir später von einer Auszeichnungsreise aus der Tschechoslowakischen Sozialistischen Republik mitgebracht. Das war damals recht abenteuerlich! Als einer der besten Lehrlinge durfte ich im Winter eine Woche in die Beskiden fahren. Mein Ausbildungsbetrieb hatte einen Partnerbetrieb in der Slowakei, in Ostrava. Dieser Betrieb wiederum unterhielt ein Ferienheim in den Bergen der Beskiden. Wir konnten Ski fahren und rodeln. Es lag dort jede Menge Schnee. Auf der Rückfahrt hatten wir ein paar Stunden Aufenthalt in Prag. Ich nutzte die Gelegenheit und kaufte von meinen letzten Kronen einige Single-Schallplatten der Beatles, von The Troggs, The Kinks und anderen. In der DDR gab es keinerlei Tonträger westlicher Beatgruppen.

Mit dem Nachtzug fuhren wir nach Berlin zurück. Alle rekelten sich auf den bequemen Sitzbänken und schliefen. Nur ich saß kerzengrade und war sehr wachsam und argwöhnisch. Ich hatte Angst, dass bei der Kontrolle an der Grenze mein wertvoller Schatz konfisziert werden würde. Ich hatte die Schallplatten auf der Brust unter meinem Pullover versteckt. Die Zöllner fragten aber nur, ob uns das „Tschechenbier" geschmeckt hätte.

Mein künstlerisches Talent wird entdeckt

In der Schule unterrichtete uns in Deutsch und Literatur sowie in Zeichnen die Direktorin Charlotte A. Von der Position her eine totale Respektsperson. Ich erspürte aber bei ihr auch eine ausgeprägte Feinfühligkeit, Schöngeistigkeit und Intelligenz sowieso. Für Situationen, in denen einmal ein Machtwort gesprochen werden musste, nutzte sie ihren Stellvertreter, den Russischlehrer, den „Finsterling".

In den als Deutsch ausgewiesenen Unterrichtsstunden wurden wir fast ausschließlich mit Themen der deutschen Literatur konfrontiert. Dabei hätte die Mehrzahl von uns Schülern besser in deutscher Rechtschreibung und Grammatik ausgebildet werden müssen. Ich will nicht sagen, dass wir Analphabeten unter uns gehabt hätten, aber viele schrieben so, wie sie sprachen. Und das war ausgeprägtes Plattdeutsch mit Hochdeutsch vermischt. Nördlich von Magdeburg sprach man damals nur „Platt".

Es war schon sehr grotesk, wenn auf solcher Basis Diskussionen über Goethes Tragödie *Faust* oder den *Zauberlehrling* angeregt wurden. Der Gedankenaustausch erfolgte meist nur mit einer Handvoll von Mitschülern. Die anderen langweilten sich oder schwitzten Blut und Wasser vor Angst, dass sie aufgefordert werden würden, ihre Gedanken und Empfindungen darzulegen.

Wie schon an anderer Stelle erwähnt, war ich nicht gerade ein Freund von gereimten „Vielstrophern". Aber es gab für mich drei Gründe, mich sehr aktiv an diesem Unterricht zu beteiligen. Zum einen wollte ich die anderen von ihren Beklemmungen befreien, etwas sagen zu müssen. Mir dagegen fiel es sehr leicht. Zum anderen wollte ich mich auch ein wenig hervortun und besonders bei den Mädchen Eindruck schinden. Das schien mir zu gelingen.

Der Hauptgrund für mich war aber: Ich wollte nicht nur bei Charlotte glänzen, ich wollte ihr helfen. Was hätte sie auch machen sollen, wenn sich keiner an ihrem Unterricht beteiligt hätte? Mitunter entwickelten sich dabei Situationen, die beinahe an Zwiegespräche erinnerten. Ich erhob mich auch aus dem Status Schüler in die Position eines ebenbürtigen Gesprächspartners. Jedenfalls kam es mir so vor. Es war für mich ein tolles Erfolgserlebnis!

In den Zeichenstunden konnte ich gegenüber Charlotte auch glänzen. Schon immer habe ich sehr gern gemalt und gezeichnet. Während des Unterrichts bemalte ich die freien Stellen in den Lehrbüchern und die Ränder der Schreibhefte. Das wiederum sah Charlotte gar nicht gern und rügte mich. Wenn sie jedoch unsere Mühen, ein Bild zu zeichnen, kontrollierte und dabei durch die Bankreihen schritt, blieb sie immer sehr lange bei mir stehen und beobachtete, wie ich mit leichter Hand den Kohlestift oder den Aquarellpinsel führte. Mitunter beugte sie sich auch zu mir herab, um besser sehen zu können. Ich genoss es, wenn ich ihren warmen Atem im Nacken spürte.

Wenn ich mit meinen Eltern im Sommer am See zeltete, kam Charlotte auch einige Male mit ihrem Fahrrad herausgefahren. Wir setzten uns unweit in die Natur, und sie zeigte mir, wie man Schilfblätter, Gräser und Wildblüten zeichnet. Sie lobte mein Talent, und ich war auch ganz stolz auf mich.

Charlotte hatte keinen Mann. Sie hatte aber einen Jungen. Der besuchte dieselbe Schule, jedoch zwei Klassenstufen höher. Er sah seiner Mutter überhaupt nicht ähnlich, und ihre Intelligenz besaß er bei Weitem nicht. Er war nicht so feingliedrig wie sie. Eher ein grobschlächtiger Kerl. Er war auch ein sogenanntes Russenkind.

Eines Tages eröffnete mir Charlotte eine Perspektive. In der Nähe von Halle gab es die Burg Giebichenstein, dort war eine Kunstschule untergebracht. Ein gewisses Talent vorausgesetzt, könnte man dort immatrikuliert werden und entweder Kunst in den verschiedensten Genres studieren oder sich zum Designer ausbilden lassen. Parallel dazu bekäme man eine Ausbildung zum Lehrer für Kunst und Literatur oder für Sport. Sie war der Meinung, dass ich dort am richtigen Platz sein und meinen Weg machen würde.

Ich musste schlucken und mehrmals tief einatmen. Als so befähigt schätzte mich diese Frau ein? Ich war sehr stolz in diesem Moment, und eine Welle des Glücks durchströmte meinen Körper!

Meine Pläne sahen aber anders aus. Zudem, was sollte aus mir werden, wenn ich kein erfolgreicher Künstler oder Designer werden würde? Wie könnte ich dann Geld verdienen, das man ja zum Leben bekanntlich braucht. Das zweite Standbein nutzen und mich als Lehrer verdingen? Mich mit einer Horde störrischer Kinder oder Jugendlicher tagein, tagaus herumplagen müssen. Nein, das war mir alles zu heikel! Ich wollte einen Beruf erlernen, der irgendetwas mit Physik und Elektrotechnik zu tun hat. Der Ausbildungsbetrieb sollte weit entfernt sein und ein Internat besitzen. Ich wollte aus der häuslichen Geborgenheit heraus. Ich wollte auf eigenen Beinen stehen!

Aber bis dahin waren ja noch einige Jahre Zeit. Auf jeden Fall aber war mir die künstlerische Laufbahn zu unsicher. Viel später ertappte ich mich aber doch bei Gedanken, was wäre gewesen, wenn …!

Die neue Banknachbarin

Vier der sehr guten Schüler unserer Klasse verließen mit Beginn des neunten Schuljahrs unsere Schule und besuchten die Oberschule. Das brachte gewaltige Verschiebungen in der „Rangordnung" unter uns Schülern mit sich. Ich rückte wieder zu den „Spitzenreitern" auf. Im Gegenzug erhöhte sich natürlich statistisch der Anteil der Mitschüler mit dem „kleinen IQ". Das wiederum wirkte sich auch auf das Niveau der Unterrichtsführung aus. Natürlich konnte man die Ziele und Vorgaben des Lehrplans nicht mindern, aber die Aktivitäten im Unterricht konzentrierten sich nun auf ein recht kleines Potenzial der Schüler. Der Rest hörte wohl nur zu und saß recht unbeteiligt da. Aktiv wurden diese Mitschüler erst, wenn die Klingel zur Pause läutete!

Selbst das Drängen meiner Eltern hatte nichts genutzt. Ich wollte nicht zur Oberschule! Obwohl ich das Zeug dazu gehabt hätte. Ich hatte den „Schongang" eingelegt und meine Schulnoten auf einem Niveau gehalten, das für eine Zulassung zum Besuch der Oberschule nicht taugte. Es war wohl die beginnende Pubertät. Ich wollte raus aus der Schule! Ich wollte raus aus dem Elternhaus! Ich wollte mein eigenes Geld verdienen! Ich wollte selbstständig sein! Aber dennoch musste ich noch zwei Jahre lang die Schulbank drücken.

Während dieser Zeit mussten wir Schüler oft zu Einsätzen in eines der umliegenden Dörfer fahren. Im Frühjahr galt es Rüben zu verziehen und im Herbst bei der Kartoffelernte zu helfen. Damals arbeiteten die Sämaschinen nicht so exakt wie heutzutage. Die Samenkörner der Rüben lagen oft sehr dicht beieinander in der Saatrille. Wenn dann die Samen keimten, wuchsen die Rüben zu dicht beisammen. Sie mussten vereinzelt werden, damit sie sich richtig entwickeln konnten. Das musste damals von Hand gemacht werden.

Wir hatten an den Einsatztagen weniger Unterricht. Dafür fuhren wir gleich nach dem Mittagessen mit dem Fahrrad in das besagte Dorf. Manchmal holte uns auch ein kleiner Bus ab. Wenn es viel zu tun gab, dann fiel der Unterricht an diesem Tag komplett aus.

Das war eine mühselige Arbeit. Die Rübenäcker hatten mitunter riesige Ausmaße. Die Reihen der Rübenpflanzen reichten bis zum Horizont. Wenn man dann aber unten in der Reihe hockte oder kniete, war vom Horizont nichts mehr zu sehen. Es war dann ein echtes Wunder, dass wir Stunden später, mit wunden Knien und erdverkrusteten Fingerspitzen, tatsächlich das Ackerende erreichten. Zuvor waren die kleinen Pflänzchen mit der Hacke vereinzelt worden. Danach blieben kleine „Grüppchen" stehen. Beim Vorwärtskriechen musste man das größte Pflänzchen entdecken und die kleineren davor und dahinter mit den Fingern herauszupfen.

Jeder bekam zwei Reihen und bewegte sich dazwischen vorwärts. Der dicke Reinhard war, wie immer, in meiner Nachbarreihe. Schon nach wenigen Metern konnte er weder kniend noch hockend arbeiten. So legte er sich in seine Furche, stützte den Kopf in eine Hand und zupfte mit der anderen die kümmerlichsten Pflänzchen heraus. Aus der Ferne konnte man ihn wohl mit einer Robbe oder gar mit einem Seelöwen verwechseln. Wenn Reinhard mit seinem Arbeitselan hinter den anderen zurückblieb, machte er eine Zeitlang „Kahlschlag". Er zupfte also sämtliche gekeimten Pflänzchen heraus. Das war zeitsparend, und er holte wieder auf!

So flink und geschickt wie die Mädchen arbeiteten wir Jungs natürlich nicht. Wahrscheinlich war die Geschwindigkeit des Mundwerks der Mädchen mit der Geschwindigkeit ihrer zupfenden Fingerspitzen gekoppelt. Sie schwatzten in einer Tour. Keine zwei Minuten hielten sie ihre Münder still. Wir Jungs dagegen redeten kaum. Ab und an war höchstens ein Seufzer oder ein Stöhnen zu hören.

Wenn der Acker nicht gar so lang war, erfolgte am Ende der Reihen eine Kehrtwendung, und das Zupfen ging in der Gegenrichtung weiter. Bei den riesigen Feldern war am Ende jedoch Feierabend. Die Bauern hatten uns meist belegte Brote und

Erfrischungsgetränke zur Belohnung auf den Acker gebracht. Zusätzlich gab es pro Reihe einen winzigen Pfennigbetrag als Anerkennung. Das war schwer verdientes Geld!

Da war die Kartoffelernte viel lukrativer! Eine einfache Kartoffelschleuder hatte mit ihren Stahlgabeln die Kartoffeln aus dem Boden gewühlt, die dann in breiter Reihe lagen. Wir mussten nun diese Kartoffeln in große geflochtene Weidenkörbe sammeln. Die vollen Körbe mussten dann zu einem Ackerwagen getragen und dort entleert werden. Ich war groß und kräftig, so meldete ich mich zum Körbetragen. Der Vorteil war, ich musste mich nicht hinknien oder mich bücken. Für jeden entleerten Korb gab es eine Blechmarke. Die gab ich dann dem jeweiligen Mitschüler, dessen gefüllten Korb ich zum Entleeren getragen hatte. Für jede Marke gab es am Ende des Tages zehn Pfennige. Als Träger bekam ich für zehn entleerte Körbe auch eine Marke.

In den Herbstferien fuhr unsere Klasse für eine Woche zum Kartoffelsammeln in ein kleines Dorf, etliche Kilometer östlich von unserem Wohnort gelegen. Die Fahrt mit einem kleinen Bus war kostenlos. Auch die Übernachtung und die Verpflegung. Bei Ankunft wurden wir auf verschiedene Haushalte verteilt. Reinhard und ich, wir kamen zu einer netten Bauernfamilie. In der unteren Etage, gleich neben dem Wohnzimmer, hatte man ein Zimmer mit zwei bequemen Betten für uns vorbereitet. Gegenüber auf dem Flur gab es auch ein Bad. In der Küche wurde gegessen. Es gab sehr lecker schmeckende Hausschlachtewurst zum Abendessen. Dazu duftendes Landbrot. Ich esse für mein Leben gern Brot!

Nach dem Abendessen war es noch hell, aber bald kam die Dämmerung. Wir trafen uns auf der Dorfstraße mit einigen anderen Mitschülern und schlenderten schwatzend aus dem Dorf heraus. Nicht weit entfernt verlief die Autobahn aus Westdeutschland kommend in Richtung Westberlin. Unser Weg führte zu einem Autobahnrastplatz. Es war nur eine Parkschneise. Recht selten hielt dort ein Pkw. Wir setzten uns an den dort installierten langen Tisch, schwatzten und rauchten. Wenn ein Pkw mit westdeutschem Kennzeichen einbog, um eine Rast zu machen, räumten wir natürlich unseren Platz. Wir blieben aber in der Nähe und begannen dann, um Süßigkeiten oder Zigaretten zu betteln. Die „Wessis" gaben uns, was sie entbehren konnten. Danach setzten sie aber ihre Fahrt schleunigst fort. Abweichungen von der Transitstrecke waren untersagt!

Nun hatten wir Süßigkeiten. Vor allem Kaugummis, Bonbons, Schokolade und Zigaretten. Die Zigaretten schmeckten viel besser als die aus der DDR-Produktion! Zudem waren sie kostenlos!

Einige Male gingen wir aber auch in die Dorfkneipe und tranken dort ein paar Bier. Einmal ergab es sich so, dass „Ali" und ich im Quartier von Margot und Rosemarie landeten. Ali war kein nordafrikanischer Asylant, die gab es damals noch nicht! Sein Familienname war Alfaenger. Der Einfachheit halber sagten wir immer Ali zu ihm. Sei es, wie es sei, jedenfalls waren wir zu viert in den Betten.

Nein, es gab keinen Gruppensex. Wir „erkundeten" uns gegenseitig unter der jeweiligen Bettdecke. Es wurde heiß geküsst und gegrapscht. Die Klamotten blieben aber am Leibe. Es wurde unerträglich heiß! Zudem drückte mir das Bier auf die Blase, und ich musste auf den Hof, um meine Notdurft zu verrichten. Der Hund der Bauersleute fing natürlich an, wütend zu kläffen, denn er kannte mich ja nicht. Die Leute wurden wach und schauten aus dem Fenster. Da half nur noch die Flucht über das Hoftor. Das amouröse Abenteuer hatte ein jähes Ende gefunden!

Ich weiß heute nicht mehr ganz genau, wie es sich ergab, dass Astrid eines Abends mit unserer Clique zum Autobahnrastplatz mitkam und es geschickt anstellte, dass sie sich mit mir von den anderen absonderte. Jedenfalls liefen wir eng nebeneinander. Der Mond beleuchtete unseren Weg, und die Sterne am klaren Nachthimmel funkelten romantisch. Mir klopfte das Herz bis zum Halse!

Astrid war für mich eine der drei Schönsten unserer Klasse. Sie war bisher mit Hartmut liiert. Sie saß mit ihm auf einer Bank zusammen, und Hartmut durfte seine Hand auf ihre Oberschenkel oder gar in ihren Schoß legen! Er richtete es immer so ein, dass wir anderen Jungs das sehen konnten. Nun war der Hartmut aber Schüler an der Oberschule. Astrid hatte mich als seinen Nachfolger erwählt!

Plötzlich war der „Dicke" nicht mehr mein Banknachbar. Auf seinem Platz saß fortan Astrid. Ebenso unkompliziert endete meine Lernpatenschaft mit Reinhard. Ab sofort machte ich gemeinsam mit Astrid die Hausaufgaben.

Astrid wohnte ganz in der Nähe der Wohnung meiner Eltern. Wenn ich aus dem Küchenfenster sah, konnte ich das Fenster von Astrids Zimmer sehen. Ihre Eltern waren schon viele Jahre geschieden. Sie lebte mit ihrer Mutter zusammen, die im gleichen Betrieb arbeitete, in dem auch mein Vater angestellt war. Sie war sehr fleißig, machte stetig Überstunden und nahm keinen Urlaub, weil sie der Meinung war, dass ohne ihre Tätigkeit dieser Betrieb nicht richtig funktionieren würde. Sie war aber auch sehr attraktiv. So ging sie auch einige amouröse Beziehungen ein. Das sprach sich natürlich in dieser Kleinstadt herum. Als die Partnerschaft zwischen Astrid und mir sich stabilisiert hatte und auch nach außen sichtbar wurde, warnten einige Einwohner meine Mutter, sie solle doch Einfluss darauf nehmen, dass ich diese Freundin meide, denn der Apfel fiele ja bekanntlich nicht weit vom Stamm. Ich war jedoch unbelehrbar. Ich ging mit Astrid Hand in Hand durch die kleine Stadt. Wir sonderten uns von den anderen Schülern ab und waren nur noch für uns da.

Sofort nach dem Mittagessen lief ich immer hinüber in die Wohnung zu Astrid. Wir erledigten schnell die aufgetragenen Hausaufgaben. Astrids Mutter kam erst gegen 16 Uhr von der Arbeit nach Hause. Wir hatten also viel ungestörte Zeit für uns. Mal gab es ein neu angeschafftes Massagegerät zu probieren. Ein andermal wurden Massagegriffe per Hand trainiert. Oder Astrid führte mir ein neues Dessous vor. Wir lernten unsere Körper und ihre Reizzonen kennen. Es gab auch sexuelle Rituale, jedoch zunächst keine Penetration.

Im Sommer fuhren wir mit den Fahrrädern zu einer romantischen Stelle im Wald. Unser „Liebesnest". Von einem vor neugierigen Blicken geschützten Platz aus konnte man auf einen einsamen Steinbruchsee blicken. Hier massierten, streichelten und liebkosten wir uns nach Herzenslust. Und die Lust war groß!

Wir eiferten beide um die Wette, wer die besten Noten in der Schule erreichen würde. Es war ein Geben und Nehmen. Astrid machte mir den Stoff im Fach Chemie interessant, und ich vermittelte ihr Kenntnisse in Physik. Auf diese Weise gehörten wir bald uneingeschränkt zu den Besten in der Klasse. So verstummten auch recht bald die Stimmen der „Mahner" und der Neider! Unsere wahre und junge Liebe wurde akzeptiert!

Während der Zeit der Abschlussprüfungen konzentrierten wir uns mit Feuereifer auf die schriftlichen Examen und mündlichen Prüfungen. Wir waren uns guter und sehr guter Noten sicher. Das spornte an!

Die Abschlussprüfung in Deutsch und Literatur bot drei verschiedene Themen zur Wahl an. Ich wählte eine Bildbeschreibung. Ein zeitgenössischer DDR-Maler, Walter Womacka, hatte das Bild *Am Strand* geschaffen. Diese Aufgabe war mir wie auf den Leib geschneidert. Ich hatte ja schon immer gern Aufsätze geschrieben. Ich versetzte mich in den abgebildeten jungen Mann und sah Astrid in dem jungen Mädchen auf dem Gemälde. Mein Kugelschreiber konnte kaum dem Tempo folgen, mit dem ich Gedanken entwickelte, Gefühle und Empfindungen zum Ausdruck brachte. Ich hatte meine Seele zu Papier gebracht. Ein „Sehr gut" hatte ich mir verdient! Wenn es „Sternchen" wie bei ausgezeichneten Gourmetköchen gegeben hätte, wäre mir sicherlich auch ein Stern zugesprochen worden!

In den Sommerferien fuhren Astrid und ich gemeinsam nach Neustrelitz. Dorthin hatte es meine Tante Gisela verschlagen. Sie hatte uns für eine Woche ihre kleine Wohnung als Urlaubsdomizil zur Verfügung gestellt. Sie war anderweitig untergekommen. Eine ganze Woche lang waren wir rund um die Uhr zusammen! Eine herrliche Zeit!

Ich erlerne einen Beruf

Nach den Ferien begann für uns der „Ernst des Lebens"! Wir begannen eine Berufsausbildung. Astrid begann ihre zweieinhalbjährige Ausbildung zur medizinischen Kosmetikerin. Die Ausbildungseinrichtung befand sich in Halle. Ich begann eine dreijährige Ausbildung zum Betriebsmess-, Steuerungs- und Regelungstechniker (BMSR). Mein Ausbildungsbetrieb war das Feinblechwalzwerk in Burg. Zur Ausbildung wurde ich jedoch zum Stahl- und Walzwerk in Hennigsdorf delegiert. Wir waren die zweite Klasse, die auf dem Territorium der ehemaligen DDR in dieser Fachrichtung ausgebildet wurde. Ein moderner Beruf mit Zukunft!

Vati begleitete mich bei der Zugfahrt zu dem Ort in der Nähe von Berlin. Bei der Eröffnungsfeier des Ausbildungsjahres saß er neben mir. Diese Veranstaltung fand im Kultursaal dieses sehr großen Betriebs statt. Auf der Bühne hatte ein anderer musikalischer Klangkörper Platz genommen. Sonst war alles ähnlich dem Festakt zur Jugendweihe damals. Wir Lehrlinge mussten auch auf die Bühne. Dort gab es aber diesmal keinen Bildband. Es gab eine Ehrenurkunde mit dem Auftrag, den Beruf mit großem Fleiß, Gewissenhaftigkeit und hoher Disziplin zu erlernen.

Danach begleitete mich Vati zum nahe gelegenen Lehrlingswohnheim. Die Wohneinheit in der ich untergebracht wurde, bestand aus drei Räumen. Der Mittelraum war der Aufenthaltsraum. Die beiden Schlafräume für je drei andere Jugendliche gingen nach links und rechts ab. Wir sechs Lehrlinge wollten alle BMSR-Techniker werden. Es gab noch Ausbildungsklassen für Stahlwerker, für Walzwerker, Kran-Anbinder und Bürofachangestellte.

Das Frühstück und das Abendessen bekamen wir im Internat verabreicht. Das Mittagessen nahmen wir im Speisesaal des Stahl- und Walzwerkes ein. Für uns Lehrlinge gab es dort einen abgetrennten Speiseraum. Unter der Belegschaft gab es jede

Menge Raubeine, die sich oft wegen irgendwelcher Kleinigkeiten in die Haare gerieten und ihren Streit dann mit den Fäusten entschieden. Daher gab es im Besteckkasten auch keine Messer. Nur Gabeln und Löffel.

Zunächst fuhren wir aber in ein Zeltlager in der Mecklenburger Seenplatte. Die Zelte standen noch vom Sommerferienlager für die Kinder der Beschäftigten des Betriebs.

Für uns begannen 14 Tage „vormilitärische Ausbildung". Wir wurden in Gruppen und Züge aufgeteilt und so jeweils in den Zelten untergebracht. Von einer in der Nähe befindlichen Einheit der Nationalen Volksarmee waren Unteroffiziere abgeordnet, die mit uns Exerzierübungen durchführten, auch sportliche Wettkämpfe und Kurse in Erster Hilfe.

Die Mädchen waren in einem festen Gebäude untergebracht. Sie machten auch einige Exerzierübungen und betätigten sich sportlich. In der Mehrzahl jedoch übten sie sich in Erster Hilfe.

In diesem festen Gebäude gab es neben den Unterkunftsräumen, der Küche und einigen Verwaltungsbüros auch einen großen Saal. Nach Ablauf der Hälfte der Zeit unseres Aufenthaltes dort im Ferienlager wurde ein „Bergfest" durchgeführt. Jede Zeltbesatzung hatte einen kleinen Beitrag vorbereitet, der auf der Saalbühne dargeboten wurde.

Der Vertreter unserer Gruppe war ich. Ich mimte den „einarmigen Geiger". Aus dicker Pappe hatte ich eine Geige ausgeschnitten. Die klemmte ich mir unter das Kinn. Den linken Arm hatte ich hinter der Bühne aus dem Hemdsärmel gezogen und unter dem Hemd versteckt. Er reichte unbemerkt bis in den Schritt der Hose. Als Geigenbogen diente ein Kleiderbügel aus Holz, den ich mit flinken Bewegungen über die Geige führte. Dazu imitierte ich die jaulenden Klänge einer Violine. Für alle Anwesenden im Saal deutlich erkennbar, trat schon nach kurzer Zeit der Erschöpfungszustand ein. Die angeblichen Schweißtropfen mussten mit einem Taschentuch von der Stirn gewischt werden. Wohin inzwischen aber mit der Geige und dem Bogen? Ich hatte ja nur einen Arm mit einer Hand daran. Geschickt führte ich einen Finger der versteckten Hand aus dem Hosenschlitz und hielt damit die Geige und den Bogen fest, mit der verbliebenen, nun freien Hand zog ich ein kleines Handtuch aus der Hosentasche und wischte damit meine Stirn ab. Der Saal johlte, und es gab einen Riesenapplaus!

Bis zum Ende der Lehrzeit wurde ich fortan meist nur mit „Geiger" angesprochen.

Dann begann endlich die Lehrzeit. Die theoretische Ausbildung fand im Gebäude der Berufsschule auf dem Betriebsgelände statt. Wir waren 23 Lehrlinge in der Klasse, davon neun Mädchen. Neben Deutsch und Mathematik gab es berufsspezifische Ausbildungsfächer. Im Fach Messtechnik erlernten wir zunächst die Funktionsweise der verschiedensten Messgeräte und Messfühler, die damals in den Stahl- und Walzwerken der DDR zum Einsatz kamen. Im Fach Regelungstechnik erlernten wir den Aufbau und die Wirkungsweise verschiedenster Regelkreise.

Im Fach Technisches Zeichnen konnte ich wieder einmal glänzen. Der Fachlehrer war stets entzückt, wie flink und exakt ich einen Körper in seinen drei Ansichten darstellen konnte. Noch mehr Spaß machte mir die perspektivische dreidimensionale Darstellung entsprechend einer vorgegebenen Drei-Seiten-Darstellung eines Bauteils. Der Fachlehrer holte mich oft an die Tafel und ließ mich dort vor allen anderen Lehrlingen mein Talent demonstrieren. Nicht selten gab es Applaus!

Natürlich hatten wir auch Russischunterricht. Neu für mich war Philosophie und Ethik. In etwa Staatsbürgerkunde, aber auf höherem Niveau. Die durchgeführten Diskussionen interessierten mich sehr. Besonders über die Definition des Begriffs Freiheit konnte ich mich mit der sympathischen Lehrerin lang und breit streiten. Wir lernten damals: Freiheit – ist die Einsicht in die Notwendigkeit. Das war Lehrmeinung, und die allein zählte letztendlich!

Sport hatten wir natürlich auch. In diesem Fach hatte ich nie in meinem Leben ernsthafte Probleme. In allen leichtathletischen Disziplinen und im Schwimmen war ich sehr leistungsstark. Nur mit dem Geräteturnen stand ich ein wenig auf Kriegsfuß. Ich kam mir regelrecht albern vor, wenn ich beim Bodenturnen eine

Standwaage demonstrieren sollte. Regelrecht gehasst habe ich die Reckstange. Ich war stets in großer Sorge, mir meine Genitalien beim Felgaufschwung sehr schmerzhaft quetschen zu können!

Ich war ein recht guter Läufer. Eher ein Sprinter, aber die langen Strecken bereiteten mir auch keine Probleme. An einem Sonntag fand ein großer Leichtathletik-Wettbewerb im Stadion des Stahl- und Walzwerkes statt. Unser Sportlehrer hatte uns darüber informiert, dass auch wir an Wettbewerben teilnehmen könnten. Wir müssten uns nur in der Starterliste als Athleten der Sportgemeinschaft des Werkes eintragen. Schon am Vormittag begleiteten mich zwei „Zimmergenossen" zur Wettkampfstätte. Dort konnte man die vorangemeldeten Läufer der verschiedenen Disziplinen und ihre Saisonbestzeiten einsehen. Mein Traum vom Sieg im Sprint zerplatzte wie eine Seifenblase. Die ausgelegten Bestzeiten über 5.000 Meter waren für mich auch eine Nummer zu groß. Bisher hatte ich nur Läufe über 3.000 Meter auf einer Aschenbahn absolviert. Längere Strecken nur bei Cross-Läufen im Gelände. Ich wollte unbedingt an einem Laufwettbewerb teilnehmen. So ließ ich mich für den 10.000-Meter-Lauf eintragen!

Ich kalkulierte, dass man diese sehr lange Strecke nicht im Sprint zurücklegen könne und auch nicht so schnell wie einen 3.000-Meter-Lauf. Ich war mir deshalb sehr sicher, dass ich beim Lauftempo mithalten könnte. Meine beiden Begleiter, die auch meine Laufleistungen im Sportunterricht kannten, bestätigten meine Überlegungen und bestärkten mich so in meiner festen Überzeugung.

Der Start über 10.000 Meter war für 15 Uhr festgesetzt. Bis dahin war noch sehr viel Zeit. Mein Magen fing an zu knurren, denn seit dem Frühstück hatte ich nichts mehr gegessen. Es gab zwar Verpflegungsstände für die gemeldeten Wettkämpfer, aber ich wollte meinen Magen nicht belasten und auch nicht zusätzlichen Ballast aufnehmen. Ich lümmelte mich auf eine Stadionbank. Meine Begleiter taten es mir gleich. Um Kräfte zu schonen, unterließ ich es auch, auf einem Nebenplatz Aufwärm- und Laufübungen zu machen. Dann erfolgte endlich der Start! Kaum war der Knall der Startpistole verhallt, flitzten die Läufer los!

Ich bemühte mich, wenigstens den Anschluss nicht zu verlieren. Schon das fiel mir recht schwer. Nach der dritten Runde schied ein Läufer aufgrund irgendwelcher Probleme aus. Ich lief weiter. Mein Abstand zum Letzten im weit auseinandergezogenen Läuferfeld vergrößerte sich jedoch zusehends. In der fünften Stadionrunde überholten mich die Allerersten. Ich lief eine Weile tapfer im Mittelfeld mit. Dann rutschte ich wieder auf den letzten Platz zurück. Ehe die Läufer mich erneut überholen konnten, gab ich auf. Ich täuschte Magenkrämpfe oder sowas vor. Jedenfalls hielt ich mir den Bauch und krümmte den ganzen Körper. Ein Sanitäter kam heran und befragte mich, ob ich medizinische Hilfe benötige. Ich lehnte dankend ab.

Zu Beginn der Sportstunde in der darauffolgenden Woche grinste der Sportlehrer nur. Dennoch klopfte er mir kräftig auf die Schulter, als Lob für meinen tollkühnen Wagemut!

Die praktische Berufsausbildung fand in einem Komplex von Lehrwerkstätten statt. Zunächst lernten wir, mit der Feile umzugehen. Eine stumpfsinnige Arbeit, die Kante eines dicken Flachmetalls mit der Feile so lange zu bearbeiten, bis diese Fläche einer Kontrolle ihrer Ebenheit mithilfe eines Haarlineals standhielt. Wozu benötigt man solche ebenen Flächen? Ich empfand diese Tätigkeit eher als Schikane!

Wir lernten dann auch sägen und bohren. Es gab auch ein Praktikum in der Schmiedewerkstatt. Außer dicken Blasen an den Fingern und Handflächen habe ich da nicht viel mitbekommen.

Später demonstrierte uns ein alter Elektromeister, wie man Drähte anklemmt, wie man mit einem Messgerät prüft, ob ein Draht Strom führt, und andere wichtige Kniffe. Er selbst feuchtete seinen dicken Daumen an und hielt ihn dann an das blanke Kabel, um zu prüfen, ob es Strom führt. Wir lernten auch, Kabel und Drähte zu verlegen. Als Kabelbäume oder gar in Flachverdrahtung.

In der ersten Hälfte des zweiten Ausbildungsjahres wurden wir bestimmten Brigaden zugeteilt und lernten dort an Ort und Stelle, wie man dünne Rohre als Messleitungen verlegt, wie man Messgeräte säubert und wartet. Sogar wie man sie eicht. Wir lernten, wie defekte Temperaturfühler ausgewechselt werden. Das war alles sehr interessant und machte mir sehr großen Spaß. Ich konnte den Fachleuten über die Schulter sehen und mir dabei vieles abgucken. Auch konnte ich beim Einsatz in der Praxis schon selbstständig mein bisher erworbenes theoretisches Wissen und die mir angeeigneten praktischen Fähigkeiten und Fertigkeiten anwenden und vervollkommnen.

Das Leben im Internat gefiel mir. Mit meinen Zimmergenossen verstand ich mich gut. In der Freizeit unternahmen wir viel gemeinsam. Wir schlenderten an einem Havelkanal entlang, der nicht weit entfernt verlief. Wir schauten den Schubeinheiten und Lastkähnen auf ihrem Weg zu. Mir gefiel es, am Wasser zu sein. Die Sehnsucht nach der Seefahrt hatte ich noch immer in mir.

Bei schlechtem Wetter spielten wir im Wohnheim eine Partie Billard oder Karten. Wir hatten auch eine Solaranlage in einem größeren Raum. Diese überdimensionale „Höhensonne" bestand aus einem dicken runden Turm, der mit senkrecht angeordneten Leuchtstofflampen bestückt war. Diese Spezialleuchten sandten UV-Licht aus. Es ist ja bekannt, dass in der Natur das UV-Licht anteilig im Sonnenlicht enthalten ist und die Bildung von Vitamin D im menschlichen Organismus anreizt. Vitamin D trägt sehr wirksam zur Bildung eines stabilen Immunsystems bei.

Wir durften dieses Gerät nur unter Aufsicht nutzen. Dazu mussten wir uns etwas entfernt auf Stühle setzen und mit einer Schutzbrille die Augen schützen. Das war ja was für kleine Kinder! Außerdem wurde die Hautpartie unter dieser breiten Brille nicht gebräunt, und es gab einen hässlichen weißen Fleck. So ließen wir die Brille weg und versprachen der Aufsichtführenden, die Augen fest zu schließen. Sie gab sich damit zufrieden.

Eines Tages führten wir einen Wettbewerb durch. Mit einer Stoppuhr prüften wir, wer von uns die längste Zeit in das UV-Licht sehen konnte. Der nächste Morgen begann dann für mich sehr merkwürdig. Ich konnte mir den Schlaf nicht wie gewohnt aus den Augen wischen. Es war so, als ob Sand in meine Augen gelangt wäre. Es brannte fürchterlich, und sehen konnte ich kaum etwas. Nur mit beinahe zugekniffenen Augen konnte ich etwas erkennen. Ein mitleidiges Mädchen aus dem Wohnheim hakte mich unter und führte mich so zur Lehrwerkstatt. Nur an der Stimme erkannte ich, wer sie war. Nie im Leben hätte ich mich bei ihr untergehakt oder gar ihr meinen Arm angeboten! Noch tagelang hörte ich die anderen spötteln, ob sie meine neue Freundin sei!

An den Wochenenden konnten wir nach Hause fahren. Das Wochenende begann damals erst am Samstagmittag. Kurz nach 13 Uhr fuhr ein Zug in Richtung Potsdam. Dort musste ich umsteigen und den Zug nach Magdeburg nehmen. Ich konnte aber schon vorher, in Biederitz, aus- und umsteigen, um den Zug in Richtung Dessau zu nehmen. Nach einer weiteren halben Stunde war ich dann endlich in Gommern.

Dort stand meist schon Astrid auf dem Bahnsteig. Sie hatte bis Halle eine sehr schnelle und direkte Zugverbindung. Sie empfing mich mit einer innigen Umarmung und heißen Küssen. Dann liefen wir schnell in die Wohnung meiner Eltern. Wir wechselten ein paar Sätze, und Mutti steckte gleich meine schmutzige Wäsche in die Waschmaschine. Meine Wäsche musste ja am nächsten Tag trocken sein, denn am Nachmittag des Sonntags musste ich ja wieder die Rückreise mit der Bahn antreten!

Dann gingen wir zu Astrids Mutter, die bereits mit dem Abendessen auf uns wartete. Für Kaffee und Kuchen war es schon zu spät. Wir erzählten ein wenig und schauten uninteressiert dem Fernsehprogramm zu. Dann gingen wir sehr zeitig ins Bett und holten die Umarmungen, Küsse und Zärtlichkeiten nach, die wir in der zurückliegenden Woche entbehren mussten.

Nach dem späten Frühstück, kurz vor dem Mittagessen, ging ich dann zu meiner Familie hinüber. Mutti hatte schon meine Tasche mit der frisch gewaschenen und gebügelten Wäsche gepackt. Wir aßen zusammen zu Mittag. Dann dauerte es nicht lange und Astrid holte mich ab, um mich zum Bahnhof zu bringen. Das Wochenende war so schnell vorbei!

Während der Woche schrieben wir uns Liebesbriefe. Ich schrieb täglich! Der Postverkehr funktionierte jedoch nicht kontinuierlich. So kamen die Briefe meist alle zusammen an. Oft auch erst nach dem Wochenende, an dem wir uns in Gommern gerade gesehen hatten. Damals gab es noch keine Handys oder das Internet.

Es kam eine Zeit, wo ich mit ein paar anderen Jungs vom Lehrlingswohnheim abends öfter in die „Schwemme" ging. So hieß im Volksmund die riesige Gaststätte, die sich unmittelbar neben dem Werksausgang befand. Recht viele der Stahlwerker und Walzer, die den ganzen Arbeitstag über extremen Temperaturen ausgesetzt waren, löschten hier ihren Durst und glichen die Menge verlorenen Schweißes mit kühlem Bier aus. Das Bier war zwar nicht teuer, aber für das Budget eines Lehrlings schon. Das Rauchen kostete auch Geld, und so kam mein persönlicher Etat in eine sehr negative Bilanz. Ein Zimmergenosse wollte mir helfen und schlug mir vor, den Bierkonsum drastisch zu senken oder gar ganz damit aufzuhören. Er riet mir auch, es ihm nachzutun und die Zigaretten zu rationieren. Er steckte sich nur jeweils fünf Stück in sein elegantes Etui. Das war seine Tagesration, die er eisern einhielt. Zudem kaufte er eine sehr preiswerte Marke ohne Filter. Er war immer sehr exakt und unerbittlich gegen sich selbst. Er wollte nach der abgeschlossenen Berufsausbildung zur Offiziersschule der Marine.

Ich hatte kein Zigarettenetui, und seine Zigaretten schmeckten fürchterlich! Zudem hatte man fast immer Tabakkrümel auf der Zunge. Es gab ja keine „Russen-Magazine" mehr. Also konnte ich mir auch nicht die noch billigeren „Kasbek" kaufen. Ich blieb bei meinen Filterzigaretten, aber reduzierte meine Kneipenbesuche etwas. Dennoch kam es so weit, dass ich zunächst nur noch die Fahrkarte für die wöchentliche Heimfahrt bezahlen konnte. Für die Rückfahrkarte musste ich Mutti um Geld anbetteln. Manchmal war ich so knapp bei Kasse, dass ich eine Zeitlang nur an jedem zweiten Wochenende nach Hause fahren konnte. Das war im Winter. Da hatten die Züge sowieso oft so große Verspätungen, dass sich eine Heimfahrt kaum lohnte. Man saß länger im Zug oder stand mit kalten Füßen auf dem Umsteigebahnhof, als man zu Hause sein konnte!

Astrids Mutter hatte sich ein Medikament besorgt, mit dem die Zigarettenentwöhnung ein wahres Kinderspiel sein sollte.

So stand es jedenfalls auf dem Beipackzettel. Wir teilten uns die silbrig hochglänzenden Dragees und auch die Kosten, die nicht ganz unerheblich waren.

Es folgten für mich sehr, sehr qualvolle Tage. Ich versuchte, dieses beinahe schmerzvolle Verlangen nach einer Zigarette mit Kaugummis oder Bonbons zu stillen. Das half aber nur wenig und auch nur für winzige Momente. Ich kam mir vor wie ein gerade eingefangener Tiger im Käfig!

Auf dem Beipackzettel dieser Wunderpillen hatte ich gelesen, dass eine Zigarette schon nach dem fünften Tag ähnlich einem angesengten Filzschuh schmecken sollte. Das probierte ich aus! Alles Lüge! So gut hat mir nie wieder in meinem Leben eine Zigarette geschmeckt! Ein wahrer Genuss!

Es fehlten nur noch wenige Wochen bis zum Ende des zweiten Lehrjahres, da gab es eine Überraschung. Einem Wochenende folgte irgendein Feiertag. Ich brauchte also erst am Montagnachmittag nach Hennigsdorf zurückfahren. Am Sonntag waren meine Eltern in die Wohnung zu Astrids Mutter eingeladen. Der Mittagstisch war festlich eingedeckt, und es gab ein köstliches Essen. Sogar mit einem Glas Sekt wurde angestoßen! Astrid nestelte an einem kleinen Kästchen herum und brachte zwei goldene Ringe hervor. Sie erklärte, dass wir ab sofort Verlobte seien! Es folgten Umarmungen und herzliches Händeschütteln.

Während der Bahnfahrt am Nachmittag des nächsten Tages schaute ich immer und immer wieder entzückt auf diesen Ring an meiner linken Hand. Die Ringe waren nur goldummantelt. Meine künftige Schwiegermutter hatte sie spendiert. Im Lehrlingswohnheim zeigte ich meinen Ring stolz jedem, dem ich begegnete. Während der praktischen Ausbildung musste ich ihn leider abnehmen. Aus arbeitsschutzrechtlichen Gründen!

An den kommenden gemeinsamen Wochenenden schmiedeten wir Zukunftspläne. Eine eigene Wohnung konnten wir uns noch nicht leisten. Aber wir könnten ja in der Wohnung von Astrids Mutter wohnen. Schlafen könnten wir, wie bisher, in Astrids Zimmer. Die restlichen Räumlichkeiten könnten wir uns ja mit Schwiegermutter teilen. Es eilte jedoch nicht, denn Astrid fehlte noch ein halbes Jahr bis zum Ende der Ausbildung. Ich musste noch ein ganzes Jahr auf meinen Facharbeiterbrief warten. Eine lange Zeit!

Im letzten Lehrjahr fand die praktische Ausbildung für mich in meinem Heimatbetrieb statt. Wir waren drei Lehrlinge. Eva, Eugen und ich.

Das Walzwerk Burg stellte Feinbleche vor allem für die Elektroindustrie her. Im Stahl- und Walzwerk in Hennigsdorf wurde Stahl geschmolzen, und daraus wurden mächtige Blöcke gegossen. Aus diesen Blöcken wurden verschiedene Arten von Profilstahl gewalzt.

Im Walzwerk Burg war das anders. Es wurden dicke Tafeln aus speziellem Stahl angeliefert. Diese Bleche wurden in großen Öfen zum Glühen gebracht. Wenn sie die richtige Temperatur hatten, wurden sie durch Walzanlagen geschickt und zu noch dünneren Blechen ausgewalzt. Bei diesem Vorgang entstanden Spannungen in dem Material. Deshalb wurden die Bleche abschließend auf einem Metallfließband durch einen langen, mit Gas beheizten Ofen geschickt. Sie wurden spannungsfrei geglüht. Wenn danach die Bleche abgekühlt waren, waren sie ohne jegliche „Wellen" und hauchdünn wie eine Oblate. Ein anderer Betrieb stanzte aus diesen Blechen Metallteile, die zum Beispiel als „Herzstück" für Transformatoren dienten.

Es gab also jede Menge Messstellen, um Temperaturen zu prüfen, den Gasverbrauch und andere Werte zu überwachen. Eine sehr interessante und wichtige Arbeit!

Zur Fortsetzung der theoretischen Ausbildung mussten wir drei aber jeden Monat für eine Woche nach Hennigsdorf fahren. Das Zusammentreffen mit den anderen unserer ehemaligen Ausbildungsklasse war jedes Mal eine große Freude. Wir kamen uns vor wie Fernstudenten, die zur Konsultation kamen. Und wir waren selbstbewusst, sicher in wenigen Wochen den Facharbeiterbrief zu erhalten.

In den Wochen der praktischen Ausbildung war ich an den Samstagen früher zu Hause als Astrid und konnte sie vom Zug abholen. An einem Samstag stieg sie nicht aus dem Zug. Ich schlenderte missmutig nach Hause und lief in freudiger Erwartung zur Ankunft des nächsten Zuges. Als Astrid wiederum nicht eintraf, ging ich zu ihrer Mutter und erkundigte mich, ob sie den Grund wüsste, weshalb Astrid nicht nach Hause käme. Meine künftige Schwiegermutter war sehr verlegen und verwundert darüber, dass mich Astrid nicht ins Bild gesetzt hatte. Einfühlsam erklärte sie mir, dass Astrid einen Mann kennengelernt und sich in ihn verliebt hätte. Der junge Mann sei wohl ein paar Jahre älter und wäre beruflich schon sehr erfolgreich. Er sei oft im Auslandseinsatz und wäre auch regelmäßig in der BRD.

Ich wusste, dass solche Kader einen Teil ihres Gehalts in Devisen erhielten. Damit konnte man in den „Intershops" westliche Waren einkaufen. Später konnte ich ihn auf einem Foto sehen. Ja, er war ein attraktiver Mann, und er war eben etwas älter. Ein gestandener Mann mit beruflichem Erfolg. Das versprach eine gesicherte Existenz!

Für mich war eine Welt zusammengestürzt!

Die ersten Schneefälle setzten in diesem Jahr recht zeitig ein. Damit begann auch die Zeit der Zugverspätungen. Die tägliche Heimfahrt mit dem Zug entwickelte sich zum Geduldsspiel. Entweder mein Zug kam mit großer Verspätung am Umsteigebahnhof in Biederitz an und der Anschlusszug Richtung Gommern war schon längst abgefahren, oder aber der Anschlusszug verspätete sich auf unbestimmte Zeit. Ein wenig anrüchig war die Tatsache, dass am Morgen der Transport hin zum Arbeitsort jedoch einwandfrei funktionierte!

Missmutig stampfte ich auf dem Bahnsteig umher, um die Füße warm zu halten. Ein sinnloses Unterfangen. Die Kälte zog in die Füße ein und kroch langsam den Körper hinauf. Lediglich die Hände blieben warm. Ich habe immer warme Hände.

Abhilfe gab es nur durch einen Besuch in der MITROPA-Bahnhofsgaststätte. Aber so richtig warm war es dort auch nicht. Wenigstens war der große Raum aber hell erleuchtet.

Zwei junge Männer, die ich schon oft im gleichen Zug gesehen hatte, winkten mich an ihren Tisch heran. Ohne mich zu fragen, bestellten sie ein großes Bier für mich. Ein heißer Tee oder vielleicht ein Grog wäre mir lieber gewesen. Aber ich hatte einen Sitzplatz und Gesellschaft. Für die beiden war ich „der Lange". Wir zechten, bis endlich unser Anschlusszug ausgerufen wurde. Da die beiden genau wussten, dass ich noch in der Lehrausbildung war, bezahlten sie meine Zeche mit.

In den folgenden Tagen und Wochen häuften sich die Kneipenbesuche unseres Trios. Manchmal war es auch so, dass wir freiwillig den Anschlusszug fahren ließen und erst den nächsten Zug nahmen. Meine getrunkenen Biere brauchte ich nie zu bezahlen, und wir hatten recht interessante Gespräche. Der etwas Molligere der beiden hieß Herbert und arbeitete in der TKO, der Technischen Kontrollorganisation des Walzwerkes. Dort wurden Materialproben geprüft, verschiedene Analysen durchgeführt und Vorschriften beim Umgang mit Werkstoffen erstellt.

Ralf hieß der andere. Er hatte auffallend rote, gekrauste Haare und rötliche Sommersprossen im Gesicht. Er war der Sohn der Besitzer der Schuhfabrik in Gommern. Sein alter Vater wollte ihm die Leitung der kleinen Fabrik übergeben, aber erst, nachdem er eine Ausbildung zum Schuhmacher und danach einige Jahre praktischer Erfahrung gesammelt hätte. Ralf arbeitete deshalb in der großen Schuhfabrik „Roter Stern" in Burg.

Wir verstanden uns ganz prächtig. So war es für mich auch nicht verwunderlich, dass mich Herbert eines Tages zu sich nach Hause einlud. Ich sollte nach dem Abendessen kommen. Er hatte schon Gläser bereitgestellt und etliche Flaschen auf dem Tisch drapiert. Es war gut geheizt, und aus dem Radio kam Musik, die mir gefiel.

Zur Begrüßung gab es erst mal einen Schnaps. Einen „Vierstöckigen"! Und dann noch einen Zweiten, denn auf einem Bein könne man ja nicht stehen, meinte Herbert mit überzeugender Stimme. Dann gab es gutes Flaschenbier, was natürlich „auf Ex" getrunken werden musste, wie es sich für echte Kerle eben gehört!

Noch nie in meinem Leben habe ich Schnaps vertragen. Keinen Doppelkorn, keinen Cognac, erst recht keinen Whisky. So dauerte es auch nicht lange, und ich spürte die Reaktion meines

Körpers auf die Alkoholmenge. Diese Reaktion war sehr heftig und nicht aufzuhalten. Ich versuchte noch, zur Toilette zu gelangen, konnte aber nicht mehr nach dem Weg dorthin fragen, denn mein Mageninhalt schoss in einem dicken Strahl aus meinem Mund. Ich konnte den Schaden etwas begrenzen und den Strahl neben den ausgelegten Plüschteppich lenken.

Herbert drückte mir wortlos einen Wischeimer und einen Scheuerlappen in die Hand. Damit konnte ich die Spuren meiner Entgleisung, im wahrsten Sinne des Wortes, verwischen. Der gemütliche Abend war gelaufen! Herbert sprang nach Art des Rumpelstilzchens durch den Raum und ließ mit mir bisher unbekannter hochtönender Fistelstimme die grässlichsten Flüche ab. Viel später erfuhr ich, dass er ein Gay war. Er wollte mich an diesem Abend wohl „vernaschen"!

Das Bratkartoffel-Verhältnis

Wieder einmal hatte ich den Anschlusszug verpasst. Da ergriff die Eva, das Mädchen, das mit Eugen und mir die Ausbildung im Walzwerk machte, die Initiative. Sie hatte beobachtet, dass ich immer mit den beiden Männern in die Kneipe ging. Und sie hatte auch beobachtet, in welcher Konstitution ich mich dann am nächsten Morgen befand. Sie lud mich ein, mit ihr nach Hause zu kommen. Widerspruchslos ging ich mit ihr mit.

Eva war nicht hässlich. Bei irgendwelchen Festen im Lehrlingswohnheim hatte ich sie einmal zum Tanz aufgefordert. Sie hatte lange blonde Haare, blaue Augen und große Brüste. Die hatte Astrid nicht. Astrid hatte tolle Beine!

Eva wohnte mit ihrer Mutter in einem kleinen zweigeschoßigen Haus am Rande der kleinen Stadt. Die Wohngegend hatte dörflichen Charakter. In der Wohnung wohnte auch „Onkel" Wilhelm. Er war der Vater von Evas Halbschwester, einem bildhübschen Mädchen.

Unten im Parterre wohnte ein Ehepaar mit vier Kindern.

Evas Mutter brutzelte in einer großen gusseisernen Pfanne flink eine Riesenportion knuspriger Bratkartoffeln zusammen. Es schmeckte sehr lecker!

Auf dem Weg hatte ich stets auf meine Uhr geschaut, um zu prüfen, wie viel Zeit ich benötigen würde, um rechtzeitig wieder am Bahnhof zu sein, um meinen Zug zu erreichen.

Es blieb noch etwas Zeit. Evas Mutter verabschiedete sich und ging zu einer Nachbarin. „Onkel" Wilhelm ging in den Hof zum Rauchen. Eva nahm mich an die Hand und lenkte mich ins Wohnzimmer. Auf dem recht bequemen Sofa saßen wir zunächst und tauschten verstohlen Zärtlichkeiten aus. Dann wurden wir stürmischer, und es ging in die Waagerechte. Ich konnte die prallen Brüste liebkosen …

Evas Mutter klopfte an der Tür und meinte, dass ich losgehen müsse, um meinen Zug nicht zu verpassen. Also schnell die

Sachen angezogen und geordnet, Hals über Kopf zum Bahnhof gelaufen und auf den Zug gewartet. Der kam dann mit einer halben Stunde Verspätung!

Von nun an ging ich immer mit Eva nach Hause und aß dort mit zu Abend. Anschließend liebten wir uns auf dem weichen Sofa. Wenn uns danach war, verlängerten wir unsere amouröse Zweisamkeit, und ich nahm erst den Nachtzug.

Damals gab es die Antibabypille noch nicht, und ich hielt nichts von Kondomen. Wir richteten uns nach Evas „Regel-Kalender". Das ging auch eine ganze Weile gut. Einmal muss ich mich aber wohl verrechnet haben. Eva war schwanger! Jetzt war ich in der gleichen Situation wie meine Eltern vor zwanzig Jahren!

Eine Abtreibung kam natürlich nicht infrage! Also hatte ich mich entschlossen, Eva zu heiraten. Eine Verlobung wurde nicht gefeiert. Mir war auch nie in den Sinn gekommen, Eva zu fragen, ob sie mich überhaupt heiraten wolle. Ich stellte meine Braut meinen Eltern vor, und etwas später erfolgte ein Gegenbesuch bei Evas Mutter.

Ein paar Wochen gingen noch ins Land. Dann bekamen wir unsere Facharbeiterbriefe ausgehändigt. Aufgrund guter bis sehr guter Leistungen schon einen Monat vorfristig.

Als ich dann den ersten Lohnzettel in der Hand hielt, war ich überhaupt nicht mehr der Meinung, dass ich einen Beruf mit Zukunft erlernt hatte. Mit diesem Verdienst konnte man sich kaum eine Zukunft aufbauen. Ich kalkulierte auch, dass Eva nach der Entbindung eventuell nicht mehr arbeiten gehen könnte. Dann müssten wir von meinen kargen Einkünften leben.

Ich werde Offiziersschüler

Als Kind hatte ich zwar, wie alle anderen Jungs auch, mit Soldaten gespielt, aber nie war ich ein Militarist. Das Kriegshandwerk kannte ich nur aus Kinofilmen. Dabei waren für mich die Aktionsszenen mit Schießereien und Explosionen reizvoll. Um die Menschenschicksale hatte ich mir nie Gedanken gemacht. Ich hatte einmal einen Mann gesehen, der im Krieg ein Bein verloren hatte. Aber der war schon alt, und es war schon lange her!

Mein Opa und mein Vater hatten den Krieg unversehrt überstanden.

Ich informierte mich im Wehrkreisamt nach den Konditionen zum Einstieg in eine Militärlaufbahn. Einer der dort Beschäftigten zeigte Verständnis für meine Situation, riet mir jedoch, besser patriotische Beweggründe wie Verteidigung des Sozialismus und Ähnliches zu wählen, um meinen „Berufswunsch" zu begründen. Er half mir geduldig mit Rat und später auch mit Tat. Aufgrund meiner vorgelegten Zeugnisse offerierte er mir gar die Offizierslaufbahn.

Zunächst müsse ich ein dreijähriges Studium an einer Offiziersschule der Nationalen Volksarmee (NVA) absolvieren. Während dieser Zeit bekäme ich als Offiziersschüler ein Ausbildungsgeld. Das war damals schon dreimal so hoch wie einst mein Lehrlingsgeld. Als ich meinte, dass ich mit diesem Betrag aber nicht meine junge Familie ernähren könnte, meinte er beschwichtigend, dass ich ja als Offiziersschüler eine Uniform trage und so kein Geld für Bekleidung auszugeben brauche. Zudem würde ich kostenlos in der Vollverpflegung versorgt und mietfrei in der Kaserne untergebracht. Als er dann mit den Besoldungszahlen jonglierte, die mich als frischgebackenen Offizier erwarten würden, war mein letzter Zweifel zerstreut. Das war mehr als das Doppelte meines Jungfacharbeitergehalts! Er bot mir eine Ausbildung in der Fachrichtung „Offizier für Raketentechnik" an. Das erschien mir mehr Technik und weniger Militär zu sein. Ich sagte Ja!

Schon wenige Wochen später, an einem Montag, saß ich im Zug nach Zittau. Dort befand sich die Offiziersschule der Nationalen Volksarmee, an der auch Offiziere für Raketentechnik ausgebildet wurden. Die Reise mit der Bahn dauerte etliche Stunden und hätte mich normalerweise ermüdet. Ich war jedoch aufgeregt und harrte der Dinge, die da auf mich zukommen würden. Drei lange Jahre von der Familie getrennt und so weit entfernt. Anschließend, so hatte mir der Berater im Wehrkreiskommando geschildert, sei es auch nicht gewiss, ob ich als frischgebackener Offizier dann in eine Einheit in der Nähe meines jetzigen Wohnortes versetzt werden würde. Sicherlich gäbe es aber Wohnraum in der Nähe meiner künftigen Dienststelle. Dann müsste man eben dorthin umziehen.

Wichtig für mich war nur, dass ich später eine gesicherte und sehr gut bezahlte Anstellung haben würde. Ich konnte meine Familie ernähren, und wir könnten sicherlich ein Leben führen, das mit meinem Facharbeitergehalt als BMSR-Techniker nicht finanzierbar war. Meine Zukunft und die meiner künftigen Familie erschienen gesichert!

Nach der Registrierung am Eingang zu dem großen Kasernenkomplex, aus dem die Offiziersschule bestand, wurden wir in unsere Unterkünfte geführt. Es waren neben mir noch sehr zahlreiche andere junge Männer angereist, die eine gleiche oder ähnliche militärische Laufbahn einschlagen wollten.

Uns blieb in den Unterkünften nicht viel Zeit. Wir versammelten uns in einem der großen Hörsäle. Ein hochdekorierter Offizier, der Kommandant und Leiter dieser militärischen Ausbildungsstätte, begrüßte und beglückwünschte uns zu unserer Absicht, die Laufbahn eines Berufsoffiziers einzuschlagen, um bald in einer Führungsposition in einer der Einheiten der Nationalen Volksarmee einen wirksamen Beitrag zur Sicherung und Verteidigung unseres sozialistischen Arbeiter-und-Bauern-Staates leisten zu können. Es schloss sich noch weitere Minuten lang ähnliches Vokabular an.

Diese Worte und Phrasen gehörten bis zu diesem Zeitpunkt überhaupt nicht zu meinem Wortschatz, sollten es aber für die nächsten Jahre und Jahrzehnte werden. Es war eine unnatürliche Redeweise und widerstrebte mir sehr.

Dann wurden wir in „Züge" entsprechend unserer künftigen Studienrichtung aufgeteilt und in kleinere Seminarräume gebracht. Dort begrüßte uns der Sektionsleiter für Raketentechnik. Er war ein Oberstleutnant. Er wählte ähnliche Worte, erläuterte aber wenig später schon, welche Ausbildungsphasen uns erwarten würden. Das hörte sich sehr anspruchsvoll an. Da würde einem in den kommenden drei Jahren allerhand abverlangt!

Dann sprach der Sektionsleiter individuell mit uns in seinem Dienstzimmer. Mich beglückwünschte er zu meinem Berufsabschluss und versicherte mir, dass ich es mit diesen Fachkenntnissen viel leichter haben würde, den Ausbildungsstoff zu bewältigen, als die Mehrheit der Bewerber, die zwar eine schulische Ausbildung mit Abitur vorweisen konnten, als fachliche Ausbildung aber nur die eines Rinderzüchters oder Betonfacharbeiters. Mir schlug vor Glücksgefühl das Herz bis zum Halse! Doch alles richtig gemacht! Doch ein Beruf mit Zukunft!

Für den Rest der Woche war ein sehr umfangreiches Test- und Überprüfungsprogramm angesetzt. Es mussten zahlreiche sportliche Tests absolviert werden. Das machte mir keinerlei Mühe, und die Prüfer waren sehr zufrieden mit mir. Es folgten psychologische Tests. Da mussten stundenlang vorgegebene Testreihen ausgefüllt oder angekreuzt werden. Natürlich gab es auch Examen in der deutschen Sprache, zur Prüfung der Orthografie- und Grammatik-Kenntnisse.

Es folgten am Donnerstag dieser Woche auch intensive medizinische Überprüfungen und Tests. Ich kam mir vor wie ein Leistungssportler bei der Leistungsprüfung. Am Freitag sollte dann die Ausgabe der Zulassungsurkunden erfolgen, und anschließend hätten wir die Heimreise antreten können.

Ich saß jedoch schon am späten Nachmittag des Donnerstags im Zug nach Hause. Am Ende der umfangreichen medizinischen Untersuchungen an diesem Tag erfolgte auch eine Visite beim Chefarzt. Beim Eintreten hatte ich noch gar nicht richtig die Tür hinter mir geschlossen, als er mir schon zurief, dass ich abgelehnt sei. Ich fragte nach dem Grund. Es konnte ja nur ein Irrtum sein. Vielleicht eine Verwechslung? Ich hatte doch sämtliche Überprüfungen mit guten und sehr guten Ergebnissen absolviert. Der Mediziner bestätigte dies auch, erklärte jedoch, dass man mich als Brillenträger nicht gebrauchen könne. Zudem seien viel mehr Bewerber erschienen, als Studienplätze zu vergeben seien.

Für mich brach eine Welt zusammen!

Am Freitag, sofort nach meiner Rückkehr, sprach ich erneut bei dem Berater im Wehrkreiskommando vor. Ich hatte es mir in den Kopf gesetzt, die militärische Laufbahn zu ergreifen. Dabei ging es mir nicht um den Schutz und die Verteidigung meiner sozialistischen Heimat, es ging mir einzig und allein um den monatlichen Verdienst! Das behielt ich selbstverständlich für mich.

Der Berater bot mir zwei andere Berufszweige bei den bewaffneten Organen an. Er meinte, da wären die Aufnahmekriterien wahrscheinlich nicht so streng. Das waren auch keine technischen Spezialrichtungen; Offiziere in motorisierten Schützeneinheiten. Zum einen in den Einheiten der Bereitschaftspolizei, die dem Ministerium des Innern (MdI) unterstellt waren, zum anderen beim Wachregiment des Ministeriums für Staatssicherheit (MfS). Der Begriff Stasi erinnerte mich an Gestapo und löste bei mir Unbehagen aus. Deshalb wählte ich das MdI. Eine Entscheidung aus dem Bauch heraus, die sich aber viele Jahre später als Glückstreffer entpuppen sollte!

Wieder saß ich in einem ratternden Zug in Richtung Süden. Dieses Mal ging es nach Dresden. Im höher gelegenen Stadtteil Wilder Mann, unweit der Endstelle der Straßenbahn, die vom Neustädter Bahnhof dort hinauffuhr, befand sich die Offiziersschule der Volkspolizei-Bereitschaften. In einem mit Kiefern bewaldeten umfangreichen Objekt, entlang der Neuländer Straße, standen drei mehrgeschoßige Kasernenunterkünfte, in denen sich auch die Lehrkabinette und Schulungsräume befanden. Gleich am Eingang, gegenüber dem Wachgebäude, das wuchtige

Stabsgebäude. Es gab einen ausgedehnten Fuhrpark, einen Speisesaal mit Großküche. Hinter den Kasernengebäuden erstreckten sich die Kampfbahn und ein Bereich mit etlichen Trainingskonstruktionen und Sportgeräten. Es gab sogar einen Sportplatz mit einem Fußballfeld, einem Kugelstoßring, einer Weit- und einer Hochsprunggrube sowie einer Laufbahn ringsum.

Auf dem weitläufigen Schulareal standen auch drei hohe Gittermasten. Sendemasten für einen Funksender. Nachts blinkten an den Mastspitzen rote Warnlampen. Da der Kommandeur der Schule Winkler hieß, nannten die Offiziersschüler das Objekt „Drei-Masten-Zirkus-Winkler".

Wir waren etwa 60 Bewerber, deutlich weniger als in Zittau bei der Offiziersschule der NVA. Ich wusste ja bereits, was uns erwartet, und war mir auch sicher, dass ich am Ende der Woche endlich meine Zulassungsurkunde erhalten würde. Sämtliche Examen, Testate und Sportprüfungen waren ähnlich jenen an der Offiziersschule in Zittau. Für mich also keine Hürde. Selbst die Tatsache, dass ich Brillenträger war, galt hier nicht als Hinderungsgrund.

So saß ich am Freitagmittag im Zug. Mit meinem kleinen Koffer und der Zulassungsurkunde unter dem Arm. Ich hätte sie in den Koffer packen können, wollte sie aber, sooft ich mochte, ansehen können. Ich war sehr stolz und sehr zuversichtlich! Vom Bahnhof bis nach Hause bin ich fast gerannt!

Wir wohnten inzwischen bei meiner zukünftigen Schwiegermutter in der Parterrewohnung. Die bisherigen Mieter waren ausgezogen und lebten jetzt in der Nähe in einem kleinen Häuschen.

Das Wasser musste man auf dem Hof an der Pumpe holen. Die Toilette war in einem „Häuschen" auf dem Hof. Ein Bad gab es nicht. Man wusch sich am Handwaschbecken. Das hatte einen Ablauf in einen Eimer, den man regelmäßig in eine Sickergrube im Hof leeren musste. Der Hof war unbefestigt. Es führte nur ein Pfad aus Ziegelsteinen zur Haustür. Im Hof tummelten sich „Onkel" Wilhelms Flugenten. Er hatte auch einen Verschlag für Kaninchen und einen auf dem Dach für seine Tauben. Wenn Wilhelm von der Arbeit nach Hause geradelt kam, kündigten die am Himmel kreisenden Tauben seine Ankunft an. Angekommen setzte er sich auf den Hackklotz auf dem Hof und schmauchte penetrant stinkenden Tabak in seiner Pfeife. Einige Tauben setzten sich auf seine Schultern, und die Enten watschelten um seine Beine herum. Es war ein Bild der absoluten Entspannung, der Eintracht und des Seelenfriedens!

Eva brachte kein Wort hervor, als ich ihr stolz meine Zulassungsurkunde zum Besuch der Offiziersschule präsentierte. Sie gestand mir, dass sie gehofft hatte, ich würde so wie bei der NVA auch beim MdI eine Absage erhalten. Sie könne sich nicht an den Gedanken gewöhnen, drei lange Jahre alle sechs Wochen nur eine Wochenendehe zu führen. Darüber hinaus hätte sie die Verantwortung für das Baby und den kompletten Haushalt alleine zu tragen. Sie fühle sich da überfordert! Ich versuchte, sie zu beschwichtigen, und vertröstete sie auf ein später recht hohes Einkommen, mit dem man ein besseres Leben führen könne als mit dem kärglichen Facharbeitergehalt. Evas Groll und ihre Ablehnung meiner künftigen Beschäftigung blieben!

Am 28. August 1978 fuhr ich mit dem Zug nach Dresden. Anreise zum Beginn der Ausbildung zum Truppenoffizier. In den nächsten Tagen erfolgten der Empfang der verschiedensten Uniform- und Ausrüstungsteile sowie die Einteilung in einen der drei Züge der Ersten Offiziersschüler-Kompanie. Bewerber, die schon aus der Truppe kamen, wurden als Gruppen- und Schüler-Zugführer eingesetzt. Als offizielle Zugführer fungierten ausgebildete Offiziere, so auch der Kompaniechef. Der hieß Feder. Vom Körpergewicht her hatte er jedoch nichts mit einer Feder gemein!

In den Folgetagen fanden Exerzierübungen, Sportausbildung und Seminare zu Themen der Lehren von Lenin, Karl Marx und Friedrich Engels, den Klassikern der Ideologie des Sozialismus-Kommunismus, statt.

Neben den Exerzierübungen für Antreteordnungen, Wendungen, Kehrtwendungen und Marschübungen ist mir insbesondere der „Maskenball" in Erinnerung geblieben. Aus der Antreteformation heraus musste auf Befehl eine spezielle Uniform angelegt werden. Unter Vorgabe einer Normzeit musste man in die Unterkunft laufen, die befohlenen Uniformteile aus dem Schrank reißen und anziehen. Anschließend wieder hinaus auf den Stellplatz rennen und sich wieder in die Antreteformation einreihen. Unser Gruppenführer rief uns zu, was wir anzuziehen hätten. Dennoch gab es einige, die zum Beispiel anstatt der Halbschuhe die Stiefel zur Ausgangsuniform angezogen hatten. Es war blanker Stress für uns. Die Offiziersschüler der anderen Kompanien schauten uns einige Zeit aus den Fenstern zu und amüsierten sich köstlich.

Die sorgfältig eingerichtete Ordnung in unseren Kleiderspinden war danach natürlich total durcheinander. So war es auch nicht verwunderlich, dass nach einer Weile der Spieß, der Leiter Innendienst, in unseren Unterkünften erschien, um die Ordnung in den Schränken zu kontrollieren. Beim Anblick des Inneren meines Schrankes schrie er fassungslos, dass ihn dies an das Ergebnis eines Atomschlages erinnere. Ich hätte dreißig Minuten Zeit, um ordnungsgemäß aufzuräumen!

In diesem Moment kam bei mir nicht der Gedanke auf, wo und wann denn dieser Vorgesetzte eigentlich einen Atomschlag erlebt haben könnte. Es war ja auch keine Zeit zum Grübeln. Rasch die Unterwäsche wieder auf Kante gefaltet und im entsprechenden Fach im Spind eingestapelt. Die Uniformteile auf den Bügel gehängt und in der Wertigkeit auf der Kleiderstange aufgereiht.

Als dann der Spieß wie angekündigt zur Kontrolle erschien, meldete ich ihm zackig, dass der Atomschlag vorbei sei! Daraufhin zuckten die Lachfältchen rings um seine Mundpartie, und kleine Lachtränen blitzten in seinen Augen. Er sah ganz kurz in meinen Spind, machte eine sehr rasche Kehrtwendung und eilte aus der Unterkunft. Heute bin ich mir sicher, dass er an einer unbeobachteten Stelle sich den Bauch gehalten und schallend gelacht hat!

Das Jahr 1968 war ein Jahr des politischen Aufbruchs und der Proteste. Die internationale Jugend lehnte sich gegen die herrschenden Verhältnisse auf. Es waren die Attentate auf Martin

Luther King, Robert Kennedy und Rudi Dutschke erfolgt und erschütterten die Menschen!

Die revolutionäre Bewegung „Prager Frühling" wurde im August durch den Einmarsch von Militäreinheiten aus fünf benachbarten Staaten des Warschauer Paktes unterdrückt. Aufgrund dieser angespannten Situation waren sämtliche militärischen Einheiten, auch die Offiziersschule in Dresden, in Alarmbereitschaft versetzt worden. Es gab wochenlang Ausgangssperre und Urlaubsverbot. Nach zwölf Wochen bekam ich erstmalig einen Urlaubsschein und durfte nach Hause fahren.

Ich gründe eine Familie

Bei meiner Ankunft freute sich Eva sehr, und wir schmiedeten Pläne für eine Hochzeit. Im Februar würde unser Kind auf die Welt kommen, es sollte in einer geordneten und intakten Familie aufwachsen. Das war mein fester Wille!

Der Termin für die standesamtliche Trauung war schnell vereinbart. Schon in sechs Wochen konnte die Zeremonie stattfinden. Evas Mutter nahm die Organisation der Feierlichkeiten in die Hände. Gemeinsam mit vier Frauen aus der Nachbarschaft wurde das Wohnzimmer komplett ausgeräumt und dort lange Tafeln aufgebaut. Die dazu nötigen Tische und Stühle wurden in der Nachbarschaft geliehen. Im Hof wurde ein großes Sonnensegel gespannt. Darunter fanden noch weitere Gäste Platz. Es wurden Kuchen gebacken, Salate angerichtet, „Häppchen" vorbereitet. Unter Verwendung von hochprozentigem „Primasprit" und Aroma-Essenzen wurden Liköre verschiedenster Geschmacksrichtungen „gebraut" und kistenweise Bier eingestapelt.

Natürlich bekam ich ein paar Tage Sonderurlaub. Am späten Nachmittag des Polterabends traf ich ein. Das Haus glich einem Bienenschwarm. Die Nachbarn und Bekannten gaben sich gegenseitig die Klinke in die Hand. Es wurde mit großem Appetit gegessen und getrunken, viel geschwatzt, gelacht und später auch gesungen. Zum Tanzen war kein Platz.

Zu fortgeschrittener Stunde hatte es mich an einen Platz verschlagen, dem gegenüber ein mich sehr beeindruckender Mann saß. Ein Mittvierziger mit kräftiger Statur, markantem Gesicht und scheinbar unstillbarem Durst. Jede frisch geöffnete Bierflasche trank er leer, als ob es seine erste wäre. Er war ein weit entfernter Verwandter aus der Altmark, ein Rinderzüchter. Er war vor allem Bullenzüchter. Er sprach von „Fleischbergen auf vier Beinen". Er versorgte einige Bullen, die wohl ein Körpergewicht von mehr als 500 Kilogramm hatten. Er berichtete, mit welcher Selbstsicherheit er mit diesen Kolossen umging, wogegen andere wohl sehr ängstlich waren. Er reihte Episode an Episode, bis ich in einem Zustand war, in dem ich kein Bier mehr trinken und ihm auch nicht mehr aufmerksam zuhören konnte.

Irgendwie musste ich es wohl doch noch in mein Bett geschafft haben. Jedenfalls bin ich darin aufgewacht. Einen Versuch, wie gewohnt flink aufzustehen, musste ich auf später verschieben. Alles um mich herum drehte sich! Mit sehr großer Kraftanstrengung erhob ich mich etwas später in die Senkrechte. Der Fußboden erinnerte mich an ein Schiffsdeck oder den Landgang nach der einstigen Floßfahrt auf dem Witznitzer Schacht. Ich spürte ein leichtes Schwanken und musste einen aufkommenden Brechreiz unterdrücken.

Meine Schwiegermutter und meine Braut Eva wischten mir mit kaltem Wasser Gesicht und Arme ab, steckten mich in ein weißes Hemd, in meinen dunklen Anzug, würgten mir eine Krawatte um den Hals, kämmten mir die Haare und schoben mich dann ins Taxi. Los ging die Fahrt zum Standesamt!

Auf dem Weg dorthin verlangte ich energisch einen Stopp! Ich stürzte aus dem geschmückten Pkw, lief auf einen der Alleebäume zu, hielt mich an dessen Stamm fest und übergab mich mit körpererschütternden Krämpfen. Erst etliche Monate später erkannte ich, dass dies „ein Zeichen Gottes" gewesen sein musste!

Dieses Omen allzu leichtfertig ignorierend, kletterte ich wieder in das Fahrzeug, und das Schicksal nahm erneut seinen Lauf. Dem Redeschwall des Standesbeamten konnte ich nicht so richtig folgen, dennoch konnte ich an der richtigen Stelle mein markiges „Ja" ertönen lassen. Die Ehe war besiegelt!

Die üblichen Flitterwochen beschränkten sich auf sehr wenige „Flittertage". Es gab nur fünf Tage Sonderurlaub zur Eheschließung. Der Tag der Anreise und der Rückreise inbegriffen!

Die Insassen meiner Unterkunft gratulierten mir herzlich zur Eheschließung und bedankten sich für die Flasche Bier, die ich jedem hingestellt hatte. Zwei kleine Flaschen pro Tag waren erlaubt. Wenn man mehr Bier trinken wollte, musste man Ausgang beantragen. Für die gesamte Gruppe war das nicht möglich, denn

70 Prozent des Personalbestandes mussten immer einsatzbereit sein. Das galt auch für die Urlaubsgewährung. Als Verheirateter wurde ich zwar jetzt ein wenig bevorzugt berücksichtigt, dennoch wurde mir maximal nur ein Wochenendurlaub im Monat gewährt. In der Mehrzahl durfte ich alle fünf bis sechs Wochen nach Hause. Der Zug fuhr gegen 14 Uhr ab Dresden-Neustadt und kam gegen 17 Uhr in Magdeburg an. Bis zur Abfahrt des Anschlusszuges nach Biederitz verstrich auch meist eine halbe Stunde. So war ich schließlich erst zum Abendessen zu Hause.

Die Rückfahrt nach Dresden am darauffolgenden Sonntag verlief ebenso zeitaufwendig. Erst nach Mitternacht kam der Zug an. Dann fuhr keine Straßenbahn mehr zum Wilden Mann, und die Taxis scheuten die Fahrt nach außerhalb, wo sich „Fuchs und Hase die Hände gaben".

Man konnte auch den Nachtzug nehmen. Dann kam man im Morgengrauen an und konnte die erste Straßenbahn nehmen. Um 6 Uhr musste man aber den Einlass passiert haben. So lange war der Urlaubsschein gültig. Im Winter, der Jahreszeit der Zugverspätungen, ein stressreiches Unterfangen.

Um 6:15 Uhr begann der Tag dann mit dem Frühsport. In Sportbekleidung, je nach Wetterlage und Jahreszeit, wurde zunächst eine kurze Aufwärmgymnastik durchgeführt. Danach wurden einzelne Abschnitte der Kampfbahn überwunden. Auch wurde ein Langstreckenlauf um die Kasernenblöcke durchgeführt oder gar auf der Laufbahn auf dem Sportplatz. Sehr häufig mussten wir einen Rundweg im sogenannten Sportgarten ablaufen. Einer der Sportoffiziere hatte dort, vor Jahren schon, etliche ausgediente Heizungsradiatoren auf dem Kurs eingraben lassen. Beim Lauf dienten sie als Hürden. Dieser Parcours war nach ihm benannt: „Ferdinand Drommers beheizter Sportgarten"!

Nach dem Frühsport erfolgte die Morgentoilette, und wenig später erscholl das Kommando zum Abmarsch zum Frühstück. Wir mussten vor unserem Kasernenblock in Marschformation antreten und dann zum Speisesaal marschieren. In Reihe ging es dann an der Essenausgabe vorbei, und jeder empfing dort einen dreigeteilten Plastikteller. Darauf waren ein „Buttersternchen" und drei Scheiben Aufschnitt drapiert. Marmelade, Schmalz und Brot gab es an einer separaten Ausgabe. Dort konnte man sich großzügig bedienen.

Der Rückweg zur Unterkunft war individuell. Ich wäre jedoch lieber marschiert. Denn es kamen etliche Offiziere entgegen, die auch zum Frühstücken gingen. Denen musste man die Ehrenbezeigung erweisen, was mir schwerfiel, denn meist hatte ich einen Packen geschmierter Schmalzbrote in den Händen.

Es gab einen Offizier, den wir aber alle sehr gern grüßten. Er war schon etwas älter und hatte wohl noch den Zweiten Weltkrieg erlebt. Wenn er den Gruß erwiderte, schnellte seine Hand blitzartig zur Kopfbedeckung und sein Unterarm vibrierte dann ein Weilchen. Das sah toll aus! Einige Male schlugen wir einen Haken, um ihm erneut zu begegnen und seinen „Arm aus Federstahl" vibrieren zu sehen!

Pünktlich um 8 Uhr begann die Ausbildung. Der „Offiziersschüler vom Dienst" (OSvD), der sein Dienstpult auf dem Unterkunftsflur zu besetzen hatte, ließ einen schrillen Pfiff seiner Trillerpfeife ertönen. Danach brüllte er das Thema der Ausbildung und die dazu befohlene Anzugsordnung über den Flur.

Entweder rückten wir mit Schreibzeug in einen Seminarraum ein, oder wir marschierten im Kampfanzug auf die Kampfbahn. Zur Geländeausbildung fuhren wir mit dem Lkw auf den riesigen Truppenübungsplatz bei Dresden-Hellerau. Der „Heller" war wohl schon in Zeiten weit vor dem Ersten Weltkrieg bereits Truppenübungsplatz gewesen. Ein schier endloses Areal von Sandboden, Gestrüpp und einzelnen Bäumchen. Beinahe eben. Nur wenige Senken minderten die Monotonie der Landschaft. Wenn man in diesem Fall überhaupt von Landschaft sprechen kann. Mich erinnerte diese schier endlose Weite an die Felder, auf denen wir einst als Schulkinder die Rübenpflänzchen vereinzeln mussten!

Auf dem Heller habe ich so viel Sand geschluckt und Staub eingeatmet, dass es für den Rest meines Lebens reicht. Wenn ich mich an diese Gegend erinnere, scheint mir immer noch der Sand zwischen den Zähnen zu knirschen. Dort konnte ja auch nichts wachsen, denn entweder haben es Generationen von Stiefel tragenden Militärangehörigen zertrampelt oder mit dem Feldspaten untergepflügt. Ich meine, dass es dort nicht einen Quadratmeter gibt, der nicht mindestens schon einmal Heimstatt einer gebuddelten Schützenmulde oder gar eines Schützenlochs war!

Selbst Regenwürmer, Käfer und anderes unterirdisches Getier mussten nicht nur ständig ihre Kriechgänge neu verlegen, sie sahen auch immer wieder in andere, plötzlich vor ihnen auftauchende verschwitzte, stahlhelmbehütete Gesichter. Mir war so, als hätte ich einige von diesen Krabbeltieren schon mehrmals gesehen. Beinahe hätte ich ihnen das „Du" angeboten.

Ich hatte keine Statistik geführt, aber ich denke, es kommen etliche hundert Kubikmeter Erdreich zusammen, die ich mit meinem kleinen Feldspaten bewegt habe. Das Spatenblatt hatte nach drei Jahren Taktikausbildung zwar keinen Farbanstrich mehr, aber war vom Sand blank gescheuert wie ein Blech aus Chromstahl!

Auf dem Heller mussten wir nicht nur buddeln, bis die Handflächen blasig wurden. Es galt auch in Schützenkette auszuschwärmen, große Distanzen durch „Gleiten", „Kriechen" oder „gebücktes Gehen" zu überwinden. Oder durch Sprinteinlagen feindlichem Granatwerferfeuer zu entgehen.

Die theoretische Ausbildung beinhaltete Waffenkunde. Es hieß, die einzelnen Waffen, die zur Ausrüstung der Einheiten der Volkspolizei-Bereitschaften gehörten, bis zum letzten Schräubchen, Klinkenhebel und zur letzten Rückholfeder kennenzulernen.

In Topografie wurde gelehrt, welche Informationen zu Geländestruktur, Bebauung, Wege- und Straßennetz und vielem anderen mehr man einem topografischen Kartenblatt entnehmen kann.

In der Taktikausbildung wurde uns anhand einer „Geheimen Dienstvorschrift" gelehrt, wie ein Angriff zu führen ist, welche Prinzipien für die Einrichtung einer Verteidigungslinie zu beachten sind. Wie Hinterhalte gelegt werden, wie Späh- und Aufklärungstrupps zu agieren haben. Wir haben auch gelernt, welche „taktischen Zeichen" man für die Darstellung von Einheiten, Waffensystemen, Verteidigungslinien, Bewegungsarten verwendet und wie sie in eine topografische Karte eingetragen werden.

Wir wurden auch mit Waffensystemen, Truppenbezeichnungen und Einsatzgrundsätzen verschiedener NATO-Truppen, insbesondere natürlich der Bundeswehr, vertraut gemacht.

Den breitesten Teil der gesamten dreijährigen Ausbildung an der Offiziersschule nahm jedoch das Studium des Marxismus-Leninismus ein. Jeder Offiziersschüler war verpflichtet, sich mindestens die fünfbändige Ausgabe der Lehren von Marx, Engels und Lenin anzuschaffen. Diese Bände und zahlreiche zusätzliche Literatur, die bereitgestellt wurde, mussten wir lesen, Notizen schriftlich festhalten und eigene Erkenntnisse formulieren. Anschließend wurde darüber lang und breit diskutiert. Für mich eine Art „stressiger Polit-Horror"!

Karl Marx konnte ja Sätze formulieren, die sich mitunter über fünfzehn Zeilen erstreckten, weshalb ich mich am Schluss schwer erinnern konnte, worum es am Satzanfang eigentlich ging. Zudem in einem Sprachstil, der sehr theoretisch war, wenig Praxisbezug, geschweige Aktualität besaß. Dagegen war das Buddeln einer Schützenmulde beinahe ein Genuss!

Nach Dienstschluss hockten wir üblicherweise in unseren Unterkünften, spielten Skat oder erzählten dummes Zeug.

Ich schrieb auch regelmäßig Briefe an Eva. Darin schilderte ich etwas vom strapaziösen Ausbildungssystem, und ich erkundigte mich bei ihr nach ihrem Zustand in Erwartung der Geburt unseres gemeinsamen Kindes. Eva schrieb selten zurück.

Wenn sich die sehr rare Möglichkeit bot, gingen wir in den Ausgang. Ein paar Fußminuten entfernt gab es die „Försterklause". Eine reine Bierkneipe, wo man höchstens eine Bockwurst mit Brot im Verzehrangebot hatte. Ein paar Straßenbahnstationen weiter, in Richtung Radebeul, gab es die „Goldne Weintraube". Das war ein Restaurant mit recht umfangreichem Speiseangebot. Die Tische waren mit weißen Tischdecken geschmückt, und die Kellner trugen dunkle Anzüge mit Fliege. Der Knüller des Hauses war eine Drei-Mann-Band, die zum Tanz aufspielte. Tanzen war noch nie meine Leidenschaft, zudem waren die dort anwesenden tanzwilligen Gäste beiderlei Geschlechts schon im Rentneralter oder kurz davor. Man lief so auch nicht Gefahr, zum Tanz aufgefordert zu werden!

Es war die gepflegte Gastronomie und die Band, die insbesondere mich zum Besuch dieses Etablissements animierte. Das angebotene Essen war preiswert und sehr schmackhaft, und bei der Band konnte man mithilfe einer „Drei-Bier-Spende" Musiktitel bestellen. Zu vorgerückter Stunde taten wir das. Mein Lieblingstitel war *Du schwarzer Zigeuner*. Titel von den Beatles konnten sie leider nicht intonieren!

Einmal waren wir zu Ausbildungszwecken mehrere Tage im Gelände gewesen. Zu trinken gab es nur Wasser aus einem Bach oder Teich, das wir vorher mit Entkeimungstabletten trinkbar machen mussten. Verpflegen mussten wir uns mit „Atom-Brot". Das waren Nahrungskomprimate, die vom Volumen her nicht viel größer als eine Zigarettenpackung waren und je eine Tagesration ausmachten. Da war kaum etwas zu kauen, und es gab kein Sättigungsgefühl im Magen!

Durch einen Glücksumstand erhielten wir nach Rückkehr von dieser Ausbildung Ausgang genehmigt. In der „Weintraube" bestellten wir jeder ein „Bauernfrühstück". Das wurde dort auf riesigen Tellern serviert. Dazu zischten wir mehrere Biere und bestellten nochmals Bauernfrühstück für jeden von uns. Als der Kellner erneut diese riesigen Portionen servierte, meinte er, dass er uns bei einer weiteren Bestellung auch den Schlüssel für den Kartoffelkeller aushändigen könne!

Eine weitere Gaudi bot sich uns durch den „schönen Heribert von Radebeul". Ein drahtiger Herr, etwa im selben Alter wie die anderen Tanzwilligen im Saal. Seine Kleidung war sauber und korrekt, jedoch schon etliche Jahre aus der Mode. Heribert fungierte als Gigolo. Er „betanzte" die Damen, und sie waren verzückt, von ihm geführt zu werden.

An einem Abend waren sehr wenige Gäste und noch spärlicher Tanzpublikum anwesend. Heribert langweilte sich, und wir luden ihn an unseren Tisch ein. Wir plauderten mit ihm und witzelten miteinander. Heribert ließ sich sehr gern zum Bier einladen. Als wir aufbrachen, um rechtzeitig die Straßenbahn

zu erreichen, kam Heribert mit uns. Die Straßenbahn quietsch-
te trotz später Stunde pünktlich heran. Es war ein Wagenzug
mit Hechtwagen, die Booten auf Rädern ähnelten. Es gab keine Schlaufen als Haltegriffe. Ein stabiles Rundholz zog sich in
Griffhöhe durch den Waggon. Heribert demonstrierte uns seine
Fitness, indem er mit gekonntem Aufschwung seine mit Lack-
schuhen bekleideten Füße oben an der Haltestange „einklink-
te" und dann seinen Oberkörper nach unten fallen ließ. Bis zur
nächsten Haltestelle harrte er in dieser Stellung aus. Dann musste er aussteigen. Mit lautstarkem Gejohle und kräftigem Applaus
verabschiedeten wir ihn.

Ich werde Mitglied der Sozialistischen Einheitspartei Deutschlands (SED)

Mehrfach hatte man uns in Gesprächsrunden, später in Einzelgesprächen empfohlen, Mitglied der Sozialistischen Einheitspartei Deutschlands (SED) zu werden. Es wäre wichtig, dass man als Offizier zu den revolutionären Aktivisten in unserem Arbeiter-und-Bauern-Staat gehört. Man wisse sich im Bündnis mit Gleichgesinnten und Kampfgenossen. Immer wieder kam Thälmanns Zitat ins Gespräch, der wohl einst gesagt hatte, dass man einen Finger brechen könne, eine ganze Hand jedoch nicht. Nachgeschoben wurde dann noch der Hinweis, dass nur all jene Offiziere befördert würden, von denen man wüsste, dass sie zuverlässig und vertrauenswürdig wären. Mit der Mitgliedschaft in der SED wäre das besiegelt!

Unter den Offiziersschülern des zweiten Ausbildungsjahres fand ich einen nötigen Bürgen, der bereits Mitglied der SED war. Es begann eine einjährige Kandidatenzeit. Während dieser Zeit hatte ich schon an den monatlichen Mitgliederversammlungen teilzunehmen. Hier wurden nochmals Thesen des Marxismus-Leninismus diskutiert oder Veröffentlichungen des Zentralkomitees der SED ausgewertet. Als Angehöriger der SED war es auch verpflichtend, das Zentralorgan der Partei, die Zeitung *Neues Deutschland* zu abonnieren. Diese hatte so wohl fast die Auflagenhöhe der *Bild*, die ich damals noch nicht kannte!

Als Parteimitglied hatte man die Zehn Gebote der sozialistischen Moral und Ethik strikt einzuhalten. Wer dagegen verstieß, musste sich vor der Mitgliederversammlung rechtfertigen. Die versammelten Mitglieder konnten auch darüber befinden, ob eine Partei-Erziehungsmaßnahme oder gar eine Partei-Strafe auszusprechen sei. So konnte die Mitgliederversammlung einen Tadel aussprechen, konnte aber auch erwirken, dass eine vorgesehene Beförderung ausgesetzt wird. Die höchste Strafe war der Parteiausschluss, der zur Folge hatte, dass man degradiert und aus den bewaffneten Organen in „Unehren" entlassen wurde. So in das zivile Leben zurückgekehrt, war es beinahe unmöglich, eine gutbezahlte Anstellung zu erhalten. Eine Führungsposition war aussichtslos!

Ich werde Vater

Ende Februar war es so weit! Meine Schwiegermutter informierte mich per Telegramm darüber, dass Eva entbunden hat. Die Tochter würde Jeannette heißen. Freudig sprach ich beim Kompaniechef vor und bat um den mir zustehenden Sonderurlaub. Er riet mir, noch ein paar Tage mit dem Urlaubsantritt zu warten. So lange, bis Mutter und Kind aus dem Krankenhaus entlassen sind.

Ich wollte aber den Urlaub sofort antreten! Fünf Tage aus der Tretmühle raus! Entspannt fuhr ich mit dem Zug nach Hause. Ich konnte jeden Tag so lange schlafen, wie ich wollte. Kein gellender Pfiff einer Trillerpfeife weckte mich. Es gab keinen Frühsport. Zum Frühstück holte ich mir knusprige Brötchen beim Bäcker, die ich dick mit Butter bestrich und darüber köstliches Pflaumenmus mit dem Löffel verteilte. Dazu hatte ich mir einen verführerisch duftenden Kaffee gebrüht. Aus dem Radio dudelte Musik.

Dann war es schon beinahe an der Zeit, ein kleines Mittagessen zuzubereiten. Schwiegermutter kam ja erst am späten Nachmittag von der Arbeit zurück.

Jeden Nachmittag ging ich zur vorgeschriebenen Besuchszeit ins Krankenhaus. Eva war wohlauf. Während der Presswehen war nur ein kleines Äderchen im Auge geplatzt. Jeannette sah aus, wie ein Baby auszusehen hat. Sie hatte stets die Augen geschlossen und dämmerte vor sich hin. Schöne dichte Haare hatte sie schon. Die Schwestern hatten ihr einen kleinen „Hahnenkamm" gebürstet. Das dichte „Fellkleid" hatten ihr meine Gene aber nicht beschert!

Endlich konnte ich meine beiden Frauen aus der Klinik abholen. Der Taxifahrer drückte beflissen seine Zigarette aus. Knapp 24 Stunden lang erlebte ich dann noch den Baby-Rhythmus von Schlafen, aufwachen und schreien, um den Hunger zu melden, wohltuende Ruhe beim schmatzenden Trinken, Wartezeit auf das nötige „Bäuerchen", Windel wechseln, Schlafen, Hunger haben …

Mein Urlaub war vorbei! Der Zug transportierte mich nach Dresden zurück!

Als ich nach einem Monat wieder einmal in einen Wochenendurlaub fahren durfte, wurde ich mit einem gravierenden Problem konfrontiert: Das Wasser aus der Pumpe auf dem Hof war für Kleinstkinder ungenießbar! Das hatte man bei einer Kontrolle durch das Gesundheitsamt festgestellt. Eva musste nach dem Stillen noch „zufüttern". Ein Milchpulver musste in laues Wasser eingerührt werden. Das Brunnenwasser durfte es nicht sein! Zunächst wurde Mineralwasser gekauft. Das gab es jedoch nur mit Kohlensäurezusatz. Es war mühsam, die Kohlensäurebläschen herauszuschütteln oder durch Rühren sich verflüchtigen zu lassen. Zudem war der kleine Raum, in dem das Kinderbett stand, nur aufwendig heizbar.

Ich sprach mit meinen Eltern. Meine Schwester studierte in Magdeburg und wohnte dort im Studentenwohnheim. Nur zum Wochenende kam sie nach Hause. Wir durften in ihr Zimmer einziehen. Mein ehemaliges Zimmer, das viel kleiner war, bewohnte nun Barbara.

Das Problem war scheinbar gelöst! Eva und Jeannette hatten eine ordentliche Unterkunft. Es gab ein komplettes Bad, und auch die Küche konnte mitgenutzt werden. Ich war sehr selten anwesend. Und wenn, dann nur für wenige Stunden an irgendeinem Wochenende.

Meine Familie war also versorgt, und ich konnte mich wieder intensiv der Ausbildung an der Offiziersschule widmen. Das war kein Zuckerschlecken! Die theoretische Ausbildung nahm etwas weniger als die Hälfte des Stundenvolumens ein. Davon gingen nochmals etwa zwei Drittel zum Studium des Marxismus-Leninismus ab. Die überwiegende Hälfte des Studienprogramms bestand in praktischer Ausbildung. Wir mussten bei jeder sich bietenden Gelegenheit die Hindernisse auf der Kampfbahn überwinden, bis sich das „dynamisch-motorische Stereotyp" einstellte. Ich brauchte nicht mehr nachzudenken, wie ich ein Hindernis zu überwinden hatte, das geschah quasi automatisch.

Wir führten Gefechtsübungen auf dem Heller durch. Die vorgeschriebenen Gefechtsordnungen, wie „Keil vorwärts", erinnerten ein wenig an die Zeiten der Napoleonischen Kriege. Es fehlte allerdings ein Feldherrenhügel, auf dem sich unser Ausbilder hätte postieren können, um sich an unserer exakten Seitenrichtung zu erfreuen. Das ständige Kommandieren, das ständige „Auf", „Vorwärts", „Stellung", stumpfte mich ab. So stellte ich zum Beispiel auch kaum tiefgründige Überlegungen an, welchen Sinn das viele meterweite Kriechen auf allen vieren mit einer mit Sand gefüllten Munitionskiste hat. Ich glaube nicht, dass ein Einheitsführer im Gefecht seinen Soldaten Munition herbeischleppt, damit sie was zum Schießen haben!

Ich ließ alles über mich ergehen, hinterfragte nicht und motivierte mich mit dem Gedanken an eine Zukunft nach der Offiziersschule.

Es gab etliche unter uns, die entnervt aufgaben. Sie wurden mit dem Vorwurf, das Vertrauen, das die Arbeiter- und Bauernklasse in sie gesetzt hätte, auf das Schwerste verletzt zu haben, von der Offiziersschule verwiesen und in eine Einheit der Volkspolizei-Bereitschaften versetzt. Dort mussten sie bis zum Ende der normalen Wehrpflichtzeit Dienst als einfacher Wachtmeister versehen. Danach konnten sie sich natürlich einen eventuellen Studienwunsch aus dem Kopf schlagen. Auch die Übernahme einer leitenden Position in der Wirtschaft war ausgeschlossen.

Das wohl wissend, biss ich tagein, tagaus die Zähne zusammen, um durchzuhalten! In der Produktion konnte man kündigen und sich in einem anderen Betrieb um Anstellung bewerben. Das war hier quasi ausgeschlossen! Bis zum Erreichen des Rentenalters galt es Gehorsam zu üben, Befehle auszuführen. Ohne Wenn und Aber!

Es gab Momente, da fragte ich mich, ob ich nicht doch auf der Kunsthochschule Burg Giebichenstein besser aufgehoben wäre. Ich besorgte mir Zeichenmaterial und skizzierte, was mir gerade in den Sinn kam. Das lenkte ab und half mir, mich vom körperlichen und vor allem mentalen Stress abzulenken. Besonders die Wochenenden schienen unendlich lang. Wenn ich einmal zum Kurzurlaub zu Hause war, verging die Zeit wie im Fluge. Ich wäre sehr gern für immer zu Hause gewesen, bei Eva und unserer gemeinsamen Tochter!

Es ging nicht nur mir so. Es gab auch andere unter uns, die lieber in ihren Beruf und ins Zivilleben zurückwollten, als weiter gedrillt zu werden. Irgendeiner hatte gar die Information, dass es eine Vorschrift gäbe, die besagen würde, dass bei Verlust der Truppenfahne die relevante Einheit aufgelöst würde. Wie wird eine Truppenfahne „verlustig"? So einfach verlieren geht ja wohl überhaupt nicht! Die Truppenfahne der Offiziersschule wurde in einem Glasschrank präsent gelagert. Dieser Glasschrank war verschlossen und versiegelt und befand sich im Vorraum des Offiziers vom Dienst. Sie war also rund um die Uhr bewacht. Zu besonderen Anlässen wie militärischen Zeremonien, Appellen oder zum Empfang hoher Gäste aus dem Militärwesen oder der Politik wurde die Truppenfahne von einem berufenen Fahnenkommando empfangen und marschierte dann vor dem Ehrenzug her. Ich war Mitglied in diesem Ehrenzug. Auch noch zwei andere Offiziersschüler, die „die Schnauze voll" hatten. Viel Zeit verbrachten wir damit, einen Plan auszuklügeln, wie es uns gelingen könnte, das Fahnenbegleitkommando zu überrumpeln und ihm die Fahne zu entreißen. Und dann? Zerreißen schien unmöglich! Das Banner war aus schwerem Brokat genäht und mit dicken Stickereien überzogen. Selbst mit einer scharfen Schere oder einem Teppichmesser hätte man es wahrscheinlich nicht geschafft, blitzschnell die Fahne bis zur Unkenntlichkeit zu zerkleinern. Das Fahnenbegleitkommando hätte auch genügend Zeit gehabt, um uns mit gezielten Schüssen von diesem Zerstörungswerk abzuhalten. Also blieb nur die Variante „Verbrennen"!

Unser Ansinnen scheiterte letztendlich an unserem Unvermögen, eine ausreichende Menge leicht entzündbaren Materials, wie zum Beispiel Benzin, unter unserer Uniform zu verbergen, im geeigneten Moment die Fahne damit zu begießen und anzuzünden. Also: Schnauze halten und weiterdienen!

Der Sommer ging ins Land und verschwand ebenso schnell, wie er gekommen war. Jedoch krochen die Tage während der Ausbildung an der Offiziersschule zähflüssig dahin. Jeder Tag ähnelte dem vorherigen. Ich verlor die Fähigkeit, die Schönheiten, die das Leben bot, wahrzunehmen. Jeder Tag war ausgefüllt mit Entbehrungen, Strapazen und Drill. Denken war nicht verlangt, nur bedingungsloser Gehorsam! Den sollten wir später ja auch den uns unterstellten Wehrpflichtigen beibringen!

Mitte September begannen die Vorbereitungen für die Militärparade anlässlich des 7. Oktobers, des „Tags der Republik", des Nationalfeiertags. Einige Offiziersschüler des ersten bis dritten Ausbildungsjahres wurden nach Größe und anderen Kriterien ausgesucht und für den Marschblock der Offiziersschule des MdI zusammengestellt. Ich war dabei!

Wir trainierten im Marschblock, der aus fünfzehn Reihen zu je zwölf Offiziersschülern bestand. Jeder von uns hatte seine Maschinenpistole schräg vor der Brust, die linke Hand am oberen Ende der Waffe, am hölzernen Handgriff. Die rechte Hand umklammerte den Hals des Kolbens der Waffe. Sowohl der rechte als auch der linke Ellenbogen wurden beim linken und rechten Nebenmann in die Armbeugen „eingerastet". So marschierte man sehr dicht nebeneinander. Das gab eine gewisse Stabilität und vor allem aber eine exakte Seitenrichtung.

Bis zur Parade waren wir von jeglicher Ausbildung und auch von anderen Diensten wie Wach- oder Küchendienst freigestellt. An jedem Wochentag fuhren wir im Lkw-Konvoi zu unserem Trainingsort, auf den Flugplatz Dresden-Klotzsche. Auf einem abseits gelegenen Rollfeld marschierten wir über einige hundert Meter im Marschblock, und auf Höhe einiger Markierungen wurde zunächst im Exerzierschritt weitermarschiert. Dann kam das Kommando zur Blickwendung hinzu. Ab der Markierung und dem darauffolgenden Kommando mussten dann die Köpfe ruckartig nach rechts oben gerichtet werden.

Als richtungsweisendes Hilfsmittel war ein Lkw-Anhänger neben der Betonpiste abgestellt. An der Bordwand war in entsprechender Höhe ein Brett senkrecht befestigt und daran wiederum ein Brett in waagerechter Lage. Das war die Norm der Höhe der Blickrichtung. Das erinnerte mich an den „Hut auf der Stange" bei Wilhelm Tell!

Ich war Flügelmann und brauchte den Kopf nicht nach rechts oben zu recken. Meine Aufgabe war es, die Richtung zum Vordermann einzuhalten. Etliche Meter hinter dem Anhänger durften dann die Köpfe ruckartig in normale Lage bewegt werden. An einer weiteren Markierung ging der Exerzierschritt dann endlich wieder in normalen Marschschritt über. Es war ein Gefühl entstanden, als müssten die Kniegelenke justiert werden. Ein Gefühl, als seien die Knie nach hinten durchgebogen. Es erfolgte eine Wendung. Dann ein Marsch zur Ausgangsposition und ein erneuter Vorbeimarsch an dem Anhänger. Dazu ertönte markige Marschmusik aus einer überdimensionalen Verstärkerbox. Am Vormittag exerzierten wir das etwa vier Stunden lang und dann nochmals drei Stunden am Nachmittag. Zwischendurch gab es Raucherpausen.

Wir wurden zusätzlich mit Sonderrationen verpflegt! Es gab täglich eine Banane, einen Verpflegungsbeutel und eine Schachtel Zigaretten. Es fehlte nur noch Freibier, dann wäre der Vorzug komplett gewesen!

Einer der zahlreichen Kontrolloffiziere bemerkte eines Tages, dass unser Tritt nicht laut genug sei. Am Ende dieses Tages mussten wir unsere Stiefel beim Schumacher und seinem Gehilfen abgeben. Bis zum nächsten Morgen hatten sie die Absätze unserer Stiefel mit Eisen zu beschlagen.

Der Marschtritt hörte sich nun sehr markant an. Als sich jedoch leichter Nieselregen einstellte, rutschten etliche Offiziersschüler in der Marschordnung weg und rissen die Nebenleute mit. Die „Hufeisen" wurden wieder entfernt!

Ich durfte einmal wieder übers Wochenende nach Hause fahren. Am Ende der kommenden Woche war der Staatsfeiertag, an dem die Militärparade in Dresden auf der Prager Straße stattfinden sollte.

Vati freute sich auf meine Ankunft, denn im kürzlich erworbenen Gartengrundstück direkt am Waldrand stand eine wichtige Arbeit an. Bei der Urbarmachung des Geländes hatte man einen Brunnen entdeckt. Der war komplett von Weidengebüsch überwuchert. Deshalb war er bisher unentdeckt geblieben. Er war sechs oder gar sieben Brunnenringe tief. Die Wurzeln des Weidengebüschs waren durch die Fugen der Brunnenringe gewachsen und bildeten nun ein schier undurchdringliches Wurzelgestrüpp. Es galt den Brunnen auszupumpen und dann das Wurzeldickicht zu entfernen. Danach war es ratsam, die Fugen zwischen den Brunnenringen mit Betonmischung abzudichten.

Opa Helmecke war extra angereist und hatte eine leistungsstarke Schmutzwasserpumpe mitgebracht. Diese Handpumpe war auf einer Holzplanke montiert. Als ich am Sonntagvormittag eintraf, hatte Vati schon etwas Wasser aus dem Brunnen gepumpt. Ich konnte gleich mithilfe einer Leiter hinabsteigen und ähnlich dem Prinzen bei *Dornröschen* die wilde Hecke zerteilen. Das nahm natürlich etwas Zeit in Anspruch. Inzwischen lief das Grundwasser wieder nach. Ich hechtete aus dem Brunnen und begann, selbst zu pumpen. Das heißt, ich wollte! Ein sehr langer, sehr dicker und sehr rostiger Nagel, der aus dem Stück Planke ragte, war bisher unentdeckt geblieben. Ich hatte mich beim Pumpen mit voller Kraft mit dem Fuß aufgestemmt und diesen Nagel getroffen! Mit einem durch den ganzen Körper knirschenden Geräusch bohrte er sich durch die Sohle meines Schuhs, dann durch den Bereich des Mittelfußes. Am Ende ragte er oben aus dem Spann heraus. Nicht sehr weit, aber dennoch so viel, dass ich den Schuh nicht ausziehen konnte. Er musste mit einem scharfen Küchenmesser aufgeschnitten werden. Nun gelang es mir besser, den Fuß vom Nagel zu ziehen. Mit einem kräftigen Schwapp Jod wurde die stark blutende Wunde desinfiziert und mit einer dicken Mullbinde umwickelt.

Für mich bedeutete das: Ende der Arbeit. Aber auch: Nichtteilnahme an der Militärparade! Ich machte mir große Gedanken, wo man so schnell einen neuen Flügelmann herbekäme!

Haben wir denn wieder Stalingrad?

Der Winter kam in diesem Jahr überraschend früh und brachte nach langem und dichtem Schneefall eine klirrende Kälte mit sich.

Unsere Kompanie fuhr im Lkw-Konvoi in Richtung Lausitz. Nachdem wir ein dichtes Waldstück durchfahren hatten, hielt die Kolonne, und wir sprangen von den Fahrzeugen. Wir wurden in Trupps aufgeteilt und erhielten je eine Gefechtsaufgabe.

Ich wurde mit der Aufgabe betraut, einen Aufklärungstrupp durch gegnerisches Gebiet zu führen. Mir waren acht Offiziersschüler zugeteilt. Wir waren alle komplett ausgerüstet und bewaffnet. Zusätzlich erhielten wir „Schneehemden".

Die Landschaft war tief verschneit, und die Sonne ließ die Schneekristalle wie Diamantstaub flimmern und blitzen. Auf einem kleinen Kartenblatt war der Punkt eingezeichnet, an dem wir uns wieder mit den anderen Trupps unserer Kompanie vereinen sollten.

Als Aufklärungstrupp galt es viel zu sehen, ohne gesehen zu werden. Mit unseren Schneekitteln waren wir in dieser weißen Winterlandschaft kaum zu erkennen. Aber unsere Fußspuren! Sie würden sich sehr deutlich im Tiefschnee abzeichnen!

Auf dem Kartenblatt erkannte ich, dass sich unweit ein kleiner Flusslauf durch die Landschaft schlängelte. Er führte direkt zu unserem Zielpunkt!

Es galt nur noch den Weg bis zum Flusslauf „unsichtbar" zu machen. Ich teilte zwei Offiziersschüler meines Trupps dazu ein, mit zwei gefällten kleinen Kiefern im „Weihnachtsbaumformat" am Schluss zu laufen und damit unsere Spuren zu verwischen. Die Umkehrung der „Rommel-Taktik".

Feldmarschall Rommel befehligte im Zweiten Weltkrieg das Kontingent der Wehrmacht in Nordafrika. Er hatte einige Lkw mit Laubbäumen im Schlepp durch den Wüstensand geschickt, um Staub aufzuwirbeln. So hatte er den britischen Streitkräften gewaltige Truppenbewegungen vorgegaukelt.

Wir erreichten also gut getarnt das Flüsschen. Anhand der auf dem Kartenblatt aufgetragenen Höhenlinien hatte ich erkannt, dass man auch vom Flussbett aus das Gelände weiträumig überblicken konnte. Ich befahl meinem Trupp, in das Wasser zu steigen und dort weiterzulaufen.

Meine Idee hatte alle überzeugt, und so nahmen wir alle in Kauf, dass recht bald die Füße die Temperatur des Wassers annahmen. Da halfen auch die dicken Socken kaum noch. Nach mehr als zwei Stunden „Wassermarsch" sickerte dann gar das eisige Bachwasser durch die Nähte der Stiefel, und bald „gluckerte" es bei jedem Schritt.

Nach mehreren Stunden des intensiven „Wassertretens", das allerdings mit der gleichnamigen kneippschen Therapie überhaupt nicht zu vergleichen war, langten wir am Zielpunkt an. Inzwischen war die Dämmerung hereingebrochen.

Der Ausbilder lobte meine Idee, den Aufklärungstrupp auf diese Weise geführt zu haben. Dann gab es zum Abendessen Kaltverpflegung, aber wenigstens heißen Tee dazu. Das tat gut!

Anschließend wurde Nachtruhe befohlen. Flink lösten wir die Zeltbahnen von unserem Sturmgepäck und knöpften daraus flache Gruppenzelte. Als Unterlage durften wir ausnahmsweise unsere gummierten Schutzanzüge nutzen. Jeder rollte sich in seine Decke und versuchte zu schlafen. Wir waren sehr erschöpft und hätten eigentlich schlafen können wie die Murmeltiere. Es blieb jedoch nur beim Dämmern!

Vom tiefgefrorenen Boden aus kroch eine eisige Kälte nach oben. Wenn der Rücken ausgekühlt war, versuchte ich es mit einer Drehung auf die eine Körperseite, dann auf die andere. Selbst in der Bauchlage war es nicht lange auszuhalten. Hinzu kam, dass bei jeder Drehung das Bachwasser in den Stiefeln von der Spitze in den Fersenbereich oder umgekehrt sickerte. An einen Sockenwechsel war nicht zu denken. Die Füße waren von dem langen Marsch so geschwollen, dass ich danach die Stiefel nicht wieder hätte anziehen können.

Endlich kam der Befehl „Nachtruhe beenden"! Welch ein Hohn! Der schmächtige Wolfgang konnte nicht aufstehen. Sein rechter Fuß war wie taub. Er hatte keinerlei Empfindungen in den Zehen. Er wurde in einen Jeep geladen und in die nächste Klinik gefahren. Ein ergrauter Arzt untersuchte den Fuß gründlich und fragte hinterher kopfschüttelnd, ob wir schon wieder Stalingrad hätten. Dort hatte er wohl zuletzt einen erfrorenen Fuß gesehen. Dem Wolfgang mussten wenig später zwei erfrorene Zehen amputiert werden. Damit war seine Karriere als künftiger Offizier beendet. Für ihn eine Erlösung, für seinen Vater eine herbe Enttäuschung. Wolfgangs Vater war Bürgermeister einer großen Stadt in Thüringen. Ein strammer Parteigenosse und Kommunalpolitiker. Um seine bedingungslose Loyalität gegenüber der Politik der Staatsführung der DDR zum Ausdruck zu bringen, hatte er durch „Beziehungen" einen Studienplatz zur Ausbildung als Offizier für seinen Jungen erhalten. Der Wolfgang hätte den Sporttest zur Aufnahme nicht bestanden. Bei jeder kräftezehrenden Ausbildungsmaßnahme schleppten wir ihn mit und trugen seine Ausrüstungsgegenstände!

Wolfgang konnte auch gut zeichnen und malen. Wir beide hatten einmal die Idee, einen Zeichentrickfilm zu kreieren. Er wollte nie Offizier werden. Sein Wunsch war eine Studienzulassung für die Kunsthochschule auf Burg Giebichenstein!

Das dynamisch-motorische Stereotyp

Anfang Mai fuhren wir in eine Einheit der Volkspolizei-Bereitschaften. Die nächste Einberufung von Wehrpflichtigen stand bevor. Wir wurden während der Zeit der Grundausbildung als Ausbilder dieser Wehrpflichtigen eingesetzt. Endlich durften wir unser bisher gesammeltes Wissen anwenden, praktische Erfahrung sammeln und auch einmal kommandieren.

Es war Sonntagnachmittag, als wir dort ankamen. Unsere Ausrüstung hatten wir schnell und geübt verstaut. Dann ging ich mit zwei Begleitern durch das weiträumige Kasernenobjekt und besichtigte einige Ausbildungsstätten. Wir hatten unsere Paradeuniform mit Stiefelhose und chromglänzenden Stiefeln an.

Das Überwinden der Kampfbahn hatten wir an der Offiziersschule hundertfach geübt. Die einzelnen Bewegungsabläufe waren sozusagen in Fleisch und Blut übergegangen. Der Fachmann spricht von „dynamisch-motorischem Stereotyp".

An der hiesigen Kampfbahn angekommen, wagte ich einen Test. Mit geübten, flinken Schritten sprang ich über das Schaukelbrett, dann die paar Schritte zum „SPW", der hölzernen Attrappe eines Schützenpanzerwagens. Hinten in den „Mannschaftsteil" gesprungen, im Schrittsprung heraus, nach vorn auf die schräge Motorhaube, dort kräftig abgedrückt und im weiten Sprung vorwärts zum nächsten Hindernis … In diesem Fall trat ich jedoch ins Leere und landete hart in der Bauchlage! Diese Attrappe verfügte über keine Motorhaube!

Es gibt noch eine weitere kuriose Episode von diesem Praktikum zu berichten. Der weitläufige Exerzierplatz im Zentrum des Kasernenareals war von Bäumen umstanden. Ich kommandierte eine Gruppe, die in Reihe hintereinander marschierte. Da rief mich der Ausbilder zu sich. In kurzen, schnellen Schritten, wie es üblich war, lief ich zu ihm hin, nahm Grundstellung ein und erwartete seine Hinweise. Er hatte mir gar nicht viel zu sagen. Er wies aber plötzlich hinter mich. Ich machte eine Kehrtwendung und sah mit Entsetzen, dass meine Marschformation auf einen Baum zulief. Ich hatte es verabsäumt, das Kommando zum Halt zu geben, ehe ich zum Ausbilder geeilt war. Nun kam der Baum immer näher, und es drohte eine Kollision! Im letzten Moment rief ich laut und energisch das Kommando, das ein Kutscher seinen Pferden gibt: „Brrrr!" Ein vollkommen unvorschriftsmäßiges und unmilitärisches Kommando. Aber! Die Marschordnung blieb stehen!

Glück im Spiel – Pech in der Liebe

Ein besonderer Staatsfeiertag stand vor der Tür. Im ganzen Land wurden Initiativen gestartet – zur Verbesserung der Produktionsleistungen, zur Verbesserung der Leistungen in der Schule und in der Ausbildung, mehr Freundlichkeit im Handel und vieles andere mehr. Die Republik ähnelte einem aufgeregten Ameisenhaufen. Auch die staatlichen Vereinigten Wettspielbetriebe hatten sich beteiligt und eine Sonderziehung im Lotto *6 aus 49* ausgeschrieben. Auf die Losabschnitte wurden Banderolen mit Seriennummern aufgeklebt. Mit richtiger Seriennummer konnte man Reisen mit einem DDR-Urlauberschiff gewinnen oder gar einen Pkw Trabant. Ich konnte noch weitere zwölf Offiziersschüler meines Zuges überzeugen, derartige Lose zu kaufen. Also waren wir 13! Eigentlich eine Unglückszahl, in unserem Fall jedoch nicht. Auf einer der Banderolen unserer Tippscheine war die Seriennummer aufgedruckt, die einen Trabant bescherte! Das blieb aber unser „Staatsgeheimnis"!

Keiner von uns hatte so viel Geld, um den Trabant zu nehmen und den anderen das anteilige Geld auszuzahlen. Es war jedoch auch möglich, anstatt des Pkws eine Geldprämie in Höhe von 10.000 Mark ausgezahlt zu bekommen. Wir beschlossen, das Gewinnlos für diese Summe zu verkaufen. Nach einigen „getarnten" Recherchen hatten wir einen Käufer gefunden. Der gab sogar noch 500 Mark obendrauf!

Mit glänzenden Augen setzten wir uns an einen großen Tisch in einem Schulungsraum. Nachdem wir die Tür von innen verschlossen hatten, zählte einer von uns reihum die Scheine auf den Tisch. Zufrieden steckte jeder sein Bündel Scheine ein, und wir verschwanden wieder auf unseren Zimmern.

Ein paar Tage darauf sprach uns ein Offizier aus dem Stabsgebäude an und fragte uns, ob das Lotterielos noch zu verkaufen sei. Er würde 12.000 Mark dafür zahlen!

Wenige Wochen später erhielt ich für besondere Leistungen während der Ausbildung einen Sonderurlaub zur Heimfahrt am kommenden Wochenende. Es blieb keine Zeit, um Eva mein Kommen mitzuteilen. Wie schon an anderer Stelle erwähnt, gab es zu der Zeit noch kein Handy, ein Festnetztelefon war auch recht selten, und die Beförderung eines Briefes dauerte mindestens drei Tage. So wurde mein Besuch eine echte Überraschung!

Die ganze Zugfahrt über schwelgte ich schon in Vorfreude ob der Begrüßung zu Hause. Evas Küsse und Umarmungen …

Den Weg vom Bahnhof nach Hause lief ich im Eiltempo.

In unserer Wohnung im Parterre brannte kein Licht. Ich vermutete Eva oben, in der Wohnung ihrer Mutter. Schwiegermutter staunte nicht schlecht, als ich eintrat. Bei meiner Frage, wo denn Eva sei, wurde sie zunächst verlegen. Dann versicherte sie, dass Eva in der Spätschicht arbeite und gleich nach Hause kommen würde.

Eva hatte eine Anstellung im Messgerätewerk in Magdeburg gefunden. Es war eine besser bezahlte und vor allem sauberere Arbeit als im Walzwerk. Dort wurde im Zwei-Schicht-System gearbeitet. Aber heute, am Samstag? Zudem war Eva vom Schichtrhythmus freigestellt, damit sie Jeannette am Nachmittag und Abend ordentlich versorgen konnte. Tagsüber war das Mädchen in der Krippe untergebracht.

Es war kurz vor Mitternacht, als Eva endlich nach Hause kam. Vom Outfit her sah sie jedoch nicht so aus, als ob sie von der Spätschicht käme. Außerdem schwebte eine kleine „Alkoholfahne" vor ihr her.

Ich erklärte ihr den Grund meines Überraschungsbesuchs. Nun war Eva dran. Ohne lange um den heißen Brei herumzureden, erklärte sie, dass sie schon eine geraume Zeit ein amouröses Verhältnis mit einem Arbeitskollegen hätte. Er hätte auch Jeannette in sein Herz geschlossen.

Eva beklagte sich darüber, dass sie ständig auf sich allein gestellt sei. Sie hätte zwar durch ihre Mutter einige Unterstützung, aber das reiche ihr nicht. Sie wolle einen Partner an ihrer Seite haben, der ständig mit ihr zusammen ist und nicht nur alle paar

Wochen übers Wochenende. Auch wäre sie keine keusche Nonne, sondern eine junge Frau, die auch ihre sexuellen Bedürfnisse befriedigen möchte.

Eva setzte fort, sie wolle die Scheidung, die Auflösung unseres Ehevertrags. Sie wolle eine neue Familie gründen, wobei ihr neuer Partner neben der Funktion als Ehemann auch die Rolle des Vaters für Jeannette übernehmen solle. Das wäre auch für die Kleine das Beste. Sonst würde sie ja in ihren kindlichen Gefühlen verwirrt!

Ich willigte ohnmächtig ein. Es hatte keinen Zweck aufzubegehren. Für Eva war die Sache klar. Sie hatte schon wochen- oder gar monatelang ihre Zukunft intensiv geplant. Jeglicher Widerspruch wäre verpufft!

In der Zeit bis zur Scheidung lebten wir im „Status quo". Eigentlich die harmonischste Zeit unserer kurzen Ehe. Nach der Verkündung des Scheidungsurteils sind wir noch gemeinsam zum Essen gegangen. Hinterher hatten wir uns nach kurzer Umarmung alles Gute für die neue Zukunft gewünscht.

Evas neuen Ehemann habe ich nie kennengelernt. Eva und Jeannette habe ich nie wiedergesehen. Bis zu Jeannettes 18. Geburtstag hatte ich allerdings brav und redlich den monatlichen Unterhalt gezahlt!

Leutnant der Deutschen Volkspolizei

Alles hat ein Ende, nur die Wurst hat zwei. So näherte sich auch der Zeitpunkt des Abschlusses der dreijährigen Ausbildung an der Offiziersschule.

Kurz vor der „Ernennung" mussten wir noch ein mehrwöchiges Zugführerpraktikum absolvieren. Mit noch weiteren Offiziersschülern wurde ich nach Magdeburg transportiert.

Dort gab es zwei Volkspolizei-Bereitschaften. Gewissermaßen zwei motorisierte Schützenbataillone.

Ich hatte gehört, dass der Ort des Praktikums meist auch der künftige Dienstort wird. Ich freute mich sehr. Man hatte berücksichtigt, dass ich mit meiner Familie ganz in der Nähe wohnte. Dass es diese Familie schon einige Monate nicht mehr gab, war auf dem Dienstweg stecken geblieben.

Aber meine Eltern wohnten in der Nähe. Auch meine Schwester. Und ich hatte noch einige Kontakte zu ehemaligen Klassenkameraden.

In der Zweiten Kompanie war der Zugführer des Dritten Zuges vakant. Diesen Dienstposten bekam ich während des Praktikums übertragen und musste also schon gleichberechtigt mit den „alten" Zugführern agieren. Ich gab mir große Mühe. So war es am Ende des Praktikums auch nicht verwunderlich, dass der Kompaniechef sehr zufrieden mit mir war und dies auch im Abschlussprotokoll vermerkte.

Zuvor gab es noch eine Episode, die sich gravierend auf mein späteres Leben auswirkte. Zu Beginn meiner Ausbildung an der Offiziersschule hatte ich eine schriftliche Erklärung abgegeben, dass ich mindestens 15 Jahre meinen Dienst in den bewaffneten Organen der DDR versehen werde. Eine recht lange Frist, aber dennoch ein „überschaubarer" Zeitraum.

Die Kompanie war einige Tage im Gelände. Eine sogenannte Komplexausbildung. Es wurden mehrere Schießübungen bei Tag und Nacht auf einem Schießplatz durchgeführt. Anschließend eine Gefechtsübung mit mehreren Taktikaufgaben. Übernachtet wurde in einem stationären Feldlager, bestehend aus massiven Erdbunkern.

Nach dem Abendessen gab es ein paar Bier, aber die Skatkarten wurden, wie sonst üblich, noch nicht gezückt. Der Kompaniechef, unterstützt vom Stellvertreter für politische Arbeit, agitierte uns andere Offiziere, eine Verpflichtung zu unterschreiben, die eine Dienstzeit von mindestens 25 Jahren vereinbarte. Das war wohl eine Aktion in Vorbereitung eines runden Staatsjubiläums oder eines wichtigen Parteitages der SED.

Der Zugführer des Ersten Zuges, der Älteste von uns, hatte seine Verpflichtung für 15 Dienstjahre beinahe erfüllt. Noch zehn Jahre drauf empfand er nicht als Problem. Er unterschrieb die Vereinbarung.

Der Zugführer des Zweiten Zuges bat um Bedenkzeit. Er wollte das erst mit seiner Frau besprechen. Ich hatte keine Frau, mit der ich das hätte besprechen müssen. So unterzeichnete auch ich die neue Dienstverpflichtung. Damals war ich 22 Jahre alt.

Kompaniechef und Polit-Stellvertreter atmeten erleichtert auf! Parteiauftrag erfüllt! Es gab das nächste Bier, und endlich kamen auch die Skatkarten auf den Tisch!

Nur für wenige Tage mussten wir nochmals an die Offiziersschule in Dresden. Die meisten unserer Ausrüstungsgegenstände hatten wir in unserer Praktikumseinheit gelassen. Es waren noch einige theoretische Examen zu absolvieren. Vor allem aber wurde das Zeremoniell der „Ernennung" trainiert. Ein Glücksumstand verhalf uns auch, dass in diesen Tagen, wohl anlässlich des Tags der Deutschen Volkspolizei am 1. Juli, die Offiziersschule den Status einer Hochschule erhielt. Wir waren die ersten Hochschulabsolventen. Und nicht nur das! Wir wurden auch nicht mehr, wie bisher, in den Offiziersdienstgrad „Unterleutnant" ernannt, sondern zum „Leutnant der Deutschen Volkspolizei"! Zudem durften wir den zivilen Titel „Hochschul-Ingenieurökonom" führen.

Am 13. August 1971 fand das Zeremoniell der „Ernennung" statt. Aufgrund der sehr hohen Temperaturen an diesem Tag durften die Einheiten mit Uniformbluse antreten. Auf den Schultern hatten wir noch die Dienstgradabzeichen mit dem „S", wie Offiziersschüler.

Das Standortmusikkorps intonierte die Nationalhymne. Danach hielt der Leiter der Offiziershochschule eine zündende Ansprache. Auch ein Arbeiterveteran kam zu Wort. Reihenweise wurden wir dann nach vorn gerufen und hatten uns vor der Tribüne aufzustellen. Jeder bekam die Ernennungsurkunde ausgehändigt und ein Paar silberner Schulterstücke mit je zwei goldenen Sternen in die Hand gedrückt. Dann durften wir wieder in die Antreteordnung zurück.

Alles formierte sich zum abschließenden Vorbeimarsch an der Ehrentribüne. Es gab vorher einen kurzen Halt, und wir halfen uns gegenseitig, in Windeseile die Schulterstücke zu wechseln. Beim Vorbeimarsch an der Tribüne waren wir, für alle gut sichtbar, „Leutnante"! Ein stolzes Gefühl und der Gedanke: „Geschafft!"

Noch am selben Tag fuhren wir in unsere Einheiten. Diesmal nicht auf der Ladefläche eines Lkws. Wir waren ja jetzt Offiziere! Man hatte uns einen GAZ, einen russischen Jeep geschickt. Vergnügt und zuversichtlich ließen wir uns über die Autobahn nach Magdeburg chauffieren.

Wie schon vorausgesagt, wurde ich Zugführer in der Kompanie, in der ich bereits mein Praktikum absolviert hatte. In der Zweiten Kompanie der Vierten VP-Bereitschaft „Wilhelm Pieck". Wilhelm Pieck war der erste Präsident der DDR bei ihrer Proklamation am 7. Oktober 1949.

Im Dachgeschoß des Stabsgebäudes waren die Unterkünfte der ledigen Offiziere bzw. der Offiziere, die nur an den Wochenenden zu ihren Familien nach Hause fuhren. Es waren normal eingerichtete Zimmer. Auf dem Flur gab es einen Klubraum mit einer Musikanlage und einem TV-Gerät. Am Ende des Flures befanden sich die Toilette sowie der Wasch- und Duschraum.

Meine Mahlzeiten konnte ich im Offiziersspeisesaal einnehmen. Die Tische waren weiß gedeckt, und das Essen wurde serviert.

In dem Objekt befand sich auch ein Komplex zur medizinischen Versorgung. Zu bestimmten Zeiten hielten dort Ärzte ihre Sprechstunden ab. Auch ein Zahnarzt. Für außergewöhnliche medizinische Angelegenheiten konnte man die in der Stadt befindliche VP-Poliklinik aufsuchen.

Weiterhin gab es eine kleine Schneiderei und einen Schuhmacher. In der Bekleidungskammer konnte ich noch weitere Uniformteile und Ausrüstungsgegenstände empfangen, die nur Offizieren zustanden.

Ich fühlte mich schnell heimisch. Dennoch fuhr ich gern an den Wochenenden nach Gommern, um meine Eltern zu besuchen. In deren Wohnung gab es ja noch mein Zimmer, in dem ich schlafen konnte.

Den Kontakt zu meinen Eltern habe ich eigentlich nie abreißen lassen. Sie waren für mich immer ein Hort der Geborgenheit und Entspannung. Ich war und bin immer gern mit ihnen zusammen!

„Aktivist der sozialistischen Arbeit"

Der Dienstablauf in der Kaserne verlief korrekt nach einem vorgegebenen Schulungs- und Ausbildungsprogramm. Jedes Thema
hatte eine Ordnungsnummer und eine dazugehörige Zeitvorgabe. Am Vormittag, nach dem Frühstück, begann die Ausbildung. Entweder mein Zug rückte in einen Schulungsraum ein
und ich hatte theoretischen Unterricht zu verschiedensten Themen durchzuführen. Der zu vermittelnde Lehrstoff war jenem
ähnlich, den ich an der Offiziersschule kennengelernt hatte. Jedoch wesentlich weniger umfangreich.

Oder es wurde im Rahmen der praktischen Taktikausbildung
aus dem Kasernenobjekt heraus marschiert. In der Nähe gab es
genügend freie Flächen und auch bewaldete Gegenden zum Absolvieren der Ausbildung.

Es gab dann eine Mittagspause, und danach waren die Stunden für den „Innendienst" verplant. Es galt die Waffen zu reinigen und das Lederzeug, also Stiefel, Koppel und Lederteile an
der Ausrüstung, zu pflegen. Es wurden auch Vollzähligkeitskon-
trollen durchgeführt. Hierbei hatten die Gruppenführer die Aufsicht. Ich konnte mich während dieser Zeit auf die kommenden
Ausbildungsthemen vorbereiten.

Für jedes Thema legte ich auf Karteikarten die einzelnen Ausbildungsthemen sowie die dazugehörigen Zeiten fest. Da sich entsprechend der Einberufung zum Wehrdienst alle sechs Monate
die Themen wiederholten, hatte ich recht schnell eine stattliche
Anzahl von Ausbildungskarten zur Verfügung, die ich nur hin
und wieder aktualisieren und ergänzen musste.

Durch die aktive Teilnahme an der Ausbildung hielt ich meinen physischen Ausbildungsstand, den ich mir an der Offiziersschule antrainiert hatte, stabil. Zudem hatte ich zum Sportoffi-
zier der Bereitschaft ein freundschaftliches Verhältnis geknüpft.
Er war aktiver Judo-Kämpfer, exerzierte jedoch auch Bodybuil-
ding. Damals hieß das noch Krafttraining. Dafür hatte ich mich

auch begeistert. Wenn sich im täglichen Dienst eine Lücke im Zeitplan auftat, trafen wir uns auf dem sogenannten Sportboden unter dem Dach eines Kasernengebäudes. In dem langgestreckten Raum gab es alle Arten von Sportgeräten. Vor allem Hanteln aller Größen.

Während andere Offiziere beim Kaffee saßen oder die Skatkarten auf den Tisch knallten, stemmten wir die Hanteln oder trainierten die Bauchmuskeln. Heute würde man wohl „Sixpacks" sagen.

Ich hatte nie Probleme mit meiner Figur. Weder mit dem Körpergewicht noch mit einem Bauchansatz, wie viele meiner gleichaltrigen „Kollegen".

Der Winter stellte sich in diesem Jahr schon Anfang November ein. Erst gab es langanhaltende und intensive Schneefälle und danach wochenlange klirrende Kälte. Es gab erhebliche Störungen im Straßen- und Schienenverkehr. Auch die Wasserwege waren größtenteils zugefroren. Es kam zu großen Störungen in der Versorgung der Bevölkerung mit den Waren des täglichen Bedarfs, insbesondere jedoch in der Stromversorgung. Der Braunkohleabbau in den Tagebauen war zum Erliegen gekommen. Ohne Kohle konnten die Dampferzeuger in den Kraftwerken nicht betrieben werden. Ohne Dampf fehlte der Antrieb der Turbinen und Generatoren zur Stromerzeugung!

Unsere Kompanie bekam den Marschbefehl zum „Kohleeinsatz" im Tagebau Lübbenau in der Lausitz. Wegen Eisglätte fuhr unsere Marschkolonne nur etwas schneller als Schritttempo. Die Regulierer auf ihren Motorrädern mussten bei der Ankunft von ihren Krädern gehoben werden. Sie waren steifgefroren. Die auf der Ladefläche der Lkw sitzenden Soldaten hatten zwar die Heckplane heruntergeklappt, dennoch waren auch sie durchgefroren und ihnen musste beim Absteigen geholfen werden. Die Plane sah innen aus wie eine Tropfsteinhöhle. Die Atemluft hatte Schnee- und Eiskristalle gebildet.

Wir wurden in einer Barackensiedlung untergebracht. Diese Holzbaracken dienten Ende der 1950er Jahre als Unterkunft für die Erbauer des Kraftwerkes. In der Nacht konnte man an manchen Stellen das Mondlicht durch die Seitenwände schimmern sehen.

Die Wehrpflichtigen mit entsprechender Qualifikation wurden in speziellen Produktionspositionen eingesetzt. Die Mehrheit wurde in Arbeitsbrigaden aufgeteilt und im Braunkohletagebau eingesetzt.

Meine Brigade bestand aus meinen drei Gruppenführern und 20 Wehrpflichtigen. Bekleidet mit Wattezeug und Filzstiefeln sowie Arbeitshandschuhen. Als Kopfbedeckung trugen wir keinen Stahlhelm, sondern einen Grubenhelm aus Plastik.

Unsere Aufgabe war es, das Gleis, auf dem die Grubenbahn die Braunkohle transportierte, zu warten bzw. mit dem Vorwärtsschreiten des Kohleabbaus zu demontieren und etwas weiter entfernt wieder zu montieren. Dazu mussten zunächst die Längsverbindungselemente der Gleisstränge abgeschraubt werden. Mit speziellen Brechstangen mussten dann die Metallkrallen, die „Knacken", die in einer auf den Holzschwellen aufgeschraubten Stahlplatte verankert wurden und dann den „Fuß" des Gleisstranges hielten, gelöst werden. Wenn der Gleisstrang nur noch lose auf den Schwellen lag, wurde eine Brechstange in ein Verschraubungsloch gesteckt und damit das Gleis von den Schwellen heruntergehebelt. Danach wurden die Holzschwellen mit einer speziellen großen Transportzange erfasst und ein paar Meter zum nächsten Standort getragen. Sämtliche Schwellen wurden wieder in einer ungefähren Linie und dem nötigen Abstand abgelegt. Dann mussten die Gleisstränge mit der Transportzange zu den Schwellen getragen und daraufgesetzt werden. Sie wurden wieder an den Enden miteinanderverschraubt und dann mit den „Knacken" auf den Schwellen arretiert. Eine Knochenarbeit!

Nur dabeistehen und die Aufsicht führen wollte ich nicht, also packte ich einfach mit an. So kam ich auch nicht zum Frieren. Die Temperaturen lagen in diesen Tagen bei minus 15 Grad. Die Nächte waren noch kälter! Die mir Unterstellten spornte mein Tun natürlich an!

Jeden Morgen musste ich per Grubentelefon dem Dispatcher des Braunkohletagebaus unsere Arbeitsleistungen des Vortags melden. Er wollte es mir nach einigen Tagen nicht mehr glauben und schickte einen Kontrolleur. Der war auch sehr erstaunt. Solche Arbeitsleistung hatte bisher noch kein Gleisbautrupp abgeliefert!

Als nach vielen Wochen der Arbeitseinsatz beendet wurde, gab es ein großes Abschiedsfest, das der Grubenbetrieb und das Kraftwerk Lübbenau gemeinsam ausrichteten. Es gab etliche politische „Jubelreden", aber auch echte Worte des Dankes. Es gab auch Prämien in Form von wertvollen Sachgeschenken und Auszeichnungen. Ich wurde mit Urkunde und Orden als „Aktivist der sozialistischen Arbeit" ausgezeichnet.

Dann intonierte die Bergmannskapelle *Glück auf, der Steiger kommt*. Das ist gewissermaßen die Hymne der Bergleute. Alle im Saal erhoben sich von den Plätzen, sangen aus Leibeskräften mit und übertönten so die Kapelle. Viele hatten gar Tränen in den Augen! Ein bewegender Moment!

Dann gab es zünftige Blasmusik, ein kaltes Buffet, bei dem sich die Tischplatten bogen, und natürlich Freibier!

Es ist noch Glut unter der Asche

Der Winter war vorbei. Der Dienst in der Kaserne verlief wieder gemäß Ausbildungsplan. Und auch in meiner freien Zeit nach dem Dienst war alles wie vor dem Kohleeinsatz. Nach dem Abendessen im Offiziersspeisesaal lief ich in das kleine Dörfchen, das sich an den Stadtrand von Magdeburg anschloss, Prester. Es waren etwa zehn Minuten zu Fuß bis zum dortigen „Wiesenkrug". Eine kleine, einfache, aber saubere Dorfkneipe. Das Bier vom Fass war dort gut und schmeckte von Glas zu Glas immer besser. Es gab Bockwurst mit Brot und paniertes Schnitzel mit Kartoffelsalat als Imbiss. Die Spezialität des Hauses waren jedoch saftige und knusprige Brathähnchen. „Broiler" sagte man in der DDR dazu!

Es kam sehr oft vor, dass ich das Abendessen in der Kaserne „schwänzte" und sofort nach Dienstschluss in mein „Zivil" schlüpfte und zum „Wiesenkrug" ging. Dann gab es einen halben Broiler und die nötigen Biere zum Nachspülen dazu. Es dauerte nicht lange, da war ich als Stammkunde anerkannt und wurde gar von den zechenden Bauern an den Stammtisch eingeladen. So ging das jeden Abend. Montags hatte der „Wiesenkrug" allerdings Ruhetag.

An den Wochenenden fuhr ich mit dem Zug nach Gommern zu meinen Eltern. Eines Tages erzählte mir meine Mutter, dass sie Astrid auf der Straße vor dem Haus getroffen hätte. Sie sei bei ihrer Mutter zu Besuch. Sie sei geschieden!

Das musste ich erst einmal verdauen! Eine Legende über den Bolschewikenführer und Gründer der Sowjetunion, Wladimir Iljitsch Lenin, besagt, er hätte bei der theoretischen Entscheidungsfindung zur Lösung eines Problems unendlich viele Male den Teppich in seinem Arbeitszimmer diagonal überquert, bis ihm eine Idee kam. Dieser Teppich soll einen total ausgetretenen „Pfad" gehabt haben.

In meinem Zimmer lag kein Teppich. Nicht einmal ein Bettvorleger. Und die Raumausdehnung ließ auch keine diagonalen

„Grübelwege" zu. So ging ich, tiefgründig sinnierend, viele Male von der Tür zum Fenster und wieder zurück. Der Steinholzfußboden hatte dabei keine sichtbare Abnutzung erfahren. Dennoch war in mir der Entschluss gewachsen, Astrid bei ihrer Mutter zu besuchen. Ich legte jedoch eine Auszeit bis zum nächsten Vormittag fest!

Nachdem ich die wenigen Schritte schräg über die Straße gelaufen war und vor der Wohnungstür stand, klopfte mir das Herz bis zum Hals, als hätte ich den Mount Everest erklommen. Die Wohnung lag im Parterre!

Auf mein Klingeln hin öffnete sich die Tür, und Astrid stand vor mir. Der Pulsschlag in meinen Halsschlagadern übertönte nun gar mein Gehör, oder es war vorübergehend ausgeschaltet. Astrid lächelte mich an und ihre Lippen bewegten sich. Ich konnte jedoch nicht verstehen, was sie zu mir sagte. Ich ging davon aus, dass sie mich hereinbat. Also trat ich ein. Da sie mich nicht zurückschubste, fühlte ich mich in meiner Vermutung bestätigt!

Ich begrüßte Astrids Mutter und bemerkte jetzt erst, dass da auch ein kleiner Knirps herumlief. Andreas war sein Name. Er beäugte mich zunächst etwas kritisch, aber alsbald wich er mir nicht mehr von der Seite. Er fand mich also recht sympathisch! Mit Astrid, so schien es mir, war es wohl ähnlich!

Mein Hörvermögen war inzwischen zurückgekehrt, und so plauderten wir wie in alten Zeiten. Die Jahre der Trennung waren vergessen! Unter der Asche war noch Glut!

Auf dem Weg zurück zur Wohnung meiner Eltern hätte ich Sprünge machen können wie ein Känguru. Das hätte sicherlich sehr albern ausgesehen. So ließ ich aber wenigstens mein Herz hüpfen! Meine Welt war wieder in Ordnung!

Endlich rückte das nächste Wochenende heran, und mit „wehenden Fahnen" fuhr ich nach Hause. Diesmal brachte ich jedoch keine Wäsche mit, die gewaschen werden musste. In der Offiziersunterkunft hatten wir ja eine Waschmaschine und eine Gelegenheit zum Trocknen. Auch ein Bügeleisen und ein Bügelbrett standen dort zur Verfügung. Dennoch hielt ich mich nur kurz bei Vati und Mutti auf. Dann eilte ich über die Straße zu Astrid und dem Knirps Andreas.

Im Wohnzimmersessel saß ein Mann! Es war „Ali", der ehemalige Mitschüler. Helmut war nach abgeschlossener Berufsausbildung auch zu den bewaffneten Organen gegangen. Er war bei der Nationalen Volksarmee dienstverpflichtet. Ich weiß heute nicht mehr, als was er dort tätig war. Er war jedenfalls in der Laufbahn „Mittlerer Dienst", während ich die Laufbahn „Höherer Dienst" eingeschlagen hatte.

Es gab eine sehr ernst zu nehmende Konkurrenzsituation! Wer von uns beiden war der Auserwählte? Das Zünglein an der Waage war letztendlich der kleine Andreas. Den „Onkel Ali" fand er ganz nett, aber zu mir fühlte er sich, sehr deutlich sichtbar, mehr hingezogen.

Erst viele, viele Jahre später musste ich feststellen, dass es bei Astrid vorrangig um eine sehr stabile und vor allem hohe finanzielle Absicherung für sich und ihr Kind ging. Ich wage heute zu behaupten, dass sicher auch ein Stück Liebe dabei war. Aber eher wohl in Form einer „individuellen Prostitution". Das mag im Moment sehr hart und kalt klingen. Jedoch werde ich später ausführen, was mich zu dieser Überzeugung gebracht hat.

Das neue Heim

Nachdem sich Astrid für mich entschieden hatte, ging alles sehr schnell. Sie hatte einen „Dreier-Wohnungstausch" organisiert. Eine Dame aus Randberlin wollte sich wohnungsmäßig verkleinern und zog in Astrids Wohnung in Berlin, die ihr im Ergebnis der Scheidung zugesprochen worden war. In die große Wohnung dieser Frau zog der ehemalige Mieter unserer neuen Wohnung in Magdeburg. Perfekt!

Es gab jedoch ein Handicap. Diese Wohnung gehörte einer Wohnungsgenossenschaft. Wir mussten die Genossenschaftsanteile des Vormieters übernehmen und ihm die Summe auszahlen. Kleiner Trost dabei: Die monatliche Miete war künftig sehr gering.

Zu den Kosten zur Tilgung der Genossenschaftsanteile gesellten sich noch die Kosten für die Übernahme von Möbeln und Installationen, die der Vormieter in Rechnung gestellt hatte. Astrid brachte zwar mit einer Möbelspedition etlichen Hausrat aus Berlin mit, dennoch mussten viele Möbel zusätzlich angeschafft werden. Wir nahmen einen Kredit auf, der später langfristig ein finanzieller Klotz am Bein war.

Die finanzielle Versorgung meiner neuen Familie ruhte ausschließlich auf meinen Schultern. Astrid konnte keine Arbeit aufnehmen, da sie für Andreas keinen Platz in einem Kindergarten erhielt. Und ohne den Kleinen derart betreut zu wissen, konnte sie keine Arbeit annehmen. Eine Situation, in der sich gewissermaßen die Katze in den Schwanz beißt!

Meine monatlichen Dienstbezüge waren zwar nicht gering, dennoch reichte unser Familienetat nicht immer bis zum Monatsende. Am Essen für Andreas wurde nicht gespart. Wir beiden Erwachsenen gaben uns jedoch mit einfachem und preiswertem Essen zufrieden. Ich bekam ja in der Kaserne mein Mittagessen, aber am Abend mussten uns oft Schmalzbrote reichen.

Die monatlich zu tilgende Kreditrate wog schwer. Oftmals bemalte ich Porzellanteller mit Blumenornamenten. Das war zu dieser Zeit in Mode. Man hängte sich diese Teller an die Wand und erfreute sich an den Farben. Astrid lief dann im Wohnblock treppauf, treppab und versuchte, meine Teller zu verkaufen. Manchmal war die Farbe noch gar nicht richtig trocken! Astrid kam meist ohne Teller, dafür aber mit einigen Geldscheinen zurück.

Die finanzielle Situation wurde dennoch nicht besser. Der Kredit hatte eine Laufzeit von drei Jahren! Schweren Herzens und mit vielen Entbehrungen, beinahe Schmerzen quälte ich mich über mehrere Wochen hinweg zum Nichtraucher. Von diesem Zeitpunkt an war ich im Kreis meiner Kollegen ein purer Außenseiter!

Es gibt ein geflügeltes Wort, das da sagt: Die Hälfte seines Lebens wartet der Soldat vergebens! Es gibt unzählige Situationen im militärischen Leben, wie Ausbildungspausen, Wartezeiten bei Einsätzen, Manöverpausen, Nachtfahrten, in denen zur Ablenkung zur Zigarette gegriffen wird. Emotional ist das vergleichbar mit einer Runde Gleichgesinnter rings um ein Lagerfeuer. Ich gehörte nicht mehr dazu. Mein Platz war abgerückt, im Abseits!

Meine Familie konnte wieder besser leben. Wir hatten monatlich mehr Geld zur Verfügung. Große Sprünge machten wir dennoch nicht. Wir konnten aber einmal einen Tagesausflug mit dem Bus bezahlen oder die Eintrittskarten für einen Zoobesuch. Ein Kollege hatte mir sein altes Fernsehgerät geschenkt. Welcher Luxus war in unsere vier Wände eingezogen! Am Wochenende gönnten wir uns eine Flasche sehr billigen Rotwein. Am Samstag, nachdem wir die Gläser gefüllt hatten, gossen wir Leitungswasser in die Flasche. So reichte der Wein auch noch für den Sonntagabend.

Meine zweite Hochzeit

Wir beschlossen zu heiraten. Ich war der Meinung, dass eine Familie stabiler ist, wenn die Partner verheiratet sind.

Es gab eine lange Warteliste. Denn wir wollten nicht im Büro des Standesamtes getraut werden, sondern im Trauungszimmer, das man jüngst im altehrwürdigen Kloster Unser Lieben Frauen eingerichtet hatte.

Im September war es dann so weit! Es sollte eine Hochzeit ohne Feier werden. Ganz heimlich. Unsere Verwandten hatten wir nicht informiert. Nur meine Schwester war eingeweiht, da sie Andreas für die Dauer unserer Abwesenheit beaufsichtigen sollte.

Am Vorabend, dem eigentlichen „Polterabend", saßen wir mucksmäuschenstill im Wohnzimmer und zuckten bei jedem ungewöhnlichen Lärm zusammen. Es hätte ja sein können, dass doch eine Information nach außen gedrungen war und Polterabendgäste auftauchten, die bewirtet werden müssten. Diese Sorge stellte sich gegen Mitternacht als unbegründet dar!

Am nächsten Morgen ging ich zum Blumenladen unten an der Ecke und kaufte einen einfachen Blumenstrauß. Für ein festliches Blumengebinde war kein Geld eingeplant. Astrid machte mit Bändern und etwas Tüll ein schickes Bouquet daraus. Für den Trauungsakt hatten wir unsere ehemaligen goldummantelten Verlobungsringe abgegeben. Ein Taxi chauffierte uns zum Klostergebäude.

Dort angekommen, teilte man uns mit, dass am heutigen Tag hier keine Trauungen stattfänden. Nur an Samstagen. Es war Freitag!

Wieder ein „Gotteszeichen"?

Der Taxifahrer beruhigte uns und fuhr uns zum Standesamt. Eine aufgeregte Mitarbeiterin kam uns auf der Treppe entgegengestürzt und meinte, wir würden den gesamten Zeitplan der heute anstehenden Trauungen durcheinanderbringen! Dann schob sie uns in einen kleinen Festsaal.

Die bleiverglasten Fenster dämpften die Helligkeit im Raum. Im Gegenlicht erhoben sich vier Damen. Ich war der Annahme, dass das eine Abordnung des Rathauses war, um uns mitzuteilen, dass wir die tausendste Hochzeit des Jahres waren. Oder so etwas Ähnliches. Astrid jedoch kreischte verhalten auf und stürzte auf die Frauen zu, um sie zu umarmen. Es waren ihre ehemaligen Kolleginnen aus Berlin!

Der Trauungsakt verlief wie gewohnt. Sowohl Astrid als auch ich hatten ja bereits Erfahrung damit. Ein Fotograf machte ein paar Schwarz-Weiß-Fotos, die hinterher in solch schlechter Qualität entwickelt waren, dass sie nach einigen Monaten schon vergilbt und verblasst aussahen. Sein Voraus-Honorar ließ mich jedoch sofort erblassen!

Meine Schwester erwartete uns zu Hause mit einem großen Topf Milchreis. Dem Lieblingsgericht von Andreas. Das konnten wir ja nicht gut den weitgereisten Kolleginnen aus Berlin anbieten. So lud ich in den „Ratskeller" zum Essen ein. Zum Glück lehnten die Überraschungsgäste eine Einladung zum Kaffee anschließend bei uns zu Hause ab. Dann hätte ich noch Kaffeepulver und Kuchen besorgen müssen. Sie verabschiedeten sich und traten die Rückreise an.

Zum Abendessen gab es Barbaras Milchreis. Andreas bat darum, bei unserer nächsten Hochzeit mitkommen zu dürfen!

Die Adoption

Astrid hatte entsprechende Bücher und Anleitungen besorgt und damit Andreas die Bildung beigebracht, die er bisher im Kindergarten versäumt hatte. Als Andreas eingeschult wurde, hatte er so keinerlei Anschlussprobleme. Er lernte fleißig und war immer aktiv. Wir hatten unsere Freude an ihm!

Eines Tages kam er aus der Schule nach Hause und berichtete stolz, dass da ein Mann gewesen wäre, der ihm aufgrund seiner guten Leistungen einige Spielzeugautos geschenkt hätte. Am nächsten Tag ging Astrid in die Schule, um Näheres zu erfahren. Die Lehrerin entschuldigte sich und war sehr verlegen. In Unkenntnis der familiären Situation hatte sie dem leiblichen Vater seinen Sohn Andreas vorgestellt. Er hatte sich jedoch fair verhalten und sich nicht als Vater, sondern als Mitarbeiter des Ministeriums für Volksbildung vorgestellt.

Astrid war außer sich! Sie wehklagte, dass sich Helge in unser Familienglück drängen wolle. Sicherlich sein gutes Recht, denn er zahlte ja regelmäßig, wenn auch sehr geringen Unterhalt.

Abhilfe würde nur eine Adoption schaffen. So erklärte es mir Astrid eindringlich. Ich stimmte zu, und schon wenige Wochen später wurde ich erneut Vater. Jedenfalls laut Aktenlage. Andreas hieß nun Wolf und nicht mehr Bock, was er viel später guthieß, denn so blieben ihm etwaige Hänseleien erspart! Wie durch ein Wunder bekam Astrid eine Arbeitsstelle, und Andreas konnte nach dem Unterricht im Schulhort betreut werden.

Im nächsten Sommer konnten wir in den Urlaub fahren!

Urlaub im Grenzgebiet

Ich hatte Zeitungsinserate studiert und eine preisgünstige Unterkunft in Thüringen gebucht. Der kleine Ort war mit der Bahn zu erreichen. Für die letzten Kilometer musste man allerdings in eine Kleinbahn umsteigen. Zwei Transportpolizisten kontrollierten argwöhnisch unsere Ausweise. Erst bei Vorlage der Buchungsbestätigung gaben sie sich zufrieden. Wir befanden uns innerhalb des

Fünf-Kilometer-Sicherheitsbereichs vor der Grenze zur BRD!

Es war ein schöner Urlaub. Wir wanderten viel in den umliegenden Wäldern. Die gesunde Waldluft tat uns und unseren vom Großstadt-Smog gepeinigten Atemwegen sehr gut.

Hin und wieder fuhr eine Motorradstreife der Grenzpolizei an uns vorbei. Nachdem wir jedoch bei einer der ersten Begegnungen unsere Ausweisdokumente und die Buchungsbestätigung vorgewiesen hatten, behelligten sie uns nicht weiter. Wir gehörten dazu.

Es war an einem sonnigen Sonntagvormittag, als wir im Wald aus weiter Ferne zünftige Blasmusik vernahmen. Dem Klang folgend, gelangten wir an eine kleine Lichtung. Dort stand eine urige Gaststätte. Auf den langen Bänken an den Tischen davor hatten viele junge Menschen Platz genommen, und einige von ihnen hatten ihre Blasinstrumente dabei. Kräftig und mit großer Freude bliesen sie in Horn, Trompete und Posaune. Ein herrlicher Klang in dieser Einsamkeit!

Im Wirtshaus konnte man sich durch eine kleine Luke hindurch ein großes, frisch gezapftes Bier reichen lassen. In der verqualmten Gaststube saßen bärtige Gestalten mit Filzhüten auf den Köpfen. Sie rauchten dicke Hängepfeifen, und auf dem großen runden Tisch vor ihnen lagen weiße Rettiche und Salzbrezeln. Einen kurzen Moment lang hatte ich befürchtet, dass wir vielleicht eine Grenzmarkierung übersehen hatten und nun im Bayerischen Wald waren! Dieses Szenarium war nicht DDR-typisch!

Das tägliche Leben in dem kleinen Ort war uns ein wenig befremdlich. Wir gingen öfter in eine kleine Gaststätte mit dem Namen Vaterland. Solch ein Name wäre in Magdeburg undenkbar gewesen. Auf der Speisekarte gab es auch Gerichte wie Königsberger Klopse oder Kaiserfleisch. Das Kaiserfleisch entpuppte sich als Kasslerbraten mit Sauerkohl und Salzkartoffeln.

Beim Einkauf im Fleisch- und Wurstgeschäft brachten die Kunden ihre Materialien zum Verpacken des Einkaufs von zu Hause mit. Als „Auswärtige" bekamen wir unsere gekauften Kochschinkenscheiben in Zeitungspapier eingewickelt. In der Ferienwohnung angekommen, stellten wir erfreut fest, dass die Druckerschwärze nicht allzu sehr abgefärbt hatte!

Gegen Ende unseres Urlaubs kam im Ort Festtagsstimmung auf. Überall wurde geputzt und gestrichen. Es roch nach frisch gebackenem Kuchen. Auf dem großen Platz in der Mitte des kleinen Städtchens wurden Fahrgeschäfte, Losbuden und Verkaufsstände für die Kirchweih aufgebaut.

Die Karussells sahen sehr „antik" und verstaubt aus. Derartige Fahrgeschäfte hatte ich nicht einmal in meiner frühen Kindheit gesehen. Die Gegend war etwas weiter weg von der normalen Zivilisation, so wie wir sie kannten.

Aus Anlass der Kirchweih war der Bruder unserer Vermieterin samt seiner vierköpfigen Familie angereist. Sie saßen im Garten hinter dem Haus und grillten köstlich duftende Bratwürste. Die Wirtin lud uns ein, in den Garten zu kommen. So könne sie uns auch ihre Verwandten aus der BRD vorstellen. Ich schob eine schwere Magenverstimmung vor und lehnte die Einladung bedauernd ab.

Kontakte mit Bürgern aus der BRD waren verboten!. So hockten wir bei herrlichstem Sonnenschein in unserem Zimmer und rochen den verführerischen Duft der Grillwürste, der durchs halbgeöffnete Fenster hereindrang!

Einladung zur Hochzeit

Astrid hatte einen Cousin. Er hatte während der Ableistung seines Wehrpflicht-Dienstes bei der NVA in der Nähe von Neubrandenburg ein Mädchen kennengelernt, und da sie wenig später verkündete, sie sei von ihm schwanger, fand eine Hochzeit statt. Wir waren dazu eingeladen.

Ich brauchte für diesen Anlass keinen Urlaub zu beantragen, musste mich jedoch beim Diensthabenden in der Kaserne mit Angabe des Besuchsorts und Namen des Einladenden abmelden.

Es war die Jahreszeit der Zugverspätungen oder gar der Zugausfälle. Unsere Reise bis Neubrandenburg dehnte sich so auf mehr als sechs Stunden aus! Eine „Weltreise"!

Erst am späten Abend kamen wir an. Uns wurden die älteren Gäste vorgestellt, die das Abendessen schon hinter sich hatten und sich nun an den alkoholischen Getränken labten. Wir zogen es vor, uns zur jüngeren Generation zu gesellen, die in einem Nebenraum platziert war. Es gab noch ein paar Häppchen und etwas zu trinken. Dann gingen wir in das Hotel, in dem für uns ein Zimmer reserviert war. Am nächsten Vormittag fand die Trauung statt. Von unserem Hotel aus waren es nur wenige Schritte bis zum Standesamt.

Wir warteten dort gemeinsam mit den anderen Gästen auf das Eintreffen des Brautpaars. Es kam keine weiße Kutsche vorgefahren, dafür ein weißer Mercedes mit Kennzeichen der BRD! Verwandte der Braut waren aus Köln angereist. Sie hatten schon am Abend bei den Älteren gesessen.

Mir wurde heiß und kalt zugleich! Halbjährlich wurden wir gegen Unterschrift darüber belehrt, keinen Kontakt mit Bürgern aus dem kapitalistischen Ausland, insbesondere der BRD, aufzunehmen. Es war strengstens untersagt, Westfernsehen oder Westrundfunk zu empfangen!

Ich vermied es tunlichst, in unmittelbare Nähe dieser Gäste zu kommen. Beim Mittagessen setzte ich mich an das andere

Ende der Festtafel, und wir verabschiedeten uns weit vor der Zeit, um zum Bahnhof zu gehen. Erst mehr als zwei Stunden später fuhr unser Zug!

Am nächsten Tag ging ich sofort zum sogenannten Verbindungsoffizier. Das war ein Offizier des Ministeriums für Staatssicherheit, der in der Kaserne ein Dienstzimmer hatte und für derartige Vorkommnisse Anlaufpunkt war. Ich meldete den „Westkontakt"!

Sofort wurde ich zum Kommandeur befohlen. Auch der Sekretär der Parteigrundorganisation wurde hinzugerufen. Sehr eindringlich wurde ich gerügt, weil ich nicht sofort die Hochzeitsgesellschaft verlassen hatte, nachdem mir bekannt geworden war, dass BRD-Bürger unter den Gästen waren. Meine Beteuerungen, dass ich außer dem Händedruck bei der Begrüßung keinerlei Kontakt mit diesen Personen hatte, wurden nicht akzeptiert!

Anlässlich des „Tags der Volkspolizei" am 1. Juli des Folgejahres war ich zur Beförderung vorgeschlagen. Diese Beförderung in den nächsthöheren Dienstgrad wurde ein Jahr ausgesetzt!

Das neue Familienregime

Es häuften sich die Einsätze in den Wintermonaten, die mich für Wochen und Monate von zu Hause und meiner Familie trennten. Es waren nicht unbedingt strenge Winter mit Eis und Schnee, aber die Arbeitsintensität der Wehrpflichtigen war größer als die der Werktätigen in den verschiedensten Bereichen der Energiewirtschaft. Eine stabile Energieversorgung war wichtig für die Stimmungslage in der Bevölkerung. Wenn es schon Engpässe in der Versorgung mit Elektro- und Haushaltsgeräten gab, sollte wenigstens jeder Haushalt mit Strom und Gas versorgt sein.

Mit meiner Kompanie waren wir erneut in verschiedensten Braunkohletagebauen, Kraftwerken und Gaskokereien eingesetzt. Im Spätsommer und Herbst mussten wir bei der Einbringung der Ernte helfen.

Inzwischen war ich als Erster Zugführer und Stellvertreter des Kompaniechefs in die Dritte Kompanie versetzt worden. Diese Kompanie war mit Schützenpanzerwagen (SPW) ausgerüstet. Jetzt kamen Fahndungseinsätze hinzu. Es häuften sich die Fälle, dass Strafgefangene eine Unaufmerksamkeit in der Aufsicht ausnutzten und Richtung Grenze zur BRD flüchteten. Mitunter waren sie gewalttätig oder gar bewaffnet und stellten daher eine große Gefahr für die Bevölkerung dar. Noch häufiger flüchteten jedoch Soldaten aus Kasernen der Sowjetarmee, die auf dem Territorium der DDR stationiert waren. Meist verließen sie während des Wachdienstes ihren Posten und hatten deshalb eine Maschinenpistole dabei. Zum Wachdienst wurden ihnen 60 Schuss Munition übergeben!

Im Inneren des SPW war man relativ sicher vor Feuersalven aus der Maschinenpistole. Als Kommandant eines SPW musste man jedoch, auf dem Beifahrersitz stehend, oben aus der Bordluke heraus die Gegend beobachten. Jeden Moment konnte ein Schuss peitschen, der schneller einschlug, als der Knall zu hören war!

Viele, viele Male hatte ich während der Fahrt zum unmittelbaren Einsatzort mein Leben Revue passieren lassen. Am Ende siegte die Gewissheit, dass meine Familie versorgt sei, falls mir etwas zustoßen würde!

Astrid hatte das Regime in der Haushaltsführung und vor allem bei der Erziehung von Andreas übernommen. Wenn ich abends vom Dienst nach Hause kam, blieb nicht mehr viel Zeit. Andreas musste schon um 19 Uhr geduscht und mit geputzten Zähnen im Bett liegen. So blieben meist nur die Wochenenden, wenn ich nicht gerade Anwesenheitsdienst in der Kompanie hatte.

Nur 35 Prozent des Personalbestandes durften täglich in den Ausgang gehen oder an den Wochenenden in den Kurzurlaub nach Hause fahren. Der Rest verblieb in der Kaserne, bereit, innerhalb von 15 Minuten in kompletter Ausrüstung und mit empfangener Waffe in den SPW zu steigen und auf den Marschbefehl zu warten. Der Anwesenheitsdienst hatte diesen Ablauf zu beaufsichtigen und sich beim Kommandeur zum Befehlsempfang zu melden.

Astrid hatte etliche Regeln aufgestellt, die Andreas strikt einzuhalten hatte. Neben dem sehr pünktlichen Zubettgehen kam hinzu, dass er zuvor sein sämtliches Spielzeug in einer großen Kiste mit Klappdeckel ordentlich verstaut haben musste. Das Spielzeug, das versehentlich noch herumlag, musste er persönlich in den Müllcontainer werfen!

Andreas war auch ein schlechter Esser. Er konnte sehr lange Zeit in seinem Essen herumstochern, ohne einen Bissen heruntergeschluckt zu haben. Astrid versuchte Abhilfe zu schaffen, indem sie den Teppichklopfer auf den Tisch legte und den Wecker dazu. Sie erklärte dem Knirps, bis zu welcher Zeigerstellung er seine Portion aufzuessen hatte. Für jeden „Strich", den der Uhrzeiger mehr passierte, gab es einen kräftigen Schlag auf den Hosenboden! Andreas war so in heftigen Stress versetzt. Das führte einmal sogar dazu, dass er sich übergeben musste. Astrid „fütterte" ihn dann damit!

Ich hatte nur einen winzigen Bruchteil ihrer „Erziehungsmaßnahmen" registrieren können. Als ich sie daraufhin energisch kritisierte, meinte sie nur dogmatisch, dass Andreas ihr Kind sei!

Viele Jahre später habe ich erst erfahren, welche Schikanen Astrid sich noch für Andreas ausgedacht hatte.

Es muss der blanke Horror für den Kleinen gewesen sein!

Andreas entwickelte sich in der Schule prächtig. Er brachte immer gute Noten nach Hause, und er war auch gesellschaftlich aktiv. Man konnte sehr zufrieden mit ihm sein.

Eines Tages wurde ich zum Kommandeur bestellt. Auch der Parteisekretär war anwesend. Man machte mir Vorhaltungen wegen mangelnder Erziehung von Andreas!

Kurze Zeit vorher war er am Kasernenobjekt vorbeigegangen und hatte den *Radetzky-Marsch* gepfiffen! Das sei revanchistisches Musikgut und passe nicht in unsere sozialistische Gegenwart. Zudem habe er einen Plastikbeutel mit einer Werbung für Zigaretten der Marke Stuyvesant bei sich gehabt. Diese Marke gab es nicht in der DDR zu kaufen!

Der Zugführer des Dritten Zuges meiner Kompanie hatte geheiratet. Er wohnte mit seiner Braut in einem kleinen Dörfchen in der Nähe von Magdeburg. Als er ein paar Tage später wieder zum Dienst erschien, wurde er zum Kommandeur befohlen. Auch der Parteisekretär war anwesend. Man stellte ihm die Frage, ob die goldenen Ringe gepasst hätten, die ihm per Paket von Verwandten der Braut zugeschickt worden waren. Verdutzt bejahte er die Frage.

Er hatte nicht gemeldet, dass diese Verwandten aus der BRD auch an den Hochzeitsfeierlichkeiten teilgenommen hatten. Es wurde ein Parteiverfahren eingeleitet, und seine Parteimitgliedschaft wurde aufgehoben. Ein dienstlich angestrebtes Disziplinarverfahren hatte zum Ergebnis, dass er vom Oberleutnant zum Gefreiten degradiert und aus dem Polizeidienst entlassen wurde!

Stoppel

In der Kaserne lebten und vermehrten sich einige Katzen. Eines Tages lief ein winziges Kätzchen über den Flur der Kompanie. Einige Wehrpflichtige hetzten das total verängstigte Katzenjunge über die spiegelglatten Fliesen und schickten sich gerade an, es als Fußball zu nutzen, als ich dazukam. Ich herrschte die übermütigen jungen Männer an und brachte das Kätzchen in mein Dienstzimmer. Im Schrank hatte ich einen Schuhkarton aufbewahrt. Den polsterte ich mit einem Handtuch aus und setzte das Katzenjunge hinein. Sofort schloss es die Augen und schlief vor Erschöpfung ein.

In der Offizierskantine gab es an diesem Tag Geflügelfrikassee. Welch glücklicher Zufall! Ich bat die Bedienung, mir ein paar kleine Stückchen Geflügelfleisch einzupacken.

Als ich in mein Dienstzimmer zurückkam, schlief das Kätzchen immer noch friedlich im Schuhkarton. Es spürte intensiv, wohl aufgehoben zu sein!

Wenig später öffnete das Katzenjunge die Augen, und ich begann die Hühnchenteile zu füttern. Mit sichtlichem Appetit schlang es die kleinen Fleischstückchen herunter. Ich beschloss, die kleine Katze mit nach Hause zu nehmen.

Astrid wehrte zunächst ab. Nur wenn es ein Kater sei, dürfe die Katze bleiben. Das Kätzchen war so klein, und wir hatten keine Lupe zur Hand. So „erkannten" wir, dass es ein Kater sei!

Ein Katzenklo war schnell aus einem Tortenbehälter und Sand aus dem Sandkasten auf dem Spielplatz vorbereitet. Kaum war das geschehen, hüpfte die Katze hinein und erledigte ihre Notdurft. In den mehr als 17 Jahren, die sie zusammen mit mir verbrachte, hatte sie nicht ein Mal die Wohnung verunreinigt!

Es musste noch ein Name für den kleinen „Kater" gefunden werden. Aufgrund des getüpfelten Fells und der Tatsache, dass es Herbst war und überall Stoppelfelder zu sehen waren, erhielt die Katze den Namen „Stoppel". Alsbald sollte sich herausstellen, dass dies eine gute Wahl war! Der Name war geschlechtsneutral! Stoppel war eine Kätzin!

Stoppel war sehr intelligent und begriff, dass sie außerhalb der Wohnungstür nichts zu suchen hatte. Ich sicherte mit einem Haken die Balkontür, und die Katze konnte sich nun auf unseren kleinen Balkon hinausschlängeln.

Stoppel suchte sich verschiedene Lieblingsplätze aus, auf denen sie tagsüber ihr Verdauungsschläfchen hielt. Wenn man sie suchte, brauchte man nur dort nachzusehen. Brachte das keinen Erfolg, musste man nur mit einer Tüte ihrer „Leckerli" knistern. Sofort stand sie miauend neben den Füßen!

Ihr Lieblingsschlafplatz war in meinem Bett. Eingekringelt zwischen meinen O-Beinen!

Der merkwürdige Aufstieg Astrids

Wie durch ein Wunder bekam Astrid eine Anstellung als Einlasskontrolleurin in der VP-Poliklinik. Jeder Polizeiangehörige konnte und musste sich dort diagnostizieren und behandeln lassen. Es gab fest angestellte Ärzte, aber auch Fachärzte, die zu bestimmten Zeiten dort ihre Sprechstunden abhielten.

Astrid wurde dort im Zweischichtdienst eingesetzt. Sie musste korrekt die Dienstausweise der Eintretenden kontrollieren und auch Telefongespräche vermitteln sowie die Patientenkartei aktualisieren.

Es dauerte nur wenige Monate, und sie bekam den Posten der Sekretärin des Chefarztes und Leiters der Klinik in Aussicht gestellt! Bedingung war die Vorlage eines Zertifikats, das bestätigte, dass sie stenografieren und mit einer elektrischen Schreibmaschine mit einem Tempo von 180 Anschlägen pro Minute schreiben kann.

Ich lieh in der Dienststelle solch eine Maschine aus und meldete Astrid zu einem Kurs für Maschinenschreiben und Stenografie bei der Volkshochschule an. Zu Hause übte sie mit kaum erkennbarem Erfolg mit der Schreibmaschine. Nach meinen Beobachtungen war ich mir sicher, dass sie die vorgegebene Norm nie erfüllen würde.

Zu meiner großen Überraschung kam sie eines Tages nach dem Abendkurs nach Hause und schwenkte übermütig und glückstrahlend das benötigte Zertifikat! Astrid bekam den Posten!

Ich beobachtete Veränderungen in ihrem Auftreten und Verhalten. Jedes Jahr im zeitigen Frühjahr gab es eine Ehrung der in der Weimarer Republik gemeuchelten Politiker Rosa Luxemburg und Karl Liebknecht. Ihre sterblichen Überreste waren in der Berliner Gedenkstätte der Sozialisten beigesetzt. Das gesamte Politbüro, sämtliche Vertreter der Partei- und Staatsführung begaben sich auf einen kilometerlangen Marsch zu dieser Gedenkstätte. Dieser Marsch wurde stundenlang im Fernsehen übertragen. Astrid meinte, das müsse man sich unbedingt an-schauen. Ich hätte mich lieber mit Andreas beschäftigt, aber der hatte sich auch diese Demonstration anzusehen! Um noch in-tensiver dabei zu sein, verließ Astrid sogar ihren bequemen Ses-sel und stellte sich in die Nähe des TV-Bildschirms. Einmal kul-lerten ihr gar dicke Tränen der Rührung die Wangen herunter!

Sie stellte auch den Antrag, Kandidatin der SED zu werden, obwohl das für ihre Beschäftigung nicht Voraussetzung war. Ich hatte hin und wieder einmal Fernsehprogramme aus der BRD geschaut. Das hatte ich nun zu unterlassen! Es war mir verboten, aber bekanntlich schmecken ja die Kirschen in Nachbars Gar-ten immer besser! Dennoch blockierte ich den Kanalwahlschal-ter am TV-Gerät.

So kam es, dass ich mich nur noch durch die Nachrichten im Fernsehen der DDR und das Lesen der Zeitung *Neues Deutsch-land*, des Zentralorgans der SED, über politische und gesellschaft-liche Probleme informieren konnte.

Ich habe gesundheitliche Probleme

Eines Tages nach Dienstschluss fuhr ich wie immer mit der Straßenbahn nach Hause. Beim Aussteigen und nach den ersten Schritten auf dem Gehweg begann alles zu schwanken. Ich musste einen Moment breitbeinig stehen bleiben, sonst wäre ich wahrscheinlich gestürzt!

Am nächsten Morgen fuhr ich zuerst in die VP-Klinik. Dort stellte man einen stark erhöhten Blutdruck bei mir fest. Ich erhielt ein Rezept für verschiedene Medikamente und wurde sofort in den Krankenstand versetzt.

In den nachfolgenden Wochen musste ich mich jeden zweiten Tag in der Klinik vorstellen. Das ging mehr als sechs Wochen so. Dann erhielt ich die Einweisung in ein Kur- und Erholungsheim des Ministeriums des Innern (MdI).

Der Gebäudekomplex des Sanatoriums befand sich in Bad Colberg, einem winzigen Örtchen in Thüringen, direkt an der Grenze zur BRD. Auf der anderen Seite der Grenze waren es noch etwa zwölf Kilometer bis Coburg.

Im Jahr 1910 war dieses Heilbad eröffnet worden. Bei vorangegangenen Probebohrungen auf der Suche nach Kalisalzvorkommen hatte man eine stark mineralsalzhaltige Thermalquelle entdeckt. Das Quellwasser wurde mit den Thermen in Wiesbaden und Karlsbad verglichen. Die politischen Verhältnisse nach dem Ersten Weltkrieg, vor allem die Weltwirtschaftskrise, brachten den Ruin des Kurbades. Hinzu kam das fehlende Umfeld. Es gab kein Nachtleben im Ort!

1950 übernahm das MdI das Objekt und schickte nun Polizisten, Angestellte und Arbeiter im Dienst des MdI zu Kuraufenthalten dorthin.

Inzwischen gab es modernisierte Gebäude und Neubauten zur Unterbringung und Therapie. Das Highlight war das Hallenschwimmbad, das mit Heilquellwasser gefüllt wurde. Da war das „Wasserschlucken" beim Schwimmen ein Genuss!

Es gab einen individuell festgelegten Anwendungsplan. Neben Moorbädern, Heilwannenbädern, kneippschen Güssen und Bindegewebsmassage gab es für mich jeden Tag einen Waldlauf und anschließend Schwimmen in der Schwimmhalle. Dazu noch eine festgelegte Diät. Beim wöchentlichen Wiegen konnte ich feststellen, dass die Pfunde purzelten. Auch der Blutdruck hatte sich wieder auf stabile Normalwerte eingestellt. Ich fühlte mich alsbald sehr wohl und entspannt. Die vier Wochen Kuraufenthalt hatten mir gutgetan!

Diesen Kuraufenthalt nahm ich zum Anlass, meine körperliche Fitness zu trainieren und zu stabilisieren. Jeden Morgen vor dem Dienst in der Kaserne joggte ich in dem kleinen Park in der Nähe unserer Wohnung, und einmal in der Woche führ ich in die Schwimmhalle, um dort mindestens tausend Meter zügig zu schwimmen. Damit hatte ich schon in der Schwimmhalle in Bad Colberg begonnen. So war es nicht verwunderlich, dass ich bei künftigen Sportausscheidungskämpfen der Polizei auf Bezirksebene sowohl bei Laufwettbewerben als auch im Schwimmen vorderste Plätze belegte.

Ich komme zur „richtigen" Polizei

Im Volkspolizeikreisamt (VPKA) gab es eine „Arbeitsgruppe Kampfgruppen". Eine kleine Gruppe erfahrener Truppenoffiziere hatte die Aufgabe, die Einheiten der „Kampfgruppen der Arbeiterklasse", die im Bereich des VPKA vorhanden waren, bei der Ausbildung anzuleiten und zu kontrollieren. Mit mir wurde ein Personalgespräch geführt, und im Ergebnis wurde ich zu dieser Arbeitsgruppe versetzt. Ich war jetzt Angehöriger der Deutschen Volkspolizei und nicht mehr der einer VP-Bereitschaft.

In jedem größeren Betrieb wurde eine bewaffnete Einheit vorgehalten. Zumeist motorisierte Schützen-Einheiten in Zug- oder Kompaniestärke, in den großen Kombinaten gar in Mannschaftsstärke eines Bataillons. Jeder wehrdienstfähige Betriebsangehörige, der Mitglied der SED war, wurde verpflichtet, Mitglied der „Kampfgruppen der Arbeiterklasse" zu werden. Die Ausbildung fand meist an einem arbeitsfreien Samstag im Monat statt. Die Männer waren mit Eifer und Einsatzbereitschaft bei der Sache. Zielstellung der Bereitstellung dieser Einheiten waren erstrangig die Verteidigung und der Schutz der Produktionsanlagen des jeweiligen Betriebes. Nicht nur während einer militärischen Auseinandersetzung, auch während einer möglichen Revolte.

Es wäre verfehlt, diese militärischen Einheiten mit der Organisation des „Volkssturms" gegen Ende des Zweiten Weltkrieges zu vergleichen. Erst recht ging es nicht darum, den Spieltrieb „Räuber und Gendarm" zu befriedigen!

Natürlich konnte man nicht derart strenge Maßstäbe bei der Anleitung der Ausbildung und bei der Kontrolle der „Gefechtsbereitschaft" anlegen, wie man das bei den jungen Wehrpflichtigen in den Einheiten der Bereitschaftspolizei tun musste. Hier handelte es sich um gestandene Männer und Familienväter, die vor etlichen Jahren schon ihre Wehrpflicht absolviert hatten.

Da nicht alle Einheiten am gleichen Wochenende ihren Ausbildungstag hatten, waren für mich die Samstage ständig ausgebucht, und es konnten keine Aktivitäten in Familie durchgeführt werden!

Am Ende des Jahres gab es für die Einheiten der Kampfgruppen ein großes Abschlussfest. Nach markigen Reden und einem Auszeichnungsakt wurde das kalte Buffet freigegeben. Die Tischplatten bogen sich unter der Last der kalten Platten und warmen Speisen. Es wurden Getränke aller Art und in großen Mengen serviert!

Im VPKA war der Posten „Stellvertreter des Stabschefs" vakant. Nach dem relevanten Personalgespräch wurde ich auf diesem Dienstposten eingesetzt.

Es begann für mich eine Zeit der Doppelbelastung. Denn der eingesetzte Stabschef war aufgrund eines „amourösen Abenteuers" mit einer Unterstellten von seinem Führungsposten beim Strafvollzug zum VPKA strafversetzt worden. Sein Einsatzelan tendierte zu null! Seine größte Aufmerksamkeit widmete er dem Studium der Tageszeitung und der Bedienung der Kaffeemaschine. Sämtliche Arbeitsaufgaben landeten auf meinem Schreibtisch. Nur zur Unterzeichnung der fertiggestellten Dokumente war er zu bewegen.

Dennoch machte mir die Aufgabe großen Spaß, und ich gewann recht schnell hohe Anerkennung und Achtung sowohl bei den mir direkt Unterstellten als auch in anderen Bereichen der Dienststelle. Eines Morgens erstattete mir gar der Einlassposten eine „Meldung". Das stand nur dem Leiter des VPKA und dem Stabschef zu! Als ich den Posten darauf hinwies, meinte er nur, dass ich der wahre Stabschef sei!

Das setzte sich in anderen Situationen fort. Wenn größere und sehr wichtige Polizeieinsätze vorzubereiten waren, musste der Leiter des VPKA seinen „Entschluss" zur Art und Weise der Durchführung beim Chef der Bezirksbehörde (BDVP) verteidigen. Der Stabschef musste ihm dabei assistieren. Da der Leiter des VPKA wusste, dass sein Chef des Stabes nicht allumfassend mit dem ausgearbeiteten Entschluss vertraut war, nahm er mich zu diesem Termin mit. Das wiederholte sich und wurde schließlich zum Dauerzustand.

Zum Dienstbetrieb gehörte auch Dienstsport. Ich hatte damit keinerlei Probleme. Meine direkten Unterstellten jedoch schon! Sie waren alle etliche Jahre älter als ich, größtenteils starke Raucher und ausgesprochene „Schreibtischhocker".

Ich hielt mich ja nach wie vor fit mit meinen morgendlichen Läufen und dem wöchentlichen Schwimmen. Es stellten sich aber Beschwerden ein. Meine linke Achillessehne schmerzte stark. Behandlungen mit Reizstrom, Ultraschall und Massagen verschafften keinerlei Linderung. Ich hatte das Gefühl, die Achillessehne bestünde aus mehreren Fasern und davon wären einige schon gerissen. Der mich behandelnde Orthopäde versicherte mir, dass es keine Möglichkeit gebe, die Sehne zu „sanieren". Erst, wenn sie reißen würde, könnte man sie wieder zusammennähen. Inständig sehnte ich diesen Riss herbei! Dennoch unterließ ich mein morgendliches Joggen und fuhr dafür eine große Strecke mit dem Fahrrad.

Es war wieder einmal Dienstsport angesetzt. Meine „Alte-Herren-Truppe" schlurfte über die Aschenbahn der Sportstätte, die wir nutzen durften. Heute galt es einige Disziplinen zur Erfüllung der Bedingungen für das „Sportabzeichen" zu trainieren. Zu diesem Zeitpunkt fanden gerade die Olympischen Sommerspiele in Los Angeles statt. Der damalige Sprintstar war der US-Amerikaner Ben Johnson. Ich animierte meine Unterstellten, es ihm doch gleichzutun. Den Anfang machte ich. Ich sprintete aus den Startblöcken heraus, um die geforderte 100-Meter-Distanz zu absolvieren. Aber nach etwa 40 Metern hörte ich ein Geräusch, als ob die Sehne einer Geige oder eines Tennisschlägers reißt! Im nächsten Moment fiel ich der Länge nach auf den roten Staub der Laufbahn! Beinahe erfreut stellte ich fest, dass die Achillessehne gerissen war. Ich verspürte keinen Schmerz! Nur unter der rechten Ferse hatte sich ein „Knäuel" gebildet.

Mein Transport in die Medizinische Akademie war schnell organisiert, und gegen 14 Uhr erwachte ich aus der Narkose. Das linke Bein war komplett in Gips gehüllt! Vom Schritt bis hinunter zu den Zehenspitzen! Die schauten heraus.

Es begann eine Zeit der Torturen. Der operierende Chefarzt hatte auch eigenständig mein Bein mit den Gipsbinden umwickelt. Wie bei Chefs üblich, hatte er „gepfuscht" und verabsäumt, es zunächst mit einer Papierbinde zu umwickeln. Er hatte die Gipsbinde direkt aufgetragen! So waren sämtliche Beinhaare im Gips abgebunden. Bei der kleinsten Bewegung „ziepte" es an den feinen Körperhärchen!

Ich besorgte mir sämtliche Modelle von Flaschen- und Pfeifenreinigern, Linealen, Stöcken und Stäben, um damit in das Innere des Gipsverbandes vorzustoßen. Das ununterbrochene lästige Piken und Kribbeln konnte ich dennoch nicht abstellen.

Ich hatte im Keller einen schweren Vorschlaghammer. So manche Nacht hatte ich den sehnlichen Wunsch, dorthinab zu steigen, um mit einem wuchtigen Hieb das „Sparschwein zu knacken"!

Nach etlichen Wochen war Gipswechsel angesagt. Ich hatte mich informiert, und es war „Gehgips" zu erwarten. Also würde der neue Gipsverband nur noch bis auf Kniehöhe reichen. Meine Erwartungen wurden jedoch zerstört: Meine Achillessehne hatte man nicht genäht, sondern geklebt. Als Vorsichtsmaßnahme wurde deshalb das Bein wieder total eingegipst! Einziger Vorteil: Diesmal wurde eine Papierbinde verwendet und erst danach der Gips aufgetragen.

Nach 138 Tagen wurde der Gips dann endlich entfernt!

Mutti stirbt an Krebs

Meine Mutter hatte eigentlich schon ihr ganzes Leben lang oft gekränkelt. Größtenteils sicher gerechtfertigt, zum anderen aber auch nach intensiver Symptomsuche in einem sehr dicken „Doktorbuch", das sie im Bücherschrank griffbereit hatte. Dann stritt sie energisch mit unserem Hausarzt, bis er ihrer Diagnose beipflichtete und entsprechende Pülverchen und Tropfen verordnete.

Mutti kochte gut und aß auch sehr gern. Das konnte man sehen! Sie hatte ein stattliches Übergewicht und hatte meinem ehemaligen Banknachbarn in der Schule, dem „dicken Reinhard", schon lange den Rang abgelaufen. Zudem rauchte sie stark und betätigte sich kaum sportlich.

Hinzu kamen wohl noch einige Gene, die sie von ihrem Vater geerbt hatte. Der war an Prostatakrebs verstorben.

Mutti hatte es auch „erwischt"! Es fing mit einer „Unterleibssache" an. Irgendwo hatte man ein Karzinom entdeckt. Man verordnete radioaktive Bestrahlung. Dazu wurde periodisch eine Sonde in den Darm eingeführt, von der die Strahlung abgesondert wurde. Nach vielfachen Anwendungen gab es einen Darmverschluss! Ein künstlicher Darmausgang wurde geschaffen, und man sagte ihr, dass nach einem Jahr eine Rückverlegung erfolgen könne. Das wäre der positive Fall gewesen. Der trat jedoch nicht ein!

Mutti quälte sich und litt unter unsäglichen Schmerzen. Mit Morphium vollgepumpt konnte sie die Schmerzen besser ertragen. Gleichzeitig war sie jedoch dadurch in einen mentalen Dämmerzustand versetzt. Vergleichbar einem „Drogen-Junkie" mit ständig leichter Überdosis!

Mutti sah sich überhaupt nicht mehr ähnlich! Sie war ausgemergelt, und ihre Haut hatte eine unnatürliche gelblich-olive Farbe angenommen. Sie wankte nur noch selten von ihrem Bett im Schlafzimmer bis zur Toilette oder ins Wohnzimmer, um sich für einen Moment aufs Sofa zu setzen.

Es war wohl einer meiner letzten Besuche. Zu diesem Anlass hatte ich meine Ausgangsuniform angezogen und alle meine
Orden angelegt. Ich weiß nicht, ob Mutti das überhaupt wahr-
genommen hatte.

Der Tod hatte sie schließlich von ihren Leiden erlöst! Sie war
keine 60 Jahre alt geworden!

Die „Wende"

Mutti war im Frühjahr 1989 beigesetzt worden. Still und bescheiden, so wie ihr ganzes Leben war.

Zu dieser Zeit begannen in der DDR die ersten Protestbewegungen gegen die Partei- und Staatsführung. In der Sowjetunion waren die Bewegungen der „Perestroika" vorausgegangen. Auch in Polen und der ČSSR gab es bereits heftigen Widerstand gegen die bisherige Politik.

Andreas hatte nach Beendigung der Schule eine Lehre im Datenverarbeitungszentrum in Magdeburg begonnen und sie erfolgreich abgeschlossen. Der frischgebackene Facharbeiter für Datenverarbeitung war inzwischen 18 Jahre alt geworden. Ohne unser Zutun hatte er ein Studium an einer Fachschule in Neuruppin begonnen. Er wollte später als Sozialarbeiter tätig werden. Wollte mit Jugendlichen arbeiten. Ab sofort war er weit weg und hatte sämtlichen Kontakt zu uns abgebrochen! Dort, an der Studieneinrichtung, schloss er sich einer Gruppe von Studenten an, die sich aktiv gegen die herrschenden politischen Verhältnisse auflehnten. Im unmittelbaren Zeitraum vor den damals anstehenden Volkswahlen klebten sie zum Beispiel in den Nachtstunden staatsfeindliche Losungen an markanten Punkten der Stadt. Natürlich wurden sie von Mitarbeitern der Staatssicherheit gestellt und im Ergebnis von der Fachschule verwiesen!

Von diesen Vorgängen erfuhr ich erst, als ich zum Leiter des VPKA gerufen wurde. Gemeinsam mit dem Parteisekretär empfahl er mir, mich während der nächsten Mitgliederversammlung von meinem Sohn loszusagen, denn sonst würde ich auch meine Karriere bei der Deutschen Volkspolizei aufs Spiel setzen! Drohte „Sippenhaft"?

Ich war seit 1968 dabei! Sollten die jahrelangen Entbehrungen, der zermürbende Einsatz, die persönlichen Opfer einfach umsonst gewesen sein? Ich hatte mein Leben in den Dienst des Staates gestellt! Ohne Kompromisse!

Während der kurz darauf stattfindenden Parteiveranstaltung erklärte ich, dass mein Sohn nicht mehr zu meiner Familie gehört und ich mich von ihm und seinen Handlungen distanziere. Es gab für mich keine andere Alternative!

Dieser Vorgang hatte mich jedoch dazu gebracht, mich allumfassender über die internationale, besonders aber über die nationale Politik zu informieren. Bis dahin waren das Zentralblatt der SED *Neues Deutschland* sowie die *Aktuelle Kamera*, die TV-Nachrichten des DDR-Fernsehens, meine einzigen Informationsquellen. Was dort geschrieben stand und was ich im Fernsehen gehört hatte, war immer „meine" Meinung gewesen!

Ich wurde hellhöriger, kritischer und kam so auch mit Personen in Kontakt, die mehr wussten als ich. Es gab damals auch den *Sputnik*, eine Broschüre, die über die neuen revolutionären Strömungen in der UdSSR berichtete. „Perestroika" und „Glasnost" hießen die neuen politischen Modewörter. Das Vorbild und die Hoffnungsperson für einen politischen Neubeginn war Michail Gorbatschow.

Ich reparierte auch den Kanalschalter an unserem Fernsehgerät. Den hatte ich mit einer Sperre versehen, um zu verhindern, dass Andreas ein Programm des Fernsehens der BRD schauen kann, während wir nicht zu Hause waren. Das hätte böse Folgen haben können, denn die Kinder wurden in der Schule zielgerichtet darüber ausgefragt!

Ich schaute nun, wenn Astrid nicht zu Hause war, Westfernsehen. Heimlich und mit sehr leisem Ton, denn die Betonwände in unserer Neubauwohnung ließen fast jedes Geräusch auf der anderen Seite hören.

Von den Nachrichtenmeldungen verstand ich kaum die Hälfte. Es war eine Wortwahl, die ich nicht gewohnt war. Die Namen und Funktionen der Politiker und Persönlichkeiten des öffentlichen Lebens in der BRD waren mir weitestgehend unbekannt. Ich konnte mich auch nicht so recht konzentrieren, da ich immer mit einem Ohr zur Wohnungstür horchte, um rechtzeitig auf DDR-Fernsehen umzuschalten, wenn Astrid nach Hause käme.

Einmal hatte sie mich dennoch ertappt und mir eine Riesenszene gemacht! Ich solle mich schämen, dem Klassenfeind mein Ohr zu leihen! So und ähnlich rügte sie mein Verhalten!

Was ich zu diesem Zeitpunkt nicht wusste, mir aber einige Jahre später bekannt wurde: Sie hatte diesen Vorfall ihrem Verbindungsoffizier beim MfS gemeldet und mich als „politisch unzuverlässig" angeschwärzt. Astrid war „Inoffizieller Mitarbeiter" (IM) des MfS! Das erklärte auch ihre gigantische Karriere in der Polizeiklinik. Vom Einlassdienst zur Chefsekretärin!

Die ersten friedlichen Protestdemonstrationen fanden in Leipzig statt. Erst waren es einige Hundert. Von Woche zu Woche wurden es immer mehr! Die Menschen fuhren mit ihren Pkw und mit öffentlichen Verkehrsmitteln von weit her nach Leipzig, um an den Märschen teilzunehmen.

In Magdeburg begann es mit „Montagsgebeten" im altehrwürdigen und geschichtsträchtigen Dom. Der Domprediger hielt seine Predigt und ermahnte danach zu Disziplin und Gewaltlosigkeit. Etwas später folgten den Montagsgebeten im Anschluss die Montagsmärsche. Die Massen „bewaffneten" sich mit Kerzen und marschierten auf einem Straßenring im Zentrum Magdeburgs. Dabei skandierten sie Rufe nach Freiheit und Demokratie und „Wir sind das Volk"!

Diese Montage wurden für unsere Dienststelle und die nachgeordneten Polizeireviere zu Großeinsatztagen. Im Vorfeld wurde mit dem Domprediger und den Organisatoren der Demonstration die Marschstrecke abgestimmt. So konnten wir Polizeikräfte zur gezielten Sperrung des normalen Straßenverkehrs einsetzen. Objekte, die sich am Rande der Strecke befanden und eventuell als Werkzeuge für Randale eingesetzt werden konnten, wie Baugerüste, Baumaterialien und Ähnliches, wurden rechtzeitig entfernt. Alles verlief immer abgestimmt und friedlich. Es kam zu keinerlei Sachbeschädigungen, wie man das heutzutage immer wieder sieht. Es kam zu keinerlei Tätlichkeiten und Ausschreitungen!

Am 7. Oktober 1989 wurde in Berlin der 40. Jahrestag der DDR gefeiert. Nach einer mächtigen Militärparade fand ein

Festakt im Palast der Republik statt. Alle führenden Staatsoberhäupter des Warschauer Pakts waren unter den Ehrengästen. Eigentlich alles wie immer!

Aber dem war nicht so. Es gab keine „Erich"-Rufer! Man jubelte nur Michail Gorbatschow zu! Und während im Festsaal des Palastes ein rauschendes Fest angesetzt war, organisierten sich im Umfeld Tausende und Abertausende von Systemkritikern zu einer machtvollen Gegendemonstration. Die Rufe waren bis in den Festsaal zu hören. Dennoch formulierte Erich Honecker seine Phrase, wonach „den Sozialismus in seinem Lauf weder Ochs noch Esel halten auf"! Eine Stimmung ähnlich der beim Sinken der Titanic. Die Musik spielt noch, aber der Untergang ist nicht mehr aufzuhalten!

In Magdeburg war am selben Tag auch eine Großdemonstration der Systemkritiker angekündigt. Wie gewohnt traf man sich zum Friedensgebet im Dom. Da nur ein Bruchteil der Demonstranten eintreten konnte, hatte man zahlreiche Lautsprecher für eine Tonübertragung ins Freie installiert. Es war eine kaum überschaubare Menschenmenge, in der alle Altersgruppen und verschiedenste soziale Schichten vertreten waren. Ein sehr beeindruckender Anblick!

Gegenüber dem Dom befand sich ein Bürogebäude. Dort hatten wir den Führungspunkt des Leiters des VPKA installiert. Besorgt und auch nervös schauten der Amtsleiter, sein Stabschef, besonders aber der Stellvertreter für politische Arbeit, durch einen Spalt in den Fenstervorhängen auf die Straße.

Zwei Kompanien der Bereitschaftspolizei waren alarmiert worden. Sie waren mit dem langen Schlagstock, dem gepanzerten Einsatzhelm und dem Schutzschild ausgerüstet. Sie warteten in einer der Nebenstraßen an der avisierten Marschstrecke.

Der Amtsleiter befahl dem Stabschef, sich vor Ort zu begeben, um die Lage konkret einzuschätzen und die Koordinierung der bereitgehaltenen Einsatzkräfte vorzunehmen. Der Stabschef lehnte ab, da er mit dem ordnungsgemäßen Eintrag des Einsatzverlaufs im chronologischen Protokoll, dem Lagefilm, noch nicht ganz fertig sei!

So wurde ich vor Ort geschickt. In Erwartung des Demonstrationszuges hatten sich schon mehrere hunderte Schaulustige versammelt. Ich musste mich hindurchzwängen, um mit den beiden Kompaniechefs der Einsatzkompanien der Bereitschaft, dem Leiter des Reviers Mitte und dem Leiter der Diensthundestaffel, die ebenfalls herbeigeordert waren, Kontakt aufzunehmen. Zu meiner Verwunderung wurde ich nicht angepöbelt, nicht angerempelt oder anderweitig an meiner Fortbewegung gehindert.

Ich konnte mich rasch mit den Verantwortlichen kurzschließen und das weitere Vorgehen abstimmen. Ich nutzte das Funkgerät des Leiters des Reviers Mitte, um den Amtsleiter entsprechend zu informieren.

Als sich der riesige Demonstrationszug heranwälzte, flitzten die Bereitschaftspolizisten blitzartig aus der Seitenstraße heraus und postierten sich quer über die breite Hauptverkehrsstraße. Sie standen nebeneinander, Schulter an Schulter, das Helmvisier heruntergeklappt und das Plexiglas-Schild vor der Brust.

Es war totenstill auf der Straße! Die Menge war beeindruckt! Solch einen Anblick hatten sie noch nie erlebt! Diese Verblüffung nutzten die Polizisten der Stadtreviere aus, um die Demonstranten in die Nebenstraßen abzudrängen. Dort wurden sie auf Lkw mit Sitzbänken verladen und in die verschiedenen Polizeireviere im Stadtgebiet gefahren. Dort wurden ihre Personalien festgestellt, und kurz darauf wurden sie wieder auf freien Fuß gesetzt. Das ging alles sehr schnell, und alsbald war die Menschenmenge überschaubar!

Polizisten forderten nun die Personen auf, nach Hause zu gehen oder die Straßenbahn zur Heimfahrt zu nutzen. Mit Unterstützung der Diensthundeführer und ihrer Hunde wurden die restlichen Demonstranten und Schaulustigen zur nahe liegenden Straßenbahnhaltestelle abgedrängt. Die Lage war total entspannt!

Der Stellvertreter des Amtsleiters für politische Arbeit tauchte neben mir auf! Mir ist heute noch unerklärlich, wie er dort hingekommen war. Er forderte mich auf, dem Amtsleiter per Funkspruch mitzuteilen, dass die Lage friedlich und entspannt sei. Er wollte sich die Lorbeeren des Erfolgs verdienen!

Für die Kommunikation mit dem Amtsleiter hatte ich ja das Funkgerät des Revierleiters Mitte genutzt! Spitzbübisch grinsend hielt ich nun meinen Kugelschreiber an meinen Mund und sprach den Text des Politoffiziers. Ich hatte kein Funkgerät dabei und erst recht keine Waffe!

Die Grenze ist offen!

Ein Bekannter hatte mir die Adresse einer Ferienunterkunft in der Hohen Tatra (ČSSR) vermittelt, und ich hatte mit seiner Unterstützung für zwei Wochen einen Urlaubsaufenthalt reservieren können.

Astrid und ich fuhren mit dem Nachtzug, im Liegewagen, bis nach Prag, und von dort aus ging es mit einem anderen Zug weiter bis nach Tatranská Lomnica. Als der Morgen zu dämmern begann, konnte man schon von Weitem das imposante Bergmassiv sehen. Wir waren beide begeistert!

Mit unseren bequemen und stabilen Wanderschuhen konnten wir unbeschwert lange Wanderungen in dieser Bergwelt durchführen. Zum höchsten Berg in der Nähe schwebte eine Seilbahn hinauf. Wir fuhren auch einmal zu sehr früher Stunde auf die andere Seite des Bergmassivs. Dort konnte man sich mit einem großen Floß auf einem reißenden Fluss staken lassen. Es war nicht ganz ungefährlich, denn wir passierten einige Male sehr starke Stromschnellen! Heute würde man wohl robuste Schlauchboote nutzen und diese Exkursion „Rafting" nennen. Einmal nutzten wir auch die Gelegenheit, um mit einem Flugzeug, einer Antonow An-2, einen Rundflug über den Bereich der Hohen Tatra zu unternehmen, den wir größtenteils bereits zu Fuß erkundet hatten. Es war ein herrlicher Urlaub!

Dennoch gab es eine kleine Sorge! Ich hatte ein winziges Batterieradio dabei. In dieser Bergwelt war damals kaum Radioempfang möglich. Jedenfalls konnte man keinen deutschsprachigen Sender hören. Erst gegen 22 Uhr war ein Sender aus Österreich zu empfangen. Die Nachrichtensprecher berichteten täglich von neuen Flüchtlingen aus der DDR, die einen Urlaubsaufenthalt in Ungarn genutzt hatten, um von dort aus die Grenze nach Österreich zu überwinden. Weiter ging es dann in Richtung BRD, um dort politisches Asyl zu beantragen.

Ich verstand diese Menschen nicht! Wo wollten sie hin? Was erwarteten sie von diesem Staat der Ausbeuter? Sie hatten doch in der DDR alles, was man zum Leben brauchte!

Astrid und ich befürchteten ernsthaft, dass wir bei Rückkehr aus dem Urlaub größtenteils verwaiste Städte und Dörfer in der DDR vorfinden würden. Dem war nicht so!

Nach der Rückkehr aus dem Urlaub blieben uns nur sehr wenige Tage. Dann hieß es schon wieder Koffer packen! Ich hatte zum dritten Mal einen Scheck zum Kuraufenthalt in Bad Colberg erhalten. Ich hatte den Antrag gestellt, dass meine Ehefrau dieses Mal mitfahren dürfe. Dem Antrag wurde ohne Bemerkungen oder Rückfragen zugestimmt!

Wir erlebten drei wunderschöne Wochen der Erholung und Entspannung. Sehr selten verfolgten wir die Nachrichten im Fernsehen und erst recht nicht die im Radio. Wir waren am „Ende der Welt", in politischer Abgeschiedenheit! Neben dem breitgefächerten Programm der Kuranwendungen gab es verschiedenste kulturelle Zerstreuung für uns Kurgäste. Lichtbildervorträge, Kammerkonzerte, Darbietungen von Volkskunstgruppen, Kabarettauftritte und anderes.

An einem Sonntag fand eine Busfahrt in die Bezirksstadt, nach Suhl, statt. Als der Bus über eine Anhöhe fuhr, konnte man in der Ferne eine lange Schlange von Autos sehen. Sie fuhren im Schritttempo in Richtung Staatsgrenze. Auf unsere erstaunten und auch besorgten Fragen hin erklärte uns der freundliche Busfahrer, dass die Grenze seit gestern offen sei!

Wenige Tage später endete unser Kuraufenthalt, und wir fuhren zurück nach Magdeburg. Es war alles ein wenig anders! Überall „knisterte" es! Nicht nur die Funktionäre der Partei- und Staatsführung, auch die Chefs und Leiter der Polizei fürchteten um ihre Positionen! Es begann der Prozess der Vorbereitung des Zusammenschlusses der beiden deutschen Staaten. Und wo gehobelt wird, fallen gewöhnlich Späne.

Es wurden demokratische Regeln für die Organisation des öffentlichen Lebens propagiert. Dazu gehörte auch, dass es nicht erforderlich sei, einer politischen Partei anzugehören, um Dienst in der Polizei verrichten zu können. Ich trat aus der SED aus!

Der Sekretär der SED-Grundorganisation berief eine Vollversammlung ein, um feststellen zu können, wer denn noch „zu uns gehört"! Nur eine klägliche Handvoll Unentwegter hatte sich versammelt.

Das Begrüßungsgeld

Es hatte sich herumgesprochen, dass die Bundesregierung jedem DDR-Bürger, der erstmalig in die BRD einreist, ein Begrüßungsgeld in Höhe von 100 DM zahlt!

Astrid und ich, wir hatten ja durch unseren Kuraufenthalt den Anschluss verpasst. So kam es, dass wir erst kurz vor Weihnachten „in den Westen" fuhren.

Der Zug war vollkommen überfüllt und erinnerte an Bilder von „Hamsterfahrten" nach dem Krieg. Wir hatten Glück und einen Sitzplatz bekommen. Aus dem Fenster konnten wir dennoch nicht sehen, da überall stehende Personen die Sicht versperrten.

Erster Halt nach der Grenze war Helmstedt. Hier wurde die Zahl der Mitreisenden spürbar geringer. Ich schlug vor, bis Braunschweig durchzufahren. Dort angekommen strömten wir mit der Masse mit und gelangten auf den Bahnhofsvorplatz. Ich blickte um mich und konnte zu meiner großen Verwunderung keine ausgemergelten Gestalten, keine bettelnden Arbeitslosen, keine verwahrlosten Gebäude, zerborstene Fensterscheiben oder fehlende Dachziegel entdecken! Alles war intakt! Die Menschen liefen sehr gut gekleidet vorüber. Überall glänzende Glasfassaden, Lichter …

So sah also der Kapitalismus wirklich aus!

Mir entwich spontan: „Wie haben die uns verarscht!"

Eine Straßenbahn schwebte heran. So schien es mir jedenfalls, denn sie rumpelte und ratterte nicht, wie die Tatra-Bahnen in Magdeburg. Im Inneren funktionierte die Heizung, und auf den Sitzen befanden sich Polster. Mit sehr freundlicher Stimme und klar verständlich informierte uns der Straßenbahnfahrer darüber, in welcher sehr nahe befindlichen Bank wir unser Begrüßungsgeld empfangen könnten.

Alle waren sehr nett und freundlich. Wir waren sprachlos, und als wir dann in das erste Kaufhaus gingen, glaubten wir uns im Schlaraffenland. Was kauft man sich für 100 DM? Wir studierten die Preise und wägten ab, was wir kaufen sollten. Ich kaufte eine Kokosnuss! Letztmalig hatte ich eine in den Händen gehabt, da ging Andreas noch in die Schule!

Astrid stöberte in einem kleinen Laden nach Ohrringen. Später kaufte sie noch irgendein Make-up. Wir hatten kaum Geld ausgegeben und hatten also Reserven für kleine Einkäufe bei nächsten Fahrten!

Durch Zufall gelangten wir an einen großen Platz. Von einem riesigen Lkw herunter wurden große Plastiktüten mit Orangen, Bananen, Schokolade und Konfekt verteilt!

Unmittelbar daneben gab es einen Stand, dort wurde köstliche Erbsensuppe ausgeteilt. Die Suppe war sehr heiß! Das tat gut, denn es war ziemlich kalt. Als wir uns die Nasen über der den Plastiktellern wärmten und die ersten Schluck Suppe die Speiseröhre herunterglitten, machte sich wohlige Wärme in unseren Körpern breit. Ein Gefühl der Zufriedenheit und Glückseligkeit stellte sich ein!

In diesem Moment läuteten die Glocken vom nahen Kirchturm. Aufgeschreckt flogen die dort hockenden Tauben in den blauen Himmel empor. Das erinnerte mich an Propagandaveranstaltungen in der DDR, bei denen man Friedenstauben aufsteigen ließ. Ich war emotional überwältigt! Mir kamen Tränen der Rührung!

Aus mir bis heute nicht nachvollziehbaren Gründen wurde ich an die Verkehrspolizeischule in Magdeburg-Rothensee versetzt. Ich hatte es gelernt, Befehle zu empfangen und bedingungslos auszuführen. So fungierte ich dort als Fachgebietsleiter und Fachlehrer. Ich brachte den künftigen Verkehrspolizisten bei, wie man einen Verkehrsunfall aufnimmt und bearbeitet. Dazu musste ich mich zunächst selbst in die Materie einarbeiten. Es war sehr interessant, und die Arbeit machte mir großen Spaß!

Einige Vorgesetzte waren wegen sehr enger inoffizieller Zusammenarbeit mit dem MfS ihres Postens enthoben worden. Zudem kamen „Berater" aus Niedersachsen und besetzten etliche Führungsposten. Die Berater kamen aus dem aktiven Polizeidienst oder aus der Polizeiverwaltung und hatten sich freiwillig für mindestens drei Monate für diese Aufgabe gemeldet.

Für diese Bereitschaft, ihren Dienst weit entfernt von ihrem ehemaligen Dienst- bzw. Wohnort zu versehen, erhielten sie monatlich eine finanzielle Zulage gezahlt. Unter sich nannten sie dieses recht stolze Sümmchen „Buschzulage"!

An der Verkehrspolizeischule waren wir noch „unter uns". Wir hatten erfahren, dass es in Braunschweig ein Porno-Kino gäbe. Dort würde gar DDR-Geld für die Entrichtung des Eintritts akzeptiert. Schnell waren Fahrgemeinschaften organisiert, und wir fuhren hin.

Tatsächlich! An der kleinen Luke im Eingangsbereich kassierte man gegen Vorlage des DDR-Personalausweises 12 DDR-Mark! Dann ging es in den Vorführraum, der eher an eine Gaststätte erinnerte. Man konnte an Tischen sitzen, und es gab sogar einen Kellner, der Getränke servierte. Für DDR-Geld natürlich nicht! An einer Wand befand sich die Projektionsfläche. Der jeweilige Film lief als Endlosschleife. Wenn also eine Stelle auftauchte, an die man sich erinnern konnte, hatte man den Streifen komplett gesehen. Eine Handlung gab es in gewissem Sinne schon, jedoch kaum Dialoge. Es war also egal, mit welcher Szene man mit der Betrachtung des „Filmkunstwerkes" begonnen hatte.

Eine Besonderheit gab es noch: Zusätzlich zu Bild und Ton gab es noch Geruch! Auf dem Weg zum Kinoraum befanden sich die Toiletten. Von dort strömte ein markantes Geruchsgemisch aus Toilettenstein und Urin in den Vorführraum.

Existenzangst

Immer mehr Führungskräfte der Volkspolizei wurden durch Polizeibeamte aus den Polizeien der „alten" Bundesländer ersetzt. Besonders deutlich zeichnete sich das bei der Polizei in Berlin ab. Dort praktizierte man die Strategie, alle Polizisten ab dem Dienstgrad Major zu entlassen und durch Kader aus Westberlin zu ersetzen. Ich war Major, und ich war es immer noch gewohnt, mich an Berlin und der Zentralregierung zu orientieren! Einen Föderalismus der Bundesländer gab es in der DDR nicht!

Was tun? Ich hatte keinerlei Sorge, wegen irgendwelcher inoffiziellen Zusammenarbeit, etwa durch Spitzeltätigkeit für das MfS, vom Dienst suspendiert zu werden. Das hatte ich nie getan. Aber wenn in Berlin Majore und Höhergestellte entlassen wurden, könnte das auch in Magdeburg passieren!

Ich trat die Flucht nach vorn an. In einer Regionalzeitung hatte ich ein Inserat gelesen. Ein kleiner Betrieb im Weserbergland suchte Arbeitskräfte in der Produktion und auch Lkw-Fahrer. Es wurde sehr gute Bezahlung und auch eine Betriebswohnung zugesichert.

Das Telefonsystem in der DDR war von sehr minderer Qualität, und Gespräche in die BRD funktionierten kaum. Deshalb fuhren Astrid und ich ins Weserbergland, um diesen Betrieb aufzusuchen. Es war ein sonniger Tag, und wir waren sehr angetan von dieser bewaldeten Gegend. Der Betrieb bestand aus einigen Flachbauten. Auf einer Freifläche standen zwei Kühltransporter. Es war ein Samstag, und es waren keinerlei Aktivitäten zu sehen. Das Tor zum Betriebsgelände war verschlossen. Unmittelbar rechts daneben befand sich eine große Villa.

Ein Herr, etwa in unserem Alter, trat heraus und fragte nach unserem Begehr. Ich schilderte ihm den Grund unserer Anwesenheit. Auch erklärte ich ihm, weshalb wir nicht einfach angerufen hatten, sondern persönlich vorsprechen wollten. Der Mann war sichtlich beeindruckt. Magdeburg war nicht nur einen

Steinwurf entfernt. Er lud uns zu einer Betriebsbesichtigung ein. Stolz zeigte er uns die sehr sauberen Arbeitsplätze. Aus Frischkäse wurden hier unter Zusatz verschiedener Kräuter, Gemüse oder Obst „Delikatess-Kugeln" hergestellt. Sie wurden dann mit den betriebseigenen Kühlzügen zu den Kunden transportiert.

Er fragte nach meiner bisherigen Tätigkeit. Als ich ihm sagte, ich sei Führungskraft bei der Polizei, schaute er mich sehr verwundert an und fragte mich, ob ich etwa künftig Quarkbällchen drehen wolle. Eindringlich riet er mir, wieder zurückzufahren, denn Polizei werde immer gebraucht!

Wenige Tage später wurde ich aufgefordert, mich im Innenministerium zu einem Personalgespräch einzufinden.

Inzwischen war die politische Umstrukturierung vollzogen. Es gab keine Bezirke mehr, dafür Bundesländer. Die ehemalige Bezirksbehörde der Volkspolizei beherbergte jetzt das Innenministerium von Sachsen-Anhalt.

Der Chef der Polizei, ein gestandener Offizier aus Niedersachsen, begrüßte mich und erklärte mir, dass man einen Polizeioffizier mit Erfahrungen im Stabsdienst suche. Alles andere würde der ebenfalls anwesende Referatsleiter Organisation mit mir besprechen. Dieser ging mit mir in sein Dienstzimmer und bombardierte mich mit Fragen zu meiner Person, meinem Werdegang in der Polizei, aber auch zu meiner Familie. Als ich ihm an einer Stelle ehrlich versichern konnte, nie Spitzeldienste für das MfS geleistet zu haben, seufzte er sehr erleichtert auf. Am nächsten Morgen begann ich meinen Dienst im Innenministerium als Referatsleiter Organisation!

Der Fragesteller vom Vortag war künftig mein „Berater". Er kam aus dem hohen Norden unseres Partnerlandes Niedersachsen. Er war in der Nähe von Aurich zu Hause und war dort Chef der Wasserschutzpolizei. Wir verstanden uns vom ersten Moment an sehr gut, sowohl dienstlich als auch menschlich.

Diese Abläufe und Prozesse verliefen in sehr rasantem Tempo. Ich formulierte es einmal so, dass „gediente Jahre", also Dienstjahre bei der Truppe, doppelt zählen würden, die Jahre während der „Wende" jedoch dreifach! Eine Gesellschaftsordnung war zerstört. Die politische Leitideologie des Sozialismus gab es nicht mehr!

Alle Offiziere des höheren Dienstes mussten an einem Lehrgang an der Polizei-Führungsakademie in Münster-Hiltrup teilnehmen. Unter uns sprachen wir spöttisch von „Entnazifizierung". Wir bildeten eine Fahrgemeinschaft und fuhren am späten Nachmittag in Magdeburg los. Wir wussten nicht, was uns erwartet, und waren sehr nervös und angespannt!

In der Nacht hatte ich sehr wenig geschlafen. Immer wieder schreckte ich hoch in Erwartung, ich würde aus dem Bett gezerrt und auf dem Hof standrechtlich erschossen! Das mag heute lächerlich und absurd erscheinen, aber ich glaube, die DDR-Verantwortlichen hätten das im umgekehrten Falle so angewiesen!

Während des Verlaufs eines Seminars schilderte ich freimütig meine Bedenken. Der Seminarleiter konnte sich zwar eines breiten Grinsens nicht erwehren, versicherte mir aber, dass er meine Bedenken verstünde. Sie seien jedoch absolut unbegründet! Polizei werde immer gebraucht!

Mir fielen die Worte des Firmenchefs der Fabrik für Käsekügelchen ein!

Die Wiedervereinigung

Wir bekamen neue Uniformen und sahen jetzt aus wie „West-Polizisten". Nur die gleichen Dienstbezüge bekamen wir nicht. Uns wurden nur 60 Prozent der vergleichbaren Vergütungen gezahlt. Wir wurden „auf Probe" verbeamtet und in diesem Zusammenhang mit neuen Amtsbezeichnungen versehen. Bei mir war es einer Degradierung gleichzusetzen. Als ehemaliger Major hätte ich die Amtsbezeichnung Polizeirat erhalten müssen. Auf meiner Ernennungsurkunde zum Beamten stand aber nur Polizeihauptkommissar, was dem früheren Hauptmann gleichzusetzen war. Natürlich war ich enttäuscht. Aber es siegte die Zuversicht! Ich war noch dabei, hatte wieder eine gesicherte Existenz! Nach gesetzlich vorgeschriebener Frist wurde ich Beamter und erhielt in diesem Zusammenhang auch die Dienstbezeichnung Polizeirat. Meine Welt war wieder in Ordnung!

Astrid hatte sich verändert! Eines Tages schlug sie vor, in den Dom zum Sonntagsgottesdienst zu gehen!

Die Frau, die einst unter Tränen die TV-Übertragung der Demonstration zu Ehren der gefallenen Sozialisten verfolgt hatte, die ohne Notwendigkeit Mitglied der SED geworden war, die bis nach der „Wende" die Mitglieder der Partei- und Staatsführung der ehemaligen DDR verehrt hatte, ging plötzlich zum Gottesdienst! Ich ging natürlich brav mit.

Bisher kannte ich das Innere von Kirchen nur im Zusammenhang mit Besichtigungen historischer Baukunst. Ich kann mich nicht mehr an das Thema der Predigt erinnern. Es war feierlich und beeindruckend, aber ich war hinterher froh, wieder an der frischen Luft zu sein.

Kurze Zeit später waren Wahlen in Sachsen-Anhalt angesetzt. Auf dem Domplatz fand eine große Kundgebung statt. Das Polizei-Musikorchester intonierte zackige Marschmusik. Einige Landespolitiker hielten Reden.

Dann ertönte die Nationalhymne. Alles schaute sehr gespannt nach vorn zur Bühne. Dann ertönte ein Schrei der Masse! Astrid, neben mir, schrie ebenso mit. Mir war bis dahin nicht bekannt gewesen, dass sie so eine kräftige Stimme hatte! „Helmut", schrie die Masse! „Helmut", schrie auch Astrid aus Leibeskräften! Auf der Bühne erschien der damalige Bundeskanzler Helmut Kohl.

Astrid kullerten wieder Tränen der Rührung die Wangen herunter!

Mit dem Bus nach Paris

Ich hatte von dem Angebot erfahren, mit einem Busunternehmen für 59 DM pro Person nach Paris fahren zu können. Wir hatten noch kein „Westgeld", die Währungsunion hatte noch nicht stattgefunden. Aber wir hatten ja noch eine stattliche Restsumme vom „Begrüßungsgeld" übrigbehalten!

An einem Freitagnachmittag Anfang März ging die Busfahrt los. Als es dunkel wurde, kuschelte sich Astrid in ihren bequemen Sessel und schlief. Ich konnte meine langen Beine nicht bequem ausstrecken, zudem war ich viel zu aufgeregt. Schon bei der Truppe musste ich immer wissen, was draußen los ist, wo ich gerade bin. So studierte ich die Vorwegweiser über der Fernstraße, bestaunte die taghell beleuchtete Autobahn in Belgien und sah im frühen Morgendunst die Skyline von Paris auftauchen.

Der Bus fuhr zunächst hinauf auf den Montmartre. Um diese Tageszeit ein öder Winkel. Auf einer Anhöhe befindet sich die Basilika Sacré-Cœur. Von der Freitreppe aus hat man einen herrlichen Blick über das Panorama von Paris. Danach veranstaltete der Busfahrer mit uns eine große Stadtrundfahrt. Natürlich gab es auch einen Halt an der Basilika Notre Dame. Ein ebenso beeindruckender Kirchenbau. Hinzu kommt die Assoziation mit Victor Hugos Roman *Der Glöckner von Notre Dame*, der ja mehrfach verfilmt wurde. Ich hüpfte auch über die eingelassene Metallplatte im Eingangsbereich der Basilika. Dieser Brauch bedeutet, dass man in seinem Leben noch einmal dorthin kommt.

Ich war jedoch noch nie wieder in Paris!

Gegen Mittag parkte unser Bus in der Nähe der Plaza de la Concorde. Wir erhielten Zeit zur freien Verfügung und sollten um 17 Uhr wieder beim Bus sein.

Was tun ohne Geld in den Taschen, um die in den umliegenden Restaurants angepriesenen Speisen zu probieren? Astrid hatte in ihrer Umhängetasche noch einige belegte Brote, die wir uns schmecken ließen.

Ich entdeckte die Möglichkeit, auf einem Flussschiff mitzufahren und mindestens zwanzig Brücken, die sich über die Seine spannten, zu bewundern. Das taten wir. Wir saßen sehr bequem unter der Plexiglaskuppel, die den Passagierraum überspannte. Die Märzsonne erzeugte treibhausähnliche Temperaturen unter dem durchsichtigen Dach. Astrid war erschöpft von der Reise und den bisherigen Aktivitäten. Sie schlief ein.

Nach der Seine-Fahrt drängte ich zum Eiffelturm! Ich meinte überzeugend, dass, wenn man schon in Paris sei, man auch auf dem Eiffelturm gewesen sein muss!

Eine sehr zeitaufwendige Unternehmung! Obwohl wir oben auf der Aussichtsplattform in der Spitze des Turmes nur etwa fünf Minuten verweilten, um einmal schnell Richtung Berlin zu schauen und einen Rundblick über Paris schweifen zu lassen, hatten wir mehr als zwei Stunden Zeit verbraucht. Sehr eiligen Schrittes hasteten wir zum Bus zurück. Pünktlich auf die Minute waren wir dort!

Es gab noch eine Stadtrundfahrt bei Nacht, die uns abschließend erneut nach Montmartre führte. Wir durften dreißig Minuten beim Moulin Rouge und den anderen Nachtvarietés herumlaufen. Etliche Male wollten mich die hartnäckigen Einlassanimateure ins Innere nötigen. Als ich ihnen das herausgezogene Futter meiner Hosentaschen präsentierte, ließen sie von mir ab.

Am späten Sonntagmorgen waren wir wieder in Magdeburg.

Mein erstes Auto

Am 1. Juli 1990 erfolgte die Währungsunion. Jeder DDR-Bürger konnte sein Bargeld in DM umtauschen. Bis zur Summe von 2.000 Mark der DDR erfolgte der Umtausch im Verhältnis 1:1! Das restliche Geld, auch die Sparguthaben, wurden 2:1 umgetauscht. Ein lobenswerter „Deal", denn auf dem Schwarzmarkt wurde ein Wechselkurs von 5:1 angewandt. Wir hatten jetzt „Westgeld"!

Ich erhielt das Angebot vermittelt, einen Trabant kaufen zu können. Der war „garagengepflegt" und nur bei schönem Wetter zu Fahrten in nahe gelegene Ausflugslokale genutzt worden. Allerdings Baujahr 1968! Aber der Trabant, aufgrund seiner Kunstharzverkleidung auch „Plastikbomber" genannt, war unverwüstlich. Es gab kaum Metallteile an der Karosserie, die hätten rosten können. Der Zweitaktmotor war robust und zuverlässig.

Mit dem Auto fuhren wir fast an jedem Samstag nach Niedersachsen und erkundeten Sehenswürdigkeiten und Städte. Diese Ausflüge nutzten wir auch zum Einkauf in sogenannten Schnäppchenmärkten. In unserem Umfeld gab es damals noch keinen Aldi oder Lidl.

Bald kannte ich den westlichen Harz wie meine Westentasche, und Städte wie Hannover, Celle, Braunschweig oder Königslutter wurden mir mehr als bekannt. Oft kam ich mit Menschen aus Niedersachsen oder anderen westlichen Bundesländern zusammen, die allerdings noch nie in den „neuen Bundesländern" gewesen waren!

Durch einen weiteren Glücksumstand konnte ich später günstig einen Pkw Wartburg kaufen. Ich organisierte einen „Fahrschul-Schnellkurs" für Astrid, und danach übernahm sie den Trabant.

Kurze Zeit darauf hatte ich die Chance, einen sogenannten Grauimport zu erwerben. Am Ortsrand von Halberstadt, „auf der grünen Wiese", verkaufte ein Autohändler aus Niedersachsen mehrere Lada. Zu DDR-Zeiten war der Lada ein Luxusauto! Das für mich reservierte Modell kam aus Belgien und hatte ein sehr sportliches Outfit. Am Heck eine „Querflosse" und im Frontbereich vier runde Scheinwerfer. Ich musste bar bezahlen. In den Folgetagen musste ich mit dem Auto zum TÜV und bekam danach erst ordnungsgemäße Kennzeichen. Dann gab es Fahrspaß pur! Vor allem zog ich keine „blaue Fahne" beißender Auspuffgase mehr hinter mir her!

Urlaub in Spanien

Ich sah Werbung für eine Busreise nach Spanien. In den Zeitraum der angebotenen Reise fiel mein Geburtstag. Die Spanienreise machte ich mir zum Geburtstagsgeschenk!

Der Bus benötigte zweiundzwanzig Stunden bis Lloret de Mar an der Costa Brava. Die Fahrtzeit war durch mehrere Pausen verlängert worden. An den angefahrenen Raststätten hatten wir Passagiere die dortigen Toiletten aufzusuchen. Es gab zwar im Bus auch eine Toilette, aber die beiden Busfahrer wollten sich deren Reinigung ersparen und ließen deshalb deren Nutzung nur im äußersten Notfall zu!

Im Zusammenhang mit der Nutzung der Rastplatz-Toiletten, insbesondere der dortigen Handwaschbecken, schämte ich mich für meine Landsleute. Es gab verschiedene Systeme der Funktion der Wasserhähne. Einmal gab es eine Taste in den Fliesen, auf die man treten musste, damit Wasser floss. Ein andermal gab ein Bewegungssensor unter dem Wasserhahn den Weg für das Wasser frei. Die Mitreisenden, die sich gerade mit der Technik des Tretens der Fliese vertraut gemacht hatten, sprangen ähnlich Rumpelstilzchen auf den Bodenfliesen herum und erzürnten sich, weil dennoch kein Wasser aus dem Wasserhahn floss. Nirgends gab es die altbekannten Drehventile.

Man kann auch lernen, indem man beobachtet. Viele beobachten nicht, was der Nachbar macht. Ich hatte immer problemlos und ausreichend Wasser zum Händewaschen!

In Lloret de Mar angekommen, wurden wir auf verschiedene kleine und mittlere Hotels aufgeteilt. Der Herr an der Rezeption musterte uns aufmerksam und gab mir dann den Zimmerschlüssel. Das Zimmer lag im rückwärtigen Teil des Gebäudes. Es war sehr schattig und kühl. Ein kleines Fenster mündete in einen Lichtschacht. Es waren keinerlei Geräusche zu hören!

Astrid begehrte, dass ich dem Herrn an der Rezeption eindeutig klarmachen solle, dass in den Reiseunterlagen ein Zimmer mit Balkon und Meerblick zugesichert worden war!

Ähnlich dem gepeinigten Mann im Märchen *Vom Fischer und seiner Frau*, ging ich zur Rezeption und trug mein Begehr vor. Der Rezeptionist runzelte ungläubig seine Stirn und gab mir einen anderen Zimmerschlüssel.

Jetzt hatte Astrid alles, was sie wollte! Das Zimmer lag in totaler Südlage, hatte einen winzigen Balkon, und wenn man sich sehr scharf nach rechts wendete, konnte man das Meer sehen. Unten verlief eine vierspurige breite Straße, die von sehr zahlreichen Lokalen gesäumt war. Direkt gegenüber auf der anderen Straßenseite befand sich eine Diskothek und daneben eine Freiluftgaststätte mit „Bull Riding".

Tagsüber heizte sich das Zimmer trotz der hölzernen Lamellen-Fensterläden unerträglich auf, und in der Nacht war dadurch an normalen Schlaf nicht zu denken. Hinzu kamen die grellen „Rufe" eines Gockelhahnes, die ertönten, wenn ein wagemutiger Tourist beim „Bull Riding" von der sich aufbäumenden Stierattrappe herunterfiel.

Die Diskothek war vorbildlich schallisoliert. Man wurde jedoch mit dem typischen überlauten Dröhnen der Musik konfrontiert, wenn jemand die Tür des Lokals öffnete, um hinein- oder herauszugehen. Dann saß man im Bett. Wenn die umliegenden Gaststätten schlossen, gab es immer Nachtschwärmer, die noch etwas trinken wollten. Es gab einige Getränkeautomaten an der Straße. Dort bediente man sich lautstark und nutzte regelmäßig Faustschläge oder kräftige Fußtritte, um die Funktionsweise des Automaten zu beschleunigen oder ihm das fehlende Wechselgeld zu entlocken.

Nachdem gegen 5 Uhr endlich Ruhe einkehrte, kam auch die Nachtkühle. Man hätte jetzt herrlich schlafen können! Aber kurz nach 6 Uhr erschien ein mit sehr breiten Besen ausgerüsteter mehrköpfiger Trupp von Straßenreinigern und fegte die Straße in ihrer vollen Breite bis zur Strandpromenade hinunter. Das Klappern der leeren Getränkedosen und das Klirren der leeren Flaschen, die vor den Besen hergeschoben wurden, waren noch sehr lange zu hören.

Wie zweckmäßig wäre doch das uns einst zugewiesene Zimmer gewesen!

Es war dennoch ein schöner Urlaub, denn wir hatten nicht einen Regentag dabei! Bisher hatte ich viele Jahre lang akribisch das Wetter in den Sommermonaten notiert. Aus dem „Extrakt" der jeweils letzten vier Jahre ermittelte ich die günstigste Urlaubszeit und hatte damit guten Erfolg. Maximal zwei Regentage gab es innerhalb des dreiwöchigen Urlaubs. Hier in Spanien hatten wir zwei Wochen lang identisches schönes Postkartenwetter!

Ich erklärte feierlich und bestimmt, dass ich als Pensionär meinen Lebensabend in Spanien verbringen wolle!

Astrid winkte nur ab und meinte, dass ihr das Klima zu heiß sei und bis zu meiner Pensionierung würde noch viel Zeit verstreichen und ich meine Meinung sicherlich ändern. Außerdem würde ich ja die Sprache nicht sprechen!

Entgegen allen ihren Erwartungen hielt ich aber hartnäckig an meiner Idee fest. Ich versorgte mich mit Informationen über Spanien, las Reiseführer und belegte an der Volkshochschule Abendkurse zum Erlernen der spanischen Sprache.

Personalangelegenheiten

Die Bediensteten im Polizeidienst in Sachsen-Anhalt wurden auf ihre ehemalige Zusammenarbeit mit dem Ministerium für Staatssicherheit überprüft. Die dienstliche Zusammenarbeit war obligatorisch und wurde nicht geprüft. Es ging vielmehr um die Personen, die freiwillig Spitzeldienste geleistet hatten, die für ihre Berichterstattungen einen Decknamen erhalten und unter diesem denunziert hatten. Zudem für diese Meldungen mit Geld- oder Sachwerten prämiert worden waren.

Es gab beim MfS ein riesiges Archiv, in dem alle Aktivitäten fein säuberlich registriert waren. Sämtliche Personen im Öffentlichen Dienst, die bei der Neuorganisation der Polizei übernommen werden sollten, wurden anhand dieser Aktenlage überprüft.

Es wurden dreiköpfige Arbeitsgruppen berufen. Zwei Beamte des Öffentlichen Dienstes aus Niedersachsen, wovon mindestens einer einen juristischen Abschluss besitzen musste, und ein höherer Beamter aus Sachsen-Anhalt. Dieser wurde selbstverständlich vorher gründlich ob seiner eventuell inoffiziellen Zusammenarbeit mit dem ehemaligen MfS der DDR überprüft. Ich wurde in eine dieser Anhörungsgruppen berufen!

Die jeweilige auf ihre Weiterverwendung zu überprüfende Person wurde anhand der Aktenlage zu den genauen Einzelheiten der illegalen Zusammenarbeit befragt, und anschließend wurde darüber entschieden, ob eine Weiterbeschäftigung vertretbar sei oder nicht.

Das war eine unangenehme Tätigkeit für mich. In erster Linie fungierte ich als „Dolmetscher" und „Sachverständiger" für das Dienstsystem im Öffentlichen Dienst der ehemaligen DDR, für Dienstpostenbezeichnungen und deren Charakteristik, gebräuchliche Abkürzungen und vieles andere mehr. Ich war der „Insider"!

Mit der Dienstbezeichnung „Politstellvertreter" konnten die anderen beiden Beamten der Überprüfungskommission, der ich angehörte, kaum etwas anfangen. Als Politoffiziere wurden vorrangig diejenigen eingesetzt, die kaum befähigt waren, eine militärische Einheit zu führen. Sie sollten die Truppen politisch agitieren, um die Kampfmoral und den Einsatzwillen zu forcieren. Was jedoch kaum gelang. Ich erklärte es an einem Beispiel: In einer Dienststelle lief ein dort Beschäftigter über den Flur und beobachtete, wie ein Politoffizier vor einem dort stehenden Aquarium kniete und seinen Kopf immer im Karree schwenkte. Auf den Zweck seiner Kopfbewegung angesprochen, meinte er zuversichtlich, er habe gehört, dass höher begabte Wesen wenig begabten Wesen ihren Willen aufzwingen könnten. Er wolle, dass die Fische im Aquarium nicht planlos hin und her schwimmen, sondern geordnet und akkurat im Karree. Als der Beschäftigte auf seinem Rückweg wieder an dem Aquarium vorbeikam, hockte der Politoffizier immer noch davor. Seinen Kopf bewegte er jedoch nicht mehr im Karree. Er schaute jetzt ausdruckslos ins Aquarium und öffnete und schloss seinen Mund, einem Karpfen gleich!

In den Sitzungen der Überprüfungskommission kamen „leichte Fälle" zur Diskussion, aber auch sehr viele Fälle schwerer und langfristiger Denunziation. Es war mitunter sehr erschütternd, erfahren zu müssen, wofür sich Menschen freiwillig hergegeben hatten. Sie hatten oft Familien zerstört, berufliche Karrieren beendet oder gar entscheidend dazu beigetragen, dass Personen aus politischen Gründen inhaftiert wurden!

Ich werde das Beispiel einer vierköpfigen Familie nie vergessen. Die allesamt erwachsenen Familienmitglieder hatten sich unter Nutzung eines Decknamens jahrelang gegenseitig bespitzelt und denunziert!

Einige Jahre später musste ich zur Kenntnis nehmen, dass über mich auch berichtet worden war: Meine eigene Ehefrau hatte mich als „politisch unzuverlässig" gemeldet!

Man könnte beinahe davon ausgehen, dass es in der ehemaligen DDR etwa 17 Millionen Einwohner gab und auch fast 17 Millionen Stasi-Spitzel!

Astrids neuer Job

Ein mir bekannter hoher Sportfunktionär der Bezirksorganisation der Sportvereinigung Dynamo hatte Astrid empfohlen, sie solle den Dienst in der VP-Poliklinik kündigen. Er habe eine neue und lukrative Anstellung für sie. Heute weiß ich, dass sie früher oder später sowieso entlassen worden wäre.

Astrid erhielt eine Anstellung bei der Kosmetikfirma Avon. Diese Firma agierte weltweit. In Deutschland mit der Marktstrategie des Haustürverkaufs. Die eigentlich recht hochwertigen Produkte konnten so kostengünstig angeboten werden, was jedoch bei einigen Skepsis auslöste. Was billig ist und in der Fernsehwerbung nicht zu sehen war, konnte ja nicht gut sein!

Astrid fungierte als Schulungsleiterin und hatte die von den zuständigen Bezirksleiterinnen rekrutierten Haustürverkäuferinnen, meist Hausfrauen oder weibliche Arbeitslose, mit den Produkten und ihrer Anwendung vertraut zu machen.

Der Schulungsbezirk erstreckte sich von nördlich von Thüringen bis an die Ostseeküste. Die jeweils zuständigen Bezirksleiterinnen organisierten Zusammenkünfte der frischgebackenen Avon-Beraterinnen. Astrid fuhr mit dem von der Firma gestellten Kleinwagen und einer Unmenge an Kartons und Verpackungen mit Avon-Produkten und Demonstrationsmaterial dorthin und hielt die Schulungen ab.

Als gelernte Kosmetikerin war sie in ihrem Element!

Astrid blieb auch oft über Nacht weg, denn meist waren die Schulungen am Nachmittag angesetzt und eine Heimfahrt wäre in die sehr späten Nachtstunden gefallen. Die anfallenden Übernachtungskosten und natürlich den verfahrenen Treibstoff bekam Astrid neben dem Honorar von Avon erstattet. Sie verdiente monatlich mehr als das Doppelte im Vergleich zu meinen Dienstbezügen. Uns wurden immer noch nur 60 Prozent der uns zustehenden Dienstbezüge gezahlt!

Damals gab es ja noch keine Navigationsgeräte, nur Straßenkarten. Damit konnte Astrid nicht umgehen. So hatte ich ihr, ähnlich wie beim Rallyefahren, Handzettel geschrieben. Fein säuberlich auf stabilen Registrierkarten hatte ich die komplette Wegstrecke aufgelistet. Wichtige Abzweige, Knotenpunkte und Ortsangaben waren darauf verzeichnet. Auch die fortlaufenden Kilometerzahlen und eine Zeitleiste. So etwas hatte ich ja an der Offiziersschule einmal gelernt!

Astrid hatte sich mit meinen Karten nie verfahren und war auch immer pünktlich am Zielort angekommen.

Die kompletten Honorarabrechnungen fertigte ich an. Das Ausgaben-Einnahmen-Buch führte ich ebenfalls und hielt engen Kontakt zum Steuerberater.

Astrid nutzte viel Zeit, um ihren persönlichen Farbtyp zu erfahren. Sie hatte gehört, dass man seinen Farbtyp kennen und unterstreichen muss, um größeren beruflichen Erfolg zu haben. Sie kaufte dann nur noch Bekleidung entsprechend diesem ermittelten Farbtyp. Zunächst war Marineblau ihre festgestellte Typfarbe. Als dann nur noch blaue Blusen, Röcke, Blazer, Strümpfe und Accessoires ihren sechstürigen Kleiderschrank füllten, stellte eine andere Farbexpertin alles infrage und empfahl Pink!

Einmal wurden die Schulungsleiterinnen aus ganz Deutschland zu einem mehrtägigen Seminar in ein Luxushotel eingeladen. An einem Nachmittag wurden sie in kleine Teams aufgeteilt und hatten einige kleine Aufgaben zu erfüllen. Es gab eine Zeitvorgabe!

Der versierte Schulungsleiter hatte ihnen unter anderem aufgetragen, mit einer Sofortbildkamera ein Gruppenfoto vom Team am Ortseingangsschild zu knipsen. Es war eine Spaghetti mit einem Knoten drin zu präsentieren und einige andere Aufgaben mehr. Es sollte auch eine Beraterinnenschulung wenige Tage nach der Rückkehr von diesem Seminar organisiert werden!

Zu Hause berichtete mir Astrid amüsiert, wie pfiffig sie es angestellt hatten, um beim ortsansässigen Fotografen eine Polaroid-Kamera auszuleihen, um das Foto am Ortseingangsschild machen zu können. Sie schilderte auch begeistert, wie sie es angestellt hatten, eine Spaghetti zu garen, um einen Knoten hineinmachen zu können. Das hätte natürlich alles viel Zeit in Anspruch genommen, sodass ihr Team gar nicht mehr dazu gekommen sei, eine Schulung zu organisieren. Mein Lächeln erstarb!

Der Posten des für Deutschland zuständigen Direktors von Avon wurde neu besetzt. Er gelangte zur Einschätzung, dass der Haustürverkauf auch ohne Schulung der dafür zuständigen Beraterinnen erfolgreich weiterlaufen werde. Die Schulungsleiterinnen wurden abgeschafft, jedoch nicht entlassen. Astrid bekam das Angebot, als Bezirksleiterin tätig zu werden. Ihr Firmenwagen wäre künftig ein Mittelklassewagen, und sie bekäme ein recht stattliches Grundgehalt. Zusätzlich wäre sie mit 25 Prozent am Umsatz der ihr unterstellten Beraterinnen beteiligt. Ein spektakuläres Angebot!

Zur Einweisung in die neue Aufgabe sollte sich Astrid bei der Regionalleiterin Ost vorstellen. Das Büro befand sich in Berlin, in der Nähe des Kurfürstendamms. Dort fuhren wir hin.

Auf der Fahrt nötigte mich Astrid mehrfach intensiv, umzukehren. Sie traue sich diesen Job nicht zu. Ich versuchte, sie zu beruhigen, und meinte, sie solle sich erst alles genau anhören.

Die Verantwortliche von Avon war sehr nett und erklärte ausführlich Astrids künftige Aufgaben. Sie hinterfragte auch einiges, und so entstand ein offenes und angenehmes Frage-und-Antwort-Spiel. Doch recht bald merkte die Dame, dass Astrid kaum über die Themen Verkauf, Umsatz, Provision, Steuererklärung und Rechnungswesen Auskunft geben konnte. So entwickelte sich die Unterhaltung zum Dialog zwischen der hochrangigen Avon-Mitarbeiterin und mir. Sie fragte mich spontan, ob denn nicht ich Avon-Bezirksleiter werden wolle. Ich musste leider ablehnen. Als Beamtem waren mir Nebentätigkeiten mit derart hohem Einkommen untersagt!

Astrid lehnte den angebotenen Job ab!

Wenig später machte eine sehr gute Bekannte Astrid mit einem Investor bekannt. Er hatte eine große und geräumige Wohnung im künftigen Regierungsviertel von Magdeburg erworben und besaß die Genehmigung, dort ein Kosmetikstudio einzurichten.

Der künftige Kosmetiksalon befand sich in exquisiter Lage. Etliche Verwaltungen und Ministerien befanden sich in unmittelbarer Nähe. Die Kundschaft wartete quasi vor der Studiotür. Der Investor besaß die Wohnung und hatte das Geld. Von Kosmetik hatte er kaum Ahnung. Astrid sollte ihr Fachwissen nutzen und den künftigen Schönheitssalon konzipieren und einrichten. Sie sollte dort die Geschäftsführerin werden!

Astrid hatte immer von einem eigenen Kosmetiksalon geträumt! Jetzt konnte dieser Wunschtraum in Erfüllung gehen! Ich freute mich riesig für sie!

Ich bat den Investor um exakte Lagepläne der Wohnung. Dann konzipierte ich den künftigen Schönheitssalon. Selbstverständlich gab es einen Kunden-Wartebereich mit Kaffeeautomat und Getränke-Bar. Wichtig war ein Bereich mit Waschmaschine und Trockner für Handtücher. Für die benötigten Apparate, Geräte und Behandlungsstühle fehlten mir konkrete Angaben. Astrid konnte mir dabei nicht helfen, sie meinte, dass heute alles anders sei als seinerzeit, als sie noch als Kosmetikerin gearbeitet hatte.

Beim Friseur stibitzte ich in den dort ausliegenden Fachzeitschriften einige Seiten mit relevanten Anzeigen. Unter der Legende einer geplanten Gewerbeeröffnung schrieb ich etliche dieser Firmen an und bat um Kostenvoranschläge. So erhielt ich konkrete Angaben zu Ausmaßen und Funktion der angebotenen Apparaturen, zu Geräten und Zubehör.

Zusammen mit meinem Einrichtungsplan und den eingeholten Kostenvoranschlägen suchten wir den Investor auf. Er war begeistert und fragte, ob ich Innenarchitekt sei. Der Startschuss war erfolgt! Doch er ging nach hinten los. Als er Astrid nach ihren Gehaltsvorstellungen fragte, nannte sie ihm spontan die Summe, die sie einst bei Avon verdient hatte. Der Investor bedankte sich höflich und versprach einen Rückruf. Auf den warte ich heute noch!

Ich hatte erfahren, dass in einer Magdeburger Privatschule die Stelle einer Ausbilderin für Kosmetik vakant sei.

Astrid lehnte zunächst mit der Begründung ab, so etwas hätte sie noch nie gemacht. Ich erklärte ihr, dass ich in meinem Leben auch viele Sachen irgendwann zum ersten Mal gemacht hätte. Ich versicherte ihr, dass der Mensch mit seinen Aufgaben wüchse!

Sie willigte ein. Ich schrieb ihre Unterrichtsvorbereitungen. Eine Zeitleiste für die Abarbeitung der Schwerpunkte des jeweilig vorgegebenen Ausbildungsinhalts, die Kurzform der Themeninhalte und anderes. Wie man so etwas macht, hatte ich ja an der Offiziersschule gelernt. Zugute kamen mir auch die Kenntnisse, die ich beim Studium der übersandten Prospekte der Kosmetik-Ausstattungsfirmen gesammelt hatte. So richtig anfreunden konnte sich Astrid aber nicht mit diesem Posten.

Nach einem knappen Jahr überwarf sie sich mit dem Chef der privaten Ausbildungseinrichtung und war plötzlich arbeitslos!

Ich war ja inzwischen verbeamtet, und wir bekamen beinahe 100 Prozent der uns zustehenden Dienstbezüge. Also konnte der finanzielle Verlust etwas abgefedert werden.

Wir haben wieder einen Sohn

Ich weiß nicht, wie Andreas es angestellt hatte, jedenfalls hatte er plötzlich Kontakt mit uns aufgenommen.

Das erste Treffen fand auf „neutralem Boden" statt. Was reiner Zufall war. Was für mich auch weniger von Bedeutung war, denn ich hegte keinerlei Groll gegen ihn. Eher hatte ich ein schlechtes Gewissen!

Das Treffen fand in einem Lokal in der Nähe von Aschersleben statt. Andreas hatte uns dorthin gebeten. Er führte dort eine Schulung für Jugendliche durch. Sie sollten mit den neuen Gepflogenheiten bei der Berufsbewerbung, der Gefahr des Drogenkonsums und anderen Themen, mit denen in der DDR aufgewachsene Jugendliche künftig konfrontiert werden könnten, vertraut gemacht werden.

Andreas war bei einer politischen Arbeitsgemeinschaft der Jungen Union (CDU), „Frischer Wind", angestellt. Sie führte politische Schulungen durch, entwickelte praktische Handzettel, gestaltete Broschüren und vieles andere mehr. Andreas arbeitete und wohnte in Bad Godesberg bei Bonn, der damaligen Bundeshauptstadt. Er war im Prinzip mit dem beschäftigt, was er immer gern machen wollte: Sozialarbeit mit Jugendlichen!

Nachdem er einst nach seinen „staatsfeindlichen Aktivitäten" vom Studium suspendiert worden war, hatte er sich durch kleine Arbeiten, Hilfsleistungen und alle möglichen Tätigkeiten seinen allernötigsten Lebensunterhalt verdient. Seine Wege führten ihn bis nach Greifswald. Dort liierte er sich mit einer älteren Schauspielerin, die ihm schließlich eine Anstellung als Komparse am dortigen Theater vermittelte.

Nach der politischen Wende und Grenzöffnung war Andreas in den „Westen" gegangen und hatte sich politisch engagiert.

Die Kontakte zwischen uns und Andreas wurden nun häufiger. Wir hatten wieder einen Sohn, der uns besuchen kam!

Als sich abzeichnete, dass Berlin erneut die Hauptstadt des geeinten Deutschlands werden würde, zog es Andreas dorthin. Er engagierte sich im Führungsgremium einer der neuen demokratischen Bewegungen. Eine der vielen Mitstreiterinnen war damals Angela Merkel. Sie hatte Andreas einmal gebeten, ihr ein Fahrrad zu besorgen, damit sie sich ein wenig sportlich fortbewegen könne. Damals wusste noch keiner, dass diese Frau eines Tages den Posten des deutschen Bundeskanzlers bekleiden würde!

Andreas stellte uns eines Tages Anke vor. Sie stammte aus Lutherstadt Wittenberg und war als Sekretärin bei einem schlitzohrigen Rechtsanwalt angestellt. Dieser hatte beim Berliner Katasteramt für eine Vielzahl von Immobilien mit ungeklärten Eigentumsverhältnissen seine Interessenvertretung im Auftrag seiner Klienten erklärt. Ein Berg an Arbeit, jedoch eine zu erwartende Gewinnspanne, welche die Mühen und Aufwendungen vergessen ließ!

Anke hatte Andreas als Adjutanten für den greisen Mann vermittelt. Der jedoch auf keinen Fall erfahren durfte, dass Anke und Andreas liiert waren!

Anke faszinierte mich! Nicht, weil sie etwas jünger war als Astrid. Sie hatte eine Ausstrahlung, die mich sehr stark beeindruckte. Wir unterhielten uns lange und unbeschwert miteinander. Bei der Verabschiedung umarmte mich Anke sehr innig und herzlich! Das war ganz spontan und ehrlich! Ich kann mich heute noch an diese Umarmung erinnern.

Andreas bekam einen BMW aus der 3er-Reihe als Dienstwagen gestellt, und sein Gehalt entsprach dem Vierfachen meiner damaligen Dienstbezüge. Andreas meinte, dass Geld immer zirkulieren müsse, und so hatte er am Ende des Monats jedoch weniger Rücklagen als ich. Er hatte sich einen Lebensstil angeeignet, der mindestens drei Niveaustufen über meinen Lebensmaximen war. Mir schien, er hatte den Kontakt zum Boden verloren.

Andreas ermittelte anhand von Familienstammbäumen, Registern in Standesämtern und Kirchen die infrage kommenden Erben. Diese wurden dann angeschrieben, die Interessenvertretung gegen eine fixierte Provision vertraglich vereinbart und die Erben zur abschließenden Firmierung aufgesucht. Gemeinsam mit dem alten Juristen reiste Andreas mehrfach in die USA, nach Israel und einige Male sogar nach Finnland.

Eines Tages waren alle rechtmäßigen Eigentümer der Immobilien ermittelt, und die üppigen Provisionen wurde kassiert. Der alte Rechtsanwalt begab sich wieder in seinen Ruhestand. Andreas und Anke waren arbeitslos!

Die Meinungsfreiheit

Ich war in der Deutschen Polizeigewerkschaft (DPolG) organisiert, gehörte zur Landesleitung und war Regionalredakteur für die monatlich erscheinende Gewerkschaftszeitung *Polizeispiegel*. Das war ein Hochglanzjournal, in dem die einzelnen Landesverbände in Artikeln und Fotos von ihren Aktivitäten berichten konnten. In der Mehrheit konnte man jedoch verschiedenste Inserate sehen, mit denen sich das Blatt finanzierte. Und man konnte damit viel Geld verdienen! Der Herausgeber revanchierte sich jährlich mit einem Presseball, der mit einem Prozentsatz der Werbeeinnahmen finanziert wurde. Es war stets ein rauschendes Fest, zu dem auch führende Vertreter aus Polizei, Politik und mittelständischen Unternehmen eingeladen waren.

Von den regionalen Gewerkschaftsgruppen erhielt ich kaum druckreife Beiträge. So musste ich meine monatlichen vier „Pflichtseiten" fast immer selbst gestalten. Aus der Presse, aus Rundfunk- und Fernsehbeiträgen entnahm ich relevante Themen und Berichterstattungen, um daraus Artikel für den *Polizeispiegel* zu tippen.

Einmal hörte ich einen Rundfunkkommentar über korrupte Machenschaften führender Politiker, die, aus Niedersachsen kommend, in Sachsen-Anhalt tätig geworden waren. Es kamen „Ungereimtheiten" bei der Zahlung von bestimmten Zulagen und Gehältern zur Sprache. Der damalige Innenminister wurde auch angeprangert.

Ich hatte mein Diktiergerät griffbereit und nahm den Beitrag auf. Der basierend auf dem Gehörten geschriebene Text füllte knapp zwei Seiten in der nächsten Ausgabe des Gewerkschaftsjournals. Ich war begeistert!

Weniger begeistert war wohl der Innenminister! Man stellte mich zur Rede und erklärte mir recht deutlich, dass es unter heutigen Bedingungen zwar eine Meinungsfreiheit gebe, man jedoch gegenüber seinem höchsten Dienstherrn eine gewisse Loyalität an den Tag zu legen habe!

Wenige Tage später fungierte ich nun als Leiter des Dezernats Personal in der weit entfernten Polizeidirektion Dessau. Es war eine total neue Aufgabe für mich! Zudem hatte ich einen täglichen Hin- und Rückweg zu meiner neuen Dienststelle von knapp 90 Kilometern Länge! Ich hatte eine kleine Arbeitsgruppe von versierten Personalsachbearbeitern unter mir. Einziger Wermutstropfen: Ich hatte mit einer sehr hohen Anzahl von Disziplinarverfahren und Entlassungen wegen inoffizieller Mitarbeit beim MfS zu tun. Ein Riesenberg an Ermittlungen, Aktenstudium, Schreibarbeit, Gesprächen und Entlassungsgesprächen war abzuarbeiten!

Als das erledigt war und die normale Personalarbeit wieder begann, wurde ich als Leiter des Polizeireviers in Zerbst versetzt. Vorteil war, ich brauchte täglich nur noch die Hälfte des bisherigen „Pendlerweges" zurückzulegen.

Das Eigenheim

Es ist wohl für jeden ein sehnlicher Traum, ein Häuschen zu besitzen, um darin wohnen zu können. Diesen Traum konnte ich mir nach der deutschen Wiedervereinigung erfüllen! Mein Dienstvertrag, später die Urkunde der Verbeamtung öffnete bei den Banken Türen und vor allem Ohren. Irgendwie auch Geldkassen!

Bis zur „Wende" hatten wir ja eine moderne Neubauwohnung in der Nähe der Kaserne der Bereitschaftspolizei bewohnt. Sofort, als sich die Möglichkeit bot, nahm ich einen Kredit auf und erwarb ein Fertigteilhaus in Gommern.

Das Haus hatte jahrelang eine alleinstehende Frau mit ihrer erwachsenen Tochter bewohnt. Das Haus war etwas heruntergekommen, denn beide Frauen waren überhaupt nicht handwerklich begabt und hatten auch kein Geld, um notwendige Reparaturen bezahlen zu können. Ich hatte ein Kabel entdeckt, das wohl eine der beiden zusammengeknotet hatte in der Hoffnung, dass dann Strom fließt!

Für mich begann eine Zeit der „Spätschichten"! Nach dem Dienst erledigte ich zunächst die dringendsten Reparaturen. Um die Wärmedämmung zu verbessern, täfelte ich die Innenwände der Räume. Eine kleine Firma versah die Fassade ringsum mit gedämmten Plastikplatten, die eine Klinker-Optik hatten. Der Heizkessel für die Warmwasserheizung musste entschlackt werden. Wenig später ließ ich einen Flüssiggastank aufstellen, und die Heizung wurde auf Gas umgestellt.

Ich montierte eine neue Küche und brachte einen Fliesenspiegel an den Wänden über den Arbeitsflächen an. Auch das Bad bekam neue Fliesen, und ich wechselte sämtliche Armaturen. Außer in Küche und Bad verklebte ich in allen Räumen Teppichboden. Die große Terrasse vor dem Haus überdachte ich mit einer Konstruktion aus transparenten Hohlkammerplatten. In der geräumigen Garage unter dem Haus fanden unsere beiden

Autos Platz. Ein Kellerraum war Astrids Avon-Lager, und ich hatte mir im ehemaligen Kohlenkeller eine Werkstatt eingerichtet. Für Stoppel, unsere Katze, hatte ich in einem Kellerfenster eine Klappe montiert, durch die hindurch sie ins Freie gelangen konnte, wann immer sie es wollte. In unserer ehemaligen Wohnung durfte sie ja nur auf den kleinen Balkon.

Aus dem Haus war ein wahres Schmuckstück geworden!

Nachdem ich der Leiter des Polizeireviers in Zerbst geworden war, animierte man mich, auch dort wohnhaft zu werden. Ich mietete eine sehr geräumige Wohnung in der Nähe des Polizeireviers. Auch nicht weit entfernt von einer weitläufigen Parkanlage. Diese Wohnung hatte jedoch nicht einmal einen Balkon! Ich war es gewohnt, im Sommer in bequemen Sachen auf der Terrasse zu sitzen. In der nahe gelegenen Parkanlage hätte ich mich zwar auf eine Bank in die Sonne setzen können, aber als Revierleiter konnte man das nicht mit entblößtem Oberkörper tun. Ich kam mir vor wie ein Tiger im Käfig! Stoppel ging es ähnlich. Sie saß stundenlang auf dem breiten Fensterbrett und schaute sehnsüchtig nach draußen!

Am Stadtrand von Zerbst war ein Siedlungsgebiet erschlossen worden. Die einzelnen Parzellen wurden unter den Bewerbern für einen Bauplatz verlost. Ich hatte Glück! Ich hatte genau das Los für den Bauplatz gezogen, den ich auserkoren hatte!

Das Haus in Gommern war ja schon verkauft und damit die ehemalige Hypothek getilgt. Ich nahm Kontakt mit einer renommierten Fertighausfirma auf und unterbreitete den Kostenvoranschlag dem Direktor der ortsansässigen Volksbank. Für mich als Polizeibeamten im höheren Dienst, zudem „Polizeichef" des Landkreises, war es keinerlei Problem, die gewünschte Hypothek mit außerdem sehr günstigen Zinsbedingungen zu erhalten!

Der Chef der Fertighausfirma erfüllte uns sämtliche Wünsche und Extrawünsche. Ohne Aufpreis. Nur für die angebaute Doppelgarage musste extra gezahlt werden.

In sehr kurzer Zeit entstand unser Traumhaus! Nach der Montage und dem Innenausbau nutzte ich meinen Jahresurlaub, um die Außenanlage zu gestalten. Es war viel Erde zu bewegen, Stauden mussten gesetzt werden, und ich pflanzte eine Hecke aus Fichten zur Grundstücksbegrenzung und als Sichtschutz. Vorn zur Zufahrt setzte ich einen flachen Zaun mit einem Automatik-Tor.

Der Unfall

An einem Samstag begann ich mit dem Ausbau des Bodenraums über der Doppelgarage. Der Boden war niedrig, und man konnte ihn nur sehr gebückt begehen, aber er bot Stauraum für Dinge, die man nicht ständig benötigt, wie etwa den Weihnachtsbaumschmuck oder die Osterdekoration. Über eine Klappleiter, die sich hinter einer Deckenplatte verbarg, konnte man in den Bodenraum klettern. Dort begann ich, Bretter längs zwischen den hölzernen Dachsparren zu montieren, um so einen bequem begehbaren Gang zu schaffen. Ich war allein zu Hause und hatte darum das Mobilteil des Telefons mit nach oben genommen.

Die Arbeit ging gut voran. Ich merkte jedoch, dass meine Pantoffeln an den Füßen unpraktisch waren. So beschloss ich, nach unten zu klettern, um mir feste Schuhe anzuziehen. Leichtsinnigerweise ging ich den Rücken zur Leiter gerichtet hinunter. Schon bei einer der ersten Stufen trat ich auf das Verlängerungskabel, das ich nach oben gelegt hatte, um Strom für die Handlampe und die Bohrmaschine zu haben. Ich rutschte nach vorn weg und krachte, mit der linken Ferse zuerst, auf den Betonboden der Garage. Mir war sofort klar, dass da etwas gebrochen war.

Ich brauchte Hilfe, die ich allerdings nur telefonisch herbeirufen konnte. Das Telefon lag jedoch oben im Bodenraum. Nochmals die Leiter zu nutzen, widerstrebte mir verständlicherweise. Das stationäre Telefon befand sich auf dem Schreibtisch in meinem Arbeitszimmer in der oberen Etage im Haus. So hüpfte ich auf dem rechten Bein aus der Garage heraus ins Haus. Durch den Flur die Treppe hinauf bis ins Arbeitszimmer. Bei jedem Hopser hörte ich ein Knirschen, als ob man Eiswürfel umrührt!

Ich rief in meiner Dienststelle an, und ein Streifenwagen brachte mich ins Krankenhaus. Diagnose: Fersenbeinfraktur! Mit vier „Stricknadeln" arretierte man, so gut es ging, die zahlreichen Knochentrümmer meines linken Fersenbeines. Fast auf den Tag genau zehn Jahre nach dem Riss der Achillessehne wieder eine Verletzung am linken Bein!

Erst am zweiten Tag meines Krankenhausaufenthalts besuchte mich Astrid. Sie gestand später, dass sie gehört hatte, man sei nach solch einem Unfall für immer behindert und könne sich im Extremfall gar nur noch im Rollstuhl fortbewegen. Sie konnte mit dieser Situation nicht umgehen. Sie wollte nicht mit einem Gehbehinderten zusammenleben, wollte mich nicht mit dem Rollstuhl vor sich herschieben.

Die Knochentrümmer sind recht gut wieder zusammengewachsen, und der Knochen sieht auf der Röntgenaufnahme einem normalen Fersenbein ähnlich. Ich konnte bald wieder laufen und auch wieder Autofahren.

Szenen einer Ehe

Während ich mit Schubkarre, Schaufel und Spaten arbeitete, um nach Fertigstellung des Hauses die Außenanlage zu gestalten, nutzte Astrid das schöne Wetter, um sich ausgiebig auf der neugestalteten Terrasse zu sonnen. Sie machte keinen Finger krumm! Sie erklärte mir eindeutig, dass sie nie den Wunsch gehabt hätte, in einem Haus zu wohnen. Die Wohnung hätte ihren Ansprüchen voll genügt. Sie würde viel lieber das viele Geld für Reisen, Bekleidung und Schmuck ausgeben. Sie wolle leben, aber nicht hier. Das Leben würde weiter weg stattfinden. Es sei nicht ihr Haus! Das Haus wäre nur mein Haus!

Dabei hatte sie bestimmt, welche Farbe die Dachziegel, die Fenster und die Hausfassade haben sollten!

Seit Astrid in die Arbeitslosigkeit gerutscht war, hatte sie sich komplett verändert. Sicherlich der Tatsache geschuldet, dass sie einst die vielbewunderte Avon-Vertreterin war, die „in der Welt" herumgekommen war, viel Geld verdient hatte und nun, Däumchen drehend, am Rand einer Kleinstadt wohnte. Während ich nun dagegen der erfolgreiche und bewunderte Polizeichef war!

Astrid begleitete mich zwar zu gesellschaftlichen Einladungen, Empfängen und Vernissagen, aber wohl eher in der Hoffnung, mehr Aufmerksamkeit zu erwecken als ich.

Dort war sie aber „nur" die Frau des Revierleiters.

In unserer Ehe „kriselte" es bereits lange Zeit. Sexuell herrschte auch schon jahrelang „Funkstille". Wir lebten zwar im gleichen Haus, aber jeder führte sein eigenes Leben.

Astrid schaute mit großer Begeisterung und Anteilnahme diverse Talkshows im Nachmittags- und Vorabendprogramm des Fernsehens. Dabei wollte sie nicht gestört werden! Später bereitete sie für sich einen Abendbrotteller und schloss sich damit im Schlafzimmer ein. Ihr erster Ehemann hatte wohl in ähnlicher Situation die Tür eingetreten, um sie angeblich zu vergewaltigen.

Hatte sie diesbezüglich ein Trauma? Ich wäre nie auf die Idee gekommen, Derartiges zu tun! Eine Frau zu vergewaltigen wäre für mich absurd. Auch ein außereheliches, amouröses Abenteuer einzugehen, ist mir nie in den Sinn gekommen. Ich musste auf dem unbequemen Klappsofa im Gästezimmer schlafen! Weil ich ab und an schnarchte!

Stoppel ging Astrid in weitem Bogen aus dem Weg und war dafür immer um ich herum.

Schließlich begann Astrid damit, mit mir nur noch schriftlich zu kommunizieren. Für Nichtigkeiten, wie einen nicht heruntergeklappten WC-Sitz nach Nutzung, nicht wegpolierte Wassertropfen im Handwaschbecken oder „Unordnung" in dem mir zugewiesenen Kühlschrankfach, kritzelte sie ihre Kritiken auf abgerissene Zeitungsränder oder Verpackungsreste und legte sie für mich gut sichtbar auf den Boden im Eingangsbereich. Dort stand auch ein Tisch, auf dem sie die „Botschaften" hätte ablegen können. So musste ich mich bücken! Das erinnerte mich an Iwan den Schrecklichen, der ja die Türöffnung in seinem Thronsaal niedriger machen ließ, um seine Besucher zu zwingen, sich vor ihm zu verneigen.

Wenn ich nach dem Dienst nach Hause kam, huschte Astrid aus dem Wohnzimmer und verbarrikadierte sich im Schlafzimmer. Wir sprachen nicht mehr miteinander!

Später begleitete sie mich auch nicht mehr zu offiziellen Anlässen. Ich entschuldigte sie dann mit Migräne und anderen Unpässlichkeiten.

Ich schlug ihr vor, einen Schlussstrich zu ziehen und unsere Beziehung neu zu beginnen. Astrid fand die Idee brauchbar, machte jedoch zur Bedingung, dass wir die bereits zurückgelegten Ehejahre sehr ausführlich und kritisch Revue passieren lassen und sämtliche kritikwürdigen Konflikte und Ereignisse ausdiskutieren müssten!

Astrid wusste ganz genau, dass sie ich mit dieser Methode übervorteilen würde. Sie konnte sich noch nach vielen Jahren an ganz konkrete Einzelheiten, wie Garderobe, Mienenspiel und Wortwahl, erinnern. Ich bestand auf dem absoluten Schlussstrich und einem Neubeginn ohne „Talkshow"!

Bei einer Psychologin, die sich auf Eheprobleme spezialisiert hatte, verabredete ich einen Termin und bat Astrid, ihn mit mir gemeinsam wahrzunehmen.

Astrid stieg nicht zu mir ins Auto. Sie fuhr mit ihrem Pkw. In der Praxis der Psychologin nahmen wir auf dem zugewiesenen Zweiersofa Platz. Astrid presste sich gegen die Lehne auf ihrer Seite.

Mit unserer Zustimmung verfolgten fünf Psychologiestudenten per Videoübertragung das Therapiegespräch im Nebenzimmer. Nach einer reichlichen Stunde beendete die Psychologin die Sitzung. Die Studenten schilderten ihren Eindruck und stellten übereinstimmend fest, dass diese Ehe nicht mehr zu retten sei. Die Psychologin meinte dennoch einen kleinen Hoffnungsschimmer zu sehen. Sie erteilte uns die Aufgabe, in je einem Brief an den Partner drei Punkte aufzuführen, die nötig wären, um ein Versöhnungsgespräch herbeizuführen.

Astrids Brief habe ich nie erhalten!

Ich zog den endgültigen Schlussstrich und reichte die Scheidung ein.Was wohl eher eine ohnmächtige Trotzreaktion war.

Karge Zeiten

Der Scheidungstermin war erst in einigen Wochen anberaumt. Als ich eines Tages vom Dienst nach Hause kam, fuhr gerade der Lkw einer Möbelspedition los. Astrid fuhr mit ihrem Auto hinterher. Sie war ausgezogen!

Astrid hatte auf den Lkw aufladen lassen, was ihr für den eigenen Gebrauch wichtig erschien, aber auch Dinge mitgenommen, um mich zu ärgern. Etwa die Stereoanlage, obwohl sie gar nicht wusste, wie diese bedient wird.

Natürlich waren die Waschmaschine und der Kühlschrank sowie das TV-Gerät nicht mehr da. In den Schränken befanden sich keinerlei Dinge, die an Astrid erinnern konnten. Auch sämtliche Fotos aus unserer gemeinsamen Schul- und Jugendzeit, auch von den ersten Jahren mit Andreas hatte sie mit sich genommen. Die wuchtige lederne Sitzgarnitur im Wohnzimmer war noch da.

Am nächsten Tag musste ich feststellen, dass Astrid unser gemeinsames Konto geplündert hatte. Es war nur noch ein kleiner zweistelliger Betrag ausgewiesen! Sollte ich meine Ehefrau wegen Diebstahls anzeigen?

Erst immer nach der nächsten Zahlung der monatlichen Dienstbezüge konnte ich allmählich die fehlenden Geräte ersetzen. Es gab eine Filiale des Versandhauses Quelle im Ort. Man konnte dort Bestellungen aufgeben, aber auch preisreduzierte Artikel kaufen, die beim Transport beschädigt worden waren oder von zahlungsunfähig gewordenen Teilzahlungskunden zurückgefordert worden waren. Ich nutzte einige dieser Sonderangebote und füllte damit die Lücken, die Astrid bei ihrem Auszug hinterlassen hatte.

Gemeinsame Bekannte von uns berichteten mir, dass Astrid eine kleine Wohnung in einer typischen Plattenbausiedlung in Magdeburg bezogen hätte. Nahe dem Friseur- und Kosmetiksalon, in dem sie wieder als Kosmetikerin arbeitete. Dort war sie Anfang der 1980er Jahre angestellt gewesen! Astrid hatte sich vom Lebensniveau her um knapp zwanzig Jahre zurückversetzt! Sie tat mir ein wenig leid.

Gemeinsam mit einem Bekannten half ich ihr an mehreren Wochenenden bei der kompletten Einrichtung ihrer Wohnung. Es gab viel zu montieren, Dübellöcher in die Betonwände zu bohren, Regale anzubringen und Bilder aufzuhängen. Ich war immer noch der Meinung, ich könnte Astrid umstimmen, einen gemeinsamen Neubeginn zu starten.Die Scheidungsklage hätte ich jederzeit zurückziehen können!

Sie bedankte sich bei mir für meine Hilfe mit einem Sachgeschenk, einem Scheck für eine Fahrt mit dem Heißluftballon. Ich hatte mich nie für solch eine abenteuerliche Fahrt interessiert!

Heute wage ich anzunehmen, dass Astrid spekuliert hatte, noch vor der Scheidung die Witwenpension zu erhalten.

Die Fahrt mit dem Heißluftballon war ein unvergessliches Erlebnis! Gitta, eine gute Freundin, hatte sich auch ein Ticket gekauft, und so waren wir gemeinsam auf dieser spektakulären Flugreise!

Kurze Zeit später erfolgte die Scheidung zwischen Astrid und mir. Wie üblich verpflichtete mich das Gericht zu einer finanziellen Ausgleichszahlung an Astrid, diese Summe ging in ihr Rentenkonto ein. Astrid verzichtete „großzügig" auf ihren Anteil an unserem gemeinsamen Eigenheim. Sie betonte nochmals, dass sie sich nie mit diesem Haus identifiziert hätte. So hatte ich die Tilgungsrate der Bankhypothek allein zu tragen!

Astrid hatte mich wenig später erneut überrascht! Dieses Mal war es mit einem derben Leberhaken eines Profi-Boxers vergleichbar. Sie hatte die Steuerklasse gewechselt, um weniger als 1.000 DM zurückgezahlt zu bekommen. Ich dagegen wurde zu einer Steuernachzahlung in Höhe von mehr als 7.000 DM aufgefordert!

Teile der Summe borgte ich mir bei Vati und meiner Tante Gisela. Die Steuerschuld war ordnungs- und fristgemäß getilgt. Ich hatte jedoch kein Geld übrig, um meinen gewohnten Lebensstandard aufrechtzuerhalten. Am Futter für Stoppel sparte ich jedoch nicht!

Zum Frühstück gab es für mich das gewohnte Müsli mit Milch und eine Banane dazu. Zum Mittag ging ich nicht mehr mit meinen Kollegen in die Kantine der Dienststelle zum Essen. Ich brühte mir eine Instant-Suppe im Plastikbecher. Es gab auch Becher mit Kartoffelbrei. Der brachte eher ein Sättigungsgefühl! Zum Abendessen gab es nochmals einen solchen Becher oder eine dünne Scheibe Vollkornbrot mit Quark oder nur dünn mit Butter bestrichen. Ernährungsexperten hätten meine Ernährungsweise sicherlich gelobt, aber es ließ sich keiner von denen sehen, um mir Lob zu zollen oder mich gar zur Belohnung zum T-Bone-Steak-Essen einzuladen!

Ich hatte auch kein Geld mehr, um wie gewohnt ins Konzert zu gehen. Da half mir Gitta! Sie bezahlte die Eintrittskarten, und ich spendierte die Fahrt mit meinem Auto. Für Benzin hatte ich immer Geld! So wie andere fürs Rauchen!

Gitta

Gitta hatten Astrid und ich auf dem Heimweg nach einer kläglichen Kabarettveranstaltung kennengelernt. Es war schon dunkel, und wir begleiteten die ältere Dame bis an ihre Haustür.

Später luden wir sie ein, uns auf unseren Samstagfahrten in den Harz oder zu anderen Sehenswürdigkeiten zu begleiten. Ihr Sohn wohnte mit seiner Familie in Berlin und ihre Tochter auch weit weg in Chemnitz.

Gitta war gebildet, hatte sehr gute Manieren, war sehr korrekt, offen und ehrlich. Zwischen uns entstand eine sehr enge Freundschaft, und für Astrid war sie wie eine mütterliche Freundin. Umso mehr verstand ich überhaupt nicht, dass Astrid ihr nach unserer Scheidung die ultimative Frage stellte, ob sie weiterhin den Kontakt zu mir aufrechterhalten würde. Als Gitta dies bejahte, erklärte ihr Astrid, dass sie nunmehr jeglichen Kontakt zu ihr abbricht!

Dieses Ultimatum stellte Astrid all unseren gemeinsamen Bekannten. Auch Andreas befragte sie, und als dieser erklärte, dass ich doch sein Vater sei und er selbstverständlich weiterhin Kontakt mit mir pflegen werde, brach sie den Kontakt mit ihrem leiblichen Sohn ab. Seither hatte sie nie wieder Kontakt mit ihm aufgenommen!

Ich war gern mit Gitta zusammen. Sie fand immer ein Gesprächsthema, über das wir angeregt plauderten. Wir entdeckten viele Gemeinsamkeiten. Der Altersunterschied spielte für mich keine Rolle. Wir ergänzten uns perfekt! Eigentlich das ideale Paar! Ich bat Gitta, mich zu Anlässen zu begleiten, bei denen früher Astrid an meiner Seite war.

Keiner nahm Anstoß daran.

Endlich wieder einmal Urlaub in Spanien

Vier Jahre lang hatte ich keinen richtigen Urlaub gemacht. Höchstens einmal einen Tagesausflug. Den Rest der Zeit hatte ich immer genutzt, um im und am Haus zu werkeln oder den Garten zu pflegen.

Ich erinnerte mich an meine große Sehnsucht: Spanien!

Damals war ich Stammkunde beim ortsansässigen Mazda-Autohaus. Mit der Geschäftsführerin hatte ich ein sehr gutes Einvernehmen, und so bekam ich immer spätestens nach drei Jahren das neueste Modell als Leasing-Fahrzeug. Jetzt wählte ich einen Kombi.

Ich kaufte eine Luftmatratze und einen Schlafsack aus ehemaligen NVA-Beständen. Als damaliges ADAC-Mitglied forderte ich umfangreiches Kartenmaterial für Spanien an. Meine Idee war, mit dem neuen Auto nach Spanien zu fahren, dort, wo es mir besonders gefallen würde, zu verweilen und im Auto zu übernachten. Für Übernachtungen in Pensionen oder gar Hotels hatte ich keine Finanzreserven.

Als ich Gitta in meine Pläne einweihte, meinte sie, dass ich so Gefahr laufen würde, von der spanischen Polizei aufgegriffen zu werden. Welcher Skandal! Ich als Polizeibeamter im höheren Dienst als Landstreicher festgenommen!

Gitta schlug mir eine „zivilisierte" Variante vor. In der Nähe von Barcelona wohnte ihre ehemalige Schwägerin Helga. Von der wisse sie, dass diese im Auftrag der Besitzer deren kleine Ferienhäuser betreuen würde. Sicherlich könne sie mir ein solches Ferienhaus preisgünstig vermitteln.

Helga meldete sich umgehend und bot ein Ferienhaus für einen Preis von knapp 900 DM für zwei Wochen an. Ich bedankte mich bei Gitta für ihre Bemühungen und erklärte, dass ich mit meiner Barschaft maximal die Hälfte dieser Miete decken könnte und ich dann doch die „Landstreicherei" riskieren wolle.

Wie ein professioneller Pokerspieler zog Gitta ein Ass aus dem Ärmel! Sie bot an, sich an der Hälfte sämtlicher anfallender Kosten zu beteiligen, wenn ich sie auf diese Reise mitnehmen würde. Begeistert willigte ich sofort ein, und so fuhren wir Anfang April über die Osterfeiertage für zwei Wochen nach Spanien.

Es war eine sehr schöne Fahrt! In der Gegend um Heidelberg blühten schon die Bäume. Je weiter wir nach Süden fuhren, umso grüner wurde die Landschaft rechts und links von der Autobahn. Hier sah es schon so aus wie bei uns im Mai.

In Spanien angekommen, fuhren wir zu Helga. Sie wohnte in einem geräumigen Haus. Der Ort Cunit gehört zur Provinz Tarragona in Katalonien, direkt am Mittelmeer an der Costa Dorada, der Goldenen Küste, gelegen.

Helgas und Gittas Wiedersehensfreude war riesig. Viele, viele Jahre hatten sie sich nicht mehr gesehen. Nur ab und an hatten sie sich Briefe zugesandt. So gab es viel zu erzählen. Nach dem Abendessen zeigte uns Helga das Ferienhaus, das sie für uns reserviert hatte.

Das Haus war nur einen Steinwurf vom Strand entfernt. Man konnte das Meer zwar nicht sehen, jedoch das Rauschen der Wellen deutlich hören. Es gab für jeden von uns ein separates Schlafzimmer. Im Haus gab es ein Wohn- und Esszimmer, eine bequeme Küche, ein kleines Bad mit Dusche, eine sonnige Terrasse und einen schattigen Hof.

Helga gab uns wertvolle Ratschläge zu lohnenden Ausflugszielen und Sehenswürdigkeiten. So fuhren wir täglich gleich nach dem Frühstück mit dem Auto auf Erkundungsfahrt. Ich war sehr beeindruckt von der Landschaft und den vielen Sehenswürdigkeiten, die hier existierten.

Meist kehrten wir erst am späten Nachmittag zurück und nutzten dann noch die Zeit bis zum Abendessen, um im Meer zu schwimmen. Es gab kaum Menschen, die ins Wasser gingen. Mit einer Temperatur von 16 Grad war es für spanische Verhältnisse eisig. Wir waren jedoch die kalten Steinbruchseen in unserer Heimat gewöhnt, und so war es für uns eine normale Wassertemperatur.

Einmal, es war Wochenmarkt, schlenderten wir durch die Stände, an denen Obst und Gemüse angeboten wurde. Es gab schon Erdbeeren! Ich war nur mit kurzer Hose und einem T-Shirt bekleidet, und dennoch war mir beinahe zu warm. Da kamen mir Spanier entgegen, die warme Wintergarderobe trugen! Frauen mit Pelzmantel und gar Handschuhen waren dabei. Für die Spanier war es noch Winter! Wir amüsierten uns köstlich.

Dann kam der Moment des Abschieds. Helga hatte sehr genau beobachtet, dass es mir in Cunit und Umgebung ausnehmend gut gefallen hatte. Sie sprach die Vermutung aus, dass ich sicherlich lieber hierbleiben würde, als nach Deutschland zurückfahren zu müssen. Ich bejahte und bedauerte, dass ich noch acht Jahre bis zur Pensionierung Dienst tun müsse. Schmunzelnd warf ich ein, dass ich jedoch sofort bleiben würde, sollte mich eine reiche Spanierin nett finden und mit mir leben wollen. Helga hinterfragte, ob es auch eine Deutsche sein könne. Begeistert sagte ich ja, denn dann fielen ja die Verständigungsschwierigkeiten weg. Daraufhin schmunzelte sie spitzbübisch.

Wally

Ich war schon einige Wochen vom Spanienurlaub zurück, und der Dienstalltag hatte mich wieder. An einem späten Abend erhielt ich einen Anruf. Eine sehr angenehme Frauenstimme erklärte mir, dass wir eine gemeinsame Freundin in Spanien hätten. Sie heiße Wally und sei eine sehr gute Freundin von Helga. Diese hätte ihr von mir berichtet, insbesondere, dass ich früher oder später sehr gern in Spanien leben wolle. Sie sei zwar weder eine reiche Spanierin noch eine reiche Deutsche, aber man könne sich ja einmal kennenlernen. Sie lud mich in ihr Haus nach Comarruga ein.

Ein paar Tage später feierte ich meinen Geburtstag im kleinen Familienkreis. Vati und seine Frau Doris waren da. Meine Schwester mit Schwager Fred. Meine Lieblingstante Gisela mit ihrem Eberhard und natürlich Gitta.

Ich hatte Spezialitäten wie spanischen Schinken, Käse, Oliven und natürlich Rotwein besorgt und so einen spanischen Abend kreiert. Mit dem Drucker hatte ich zigfach die spanische Flagge ausgedruckt und daraus eine lange Wimpel-Kette gebastelt. Mit typischen Petanca-Kugeln spielten wir einige Runden und ruinierten dabei meinen gepflegten Rasen etwas. Die Franzosen sagen Boule, die Italiener Boccia zu diesem Spiel mit stählernen Wurfkugeln.

Dieser Abend war gewissermaßen mein Abschied vor der bedeutenden Reise nach Spanien. Drei Tage später saß ich im Flieger in Richtung Barcelona. Ich war mit einem schwarzen Overall bekleidet. Damals konnte ich so etwas noch tragen, und Schwarz macht ja zudem noch schlank!

Es gab wohl Probleme bei der Landung, jedenfalls war auf der Anzeigetafel in der Empfangshalle im Terminal noch nicht vermeldet, dass der Flieger aus Berlin schon gelandet war. Ich ging suchend durch die Menschenmassen und entdeckte Helga, die in Begleitung einer recht attraktiven Frau auf einer Bank saß und gemeinsam mit ihr gespannt auf die Anzeigetafel starrte.

Als ich direkt vor Helga stand und sie ansprach, erschrak sie sichtlich. Ich war für sie ein Phantom! Sie wähnte mich noch immer in der Luft, und zugleich stand ich leibhaftig vor ihr! Dann gewann sie ihre Fassung wieder und stellte mir Wally vor. Im ersten Moment waren wir beide positiv überrascht voneinander! Helga, die alles aufmerksam verfolgt hatte, konnte sich des Lächelns einer Kupplerin nicht erwehren!

Wir gingen nach draußen, um mit Wallys Auto nach Cunit zu fahren. Der Parkplatz war zwar riesig, hatte jedoch mit Buchstaben markierte Gassen und Nummern an den einzelnen Standplätzen. Wally konnte sich jedoch nicht erinnern, wo sie ihr Auto abgestellt hatte.

Ich ergriff die Initiative und organisierte eine Suche. Von der linken äußersten Gasse ausgehend, schlug ich vor, dass jeder von uns eine Gasse absucht, um das Auto aufzustöbern. Danach die nächsten drei Parkgassen. Wally meinte jedoch mit absoluter Bestimmtheit, dass sie ihr Auto mehr zentral abgestellt hätte. Wie begannen in der Mitte zu suchen. Jeder in einer Gasse. Die endlos lange Reihe hinauf, dann die dritte Reihe wieder hinunter. Es hatte eine Temperatur von 29 Grad im Schatten und ich einen schwarzen Overall an!

Mein Koffer hatte kleine Räder mit Gummireifen. Bei der Hitze waren die Gummis geschmolzen oder von den Rädern gerutscht. Ich zerrte ihn auf den winzigen Felgen hinter mir her.

Ein Parkplatzwächter kam mit seinem Moped daher. Wally erklärte ihm unser Problem und nannte ihr Autokennzeichen. Der junge Mann kam schon nach wenigen Minuten zurück und meldete den Standort des Pkw. Er stand in der zweiten Reihe von links! Ein „Zeichen Gottes", das ich wieder einmal übersah!

Wir fuhren nach Cunit, um Helga abzusetzen. Wenige Autominuten später waren wir in Comarruga. Wally wohnte in einem Reihenhaus mit zwei Etagen. Die Häuser hatten einen gemeinsamen Keller, der als Tiefgarage diente. So musste man draußen über eine kurze Treppe gehen, um ins Haus zu kommen. Im Parterre gab es ein Wohn- und Esszimmer, die Küche und ein WC. Eine Treppe führte vom Wohnzimmer aus hinauf in die zwei Schlafzimmer und das Bad in der zweiten Etage. Das Haus war eher klein, aber sehr zweckmäßig gestaltet. Dagegen war mein Haus in Zerbst ein Palast! Was es bei mir zu Hause jedoch nicht gab, das waren wertvolle Porzellane, Kelche, Gemälde und Lüster, auch Gestecke aus hochwertigen Kunstblumen, die Wally überall drapiert hatte. Es fand sich kaum ein Platz, auf dem man eine Notiz auf einen Zettel hätte schreiben können!

Das Highlight des Haushaltes war für mich jedoch Jule, eine Rauhaardackel-Dame! Vom ersten Moment an war ich ihr Favorit! In meinem gesamten Leben habe ich immer wieder feststellen können, dass mich Tiere sofort mögen und mir gegenüber zutraulich sind. Jule liebte mich abgöttisch!

Die neue Liebe

Übereinstimmend stellten wir alsbald fest, dass wir recht gut harmonieren und eine Partnerschaft probieren sollten. Im September besuchte mich Wally in Zerbst.

Sie kam mit ihrem Auto. Ich fuhr ihr entgegen und erwartete sie auf einem Autobahnrastplatz. Ich hatte ein großes Transparent mit der Aufschrift „Bienvenidos" und einigen Herzchen versehen an zwei Besenstielen befestigt. Das positionierte ich unweit der Einfahrt zum Rastplatz auf der Grünfläche direkt vor meinem geparkten Auto.

Eine äußerst attraktive Frau hielt und bedauerte, dass dieser Empfang nicht ihr galt.

Dann kam Wally! Sie freute sich sehr über meine Idee! Dann fuhr ich mit meinem Auto voran und lotste sie so nach Zerbst.

Wally war äußerst beeindruckt von meinem Haus. Jule flitzte gleich durch den Garten und schnüffelte hier und dort sehr interessiert.

Stoppel kam herangeschritten, um mich freudig zu begrüßen und um neugierig die Ankommenden zu beäugen. Als sie Jule sah, sträubte sich ihr Fell, und sie nahm Reißaus nach oben in mein Arbeitszimmer. Von Stund an war das ihr Hauptaufenthaltsort. Dennoch huschte sie ab und zu wie gewohnt durch ihre Katzenklappe hinaus ins Freie.

Jule hielt sich nur im unteren Bereich des Hauses auf. Dackel, mit ihren sehr kurzen Beinen, mögen nicht gern Treppen steigen. So gingen sich Hund und Katze ständig aus dem Weg.

Wally gefiel es sehr bei mir und mit mir. Sie blieb ein paar Wochen, ehe sie wieder nach Spanien zurückfuhr. Ein gutes Zeichen, schien mir!

Ich hatte Wally auch von Gitta erzählt, und die beiden Frauen miteinander bekannt gemacht. Enttäuscht musste ich feststellen, dass die „Chemie" zwischen den beiden nicht stimmte. Man nennt so etwas wohl auch „Stutenbissigkeit".

In den folgenden Monaten und Jahren kam Wally oft für mehrere Wochen und Monate nach Deutschland, und wir lebten wie ein Paar in meinem Haus. In der anderen Zeit nutzte ich angesparte Überstunden, kombiniert mit Feiertagen oder langen Wochenenden, für einen mehrtägigen Besuch bei Wally und Jule. Eine nette Nachbarin versorgte während dieser Zeit immer Stoppel. Ich nutzte ständig den Flieger, um Zeit zu sparen.

Eines Tages bemerkte Wally, dass ihr Reihenhaus zu klein für uns drei sei. Vor allem Jule bräuchte einen Auslauf direkt am Haus. Sie hatte gehört, dass in Cunit ein attraktives Haus mit weiträumigem Terrain zum Verkauf stünde. Wally hatte die Adresse der deutschen Besitzerin erfahren, und so fuhren wir auf der nächsten gemeinsamen Autotour nach Deutschland zurück einen kleinen Umweg, um die Besitzerin aufzusuchen.

Am Geldautomaten hob ich 2.000 DM von meinem Konto ab. Das Geld legte ich vor der alten Dame auf den Tisch. Bis zum direkten Kauftermin vereinbarten wir eine Miete mit einem monatlichen Mietzins von 650 DM! Ich stimmte dem zu, obwohl ich nicht wusste, wie ich monatlich diese Summe bestreiten sollte. Also weiterhin Brühsuppe im Plastikbecher!

Wally hatte eine Idee! Sie besaß einen väterlichen Freund und Wohltäter in Frankfurt. Vor Jahren hatte sie seine dahinsiechende Mutter gepflegt und betreut. Sie bewohnte während dieser langen Zeit seine Wohnung in der zweiten Etage seines eigenen Mietshauses. Helmut wohnte unten bei seiner Mutter. Als die Mutter starb, räumte er Wally dauerndes Wohnrecht in seiner Wohnung ein. Er blieb in der unteren Wohnung.

Helmut war wohl ein wenig schrullig. Seine beiden Schwestern führten ein Schmuckgeschäft in Frankfurt auf der Königsallee, der „Kö". Er war wohl auch vermögend, lief jedoch den ganzen Tag im Blaumann herum. Er fuhr einen mehr als zwanzig Jahre alten Mercedes-Kombi und holte mit ihm auch Holzstiegen aus den umliegenden Supermärkten und Gemüsehandlungen, um mit dem Holz seinen Kochherd und den Badeofen zu heizen. Selbst bei großer Dämmerung fuhr er ohne Licht, um die Glühlampen in den Scheinwerfern zu schonen. Auf einer

Freifläche hinter dem Haus baute er Tomaten, Gurken und auch Kartoffeln an.

Helmut durfte nicht wissen, dass es mich gibt! Deshalb setzte Wally mich und meinen Koffer am Bahnhof in Frankfurt ab, und ich fuhr mit dem Zug weiter bis nach Zerbst. Sie selbst fuhr zu Helmut nach Frankfurt-Rödelheim.

Nach ein paar Tagen tauchte sie in Zerbst auf. Ihr Auto war bis zum Dach mit Räucherware und Konserven gefüllt! Helmut hatte ihr die in Spanien nicht erhältlichen deutschen Spezialitäten spendiert. Wir brauchten wochenlang nichts einzukaufen!

Wally hatte ihm auch von dem Haus in Spanien erzählt, das ein wahres „Schnäppchen" sei! Sie hatte Helmut überzeugen können, und er hatte versprochen, die Differenz zur Kaufsumme vorzustrecken. Wally konnte ja ihr bisheriges Haus in Comarruga verkaufen. Das hatte wohl Helmut seinerzeit auch größtenteils finanziert!

Wir unternahmen viel. Da Wally den „Osten" überhaupt nicht kannte, zeigte ich ihr jegliche Sehenswürdigkeiten im nahen und fernen Umkreis. Auch nahm ich sie zu sämtlichen Veranstaltungen, zu denen ich als Revierleiter eingeladen wurde, mit. Es war eine sehr schöne Zeit!

Selten fuhr ich auf dem Nachhauseweg nach Dienstschluss bei Gitta vorbei, und wir plauderten wenige Minuten miteinander. Sie genoss meine Anwesenheit sehr. Wenn Wally in Spanien weilte, nahm ich mir mehr Zeit für Gitta.

Dank Helmuts Finanzspritze konnte Wally das anvisierte Haus kaufen. Nun begann mein Part! In allen Zimmern waren neue Fliesen zu verlegen. Wally wollte einen rustikalen Boden, um das Haus im Landhausstil einrichten zu können. Das Bad wurde komplett rekonstruiert. Ich demontierte die Badewanne und schuf eine geräumige Duschecke. Auch die Armaturen und Fliesen wurden erneuert. Es gab jede Menge zu tun. Meist nutzte ich meine „langen Wochenenden", wenn ich einmal in Spanien war, um diese Arbeiten zu erledigen. Manchmal war ich schon reisefertig und legte kurz vor der Abfahrt zum Flieger eine letzte Fliese. Durch meine Arbeit konnten wir auf Handwerker verzichten und auf diese Weise viel Geld sparen.

Stoppel stirbt

Stoppel hatte sich verändert. War es Eifersucht? Ja, es stimmte! Ich widmete mich mehr Jule. Die Dackelhündin war agil, und mit ihr konnte man Ball spielen.

Stoppel fraß kaum noch, und auch ihr Trinknapf schien unberührt. Sie lag apathisch auf ihrem Lieblingsschlafplatz auf dem Fensterbrett in meinem Arbeitszimmer. Ab und an miaute sie aber langandauernd und kläglich.

Der herbeigerufene Veterinär machte kein positives Gesicht. Er verordnete einige Medikamente, meinte aber, dass diese zwar eine kurzzeitige Linderung ihrer Schmerzen, jedoch keine Verbesserung ihres Gesundheitszustandes mit sich bringen würden. Er diagnostiziert bei Stoppel totales Nierenversagen!

Die Medikamente bewirkten ein kurzzeitiges Aufflackern von Stoppels Lebensgeistern. Sie schlief wieder in meinem Bett. Ich kraulte und liebkoste sie, und sie bedankte sich mit einem wohlig lauten Schnurren. Aber bald klagte sie wieder und konnte vor Schmerzen kaum laufen.

Es war an einem Samstagvormittag, als der Tierarzt kam. Ich hatte ihn bestellt, um Stoppel von ihren Schmerzen zu erlösen. In der Diele meines Hauses hatte ich ihre Lieblingsdecke ausgebreitet. Darauf bettete ich Stoppel. Sie ließ es ohne Gegenwehr geschehen, als wüsste sie genau, was geschehen sollte. Der Veterinär gab ihr eine Injektion mit Beruhigungsmitteln und wenig später die „Spritze der Erlösung". Ich streichelte und kraulte Stoppel, bis kein leichtes Zucken mehr zu spüren war. Dann brach ich in Tränen aus.

Jetzt, in diesem Moment, da ich dieses Erlebnis schildere, schießen mir erneut die Tränen in die Augen. Meine Stoppel war nicht mehr! Mehr als 17 Jahre lang war sie meine Begleiterin und Partnerin. Es mag komisch klingen, aber wir konnten uns „unterhalten" und uns gegenseitig „verstehen". Stoppel hatte immer sehr feinfühlig auf meine seelischen Stimmungen reagiert.

Einst hat sie mich gar vor dem Alkoholismus gerettet!

Es war zu der Zeit, als Astrid ausgezogen war und ich allein im Haus lebte. Abends saß ich oft auf der Terrasse, genoss die beruhigende Abendstimmung bei einem Glas Rotwein. Viele Tage hintereinander. Aus einem Glas wurden bald zwei und später auch eine ganze Flasche! Als ich wieder einmal eine ganze Flasche geleert hatte, öffnete ich eine zweite, um mir erneut nachzuschenken. Stoppel lag bis dahin eingerollt auf ihrem gepolsterten Hocker auf der Terrasse. In diesem Moment sprang sie jedoch auf meine Oberschenkel, richtete sich direkt vor mir auf und stupste mit ihrer Nase gegen mein gesenktes Kinn. So, als wolle sie zu mir sagen, dass ich nicht verzagen solle, denn das Leben würde weitergehen! Ich verkorkte die Flasche wieder und achtete später sehr kritisch auf meinen täglichen Alkoholkonsum.

Stoppel bettete ich samt ihrer Lieblingsdecke in einen stabilen Karton und legte noch ihre Lieblingsspielzeuge dazu. In einer ruhigen Ecke im Garten, unter der Fichtenhecke, stach ich ein Stück Rasen heraus, grub ein Loch und schob den Karton hinein. Dann deckte ich die Rasensode darüber und beschloss, am nächsten Tag einen schönen Feldstein zu suchen, um ihn als Grabstein darauf zu setzen. Im Moment war ich nicht dazu fähig! Mir kullerten dicke Tränen der Trauer übers Gesicht, und mein Körper zuckte unter meinem Schluchzen. Zudem hatte ein sehr starker und ergiebiger Regen eingesetzt!

Zu Mittag war ich nicht fähig, mir ein Essen zu bereiten. Auch am Abend hatte ich keinerlei Appetit. Am nächsten Morgen führte mich mein erster Weg zu Stoppels Grab. Entsetzt stellte ich fest, dass das Erdreich tiefe Risse aufwies! Mir schoss der Gedanke in den Kopf, dass Stoppel noch lebt und versucht hatte, sich aus ihrem Grab zu befreien. Wie wahnsinnig wühlte ich mit bloßen Händen in dem regendurchtränkten Erdreich, um Stoppel zu befreien. Endlich beförderte ich den Karton, der als Stoppels Sarg gedient hatte, ans Tageslicht. Stoppel lag tot und still darin. So wie ich sie gestern bestattet hatte!

Der Karton war durch den Regen durchfeuchtet worden, hatte dadurch seine Stabilität verloren und war zusammengesunken. So hatte sich das Erdreich gesenkt und die Risse hervorgerufen.

Auch am Sonntag hatte ich weder Hunger noch Durst. Ich hatte ständig Tränen zu trocknen und war von Schluchzern durchschüttelt. Erst am Montag frühstückte ich eine Kleinigkeit, ehe ich zur Dienststelle fuhr.

Mein neuer Job

Als Leiter des Polizeireviers hatte ich natürlich engen Kontakt mit dem Landrat des Landkreises und insbesondere mit dessen Dezernenten für Ordnung und Sicherheit.

Die Kriminalität und die Ordnungswidrigkeiten im Landkreis hielten sich in Grenzen. Den Schwerpunkt bildeten Verkehrsunfälle im Zusammenhang mit Wild. Das Territorium des Landkreises wurde durch ausgedehnte bewaldete Flächen bedeckt. In den Wäldern hatte sich ein reicher Wildbestand an Rot- und Schwarzwild entwickelt. Vor allem in den Abend- und Nachtstunden wechselte dieses Wild über die Straßen des Territoriums. Die Verkehrsunfall-Statistik verzeichnete mehr als 700 Wildunfälle jährlich. Diese Unfälle waren nicht nur mit materiellen Schäden, sondern auch mit Schäden an Leib und Leben zahlreicher Verkehrsteilnehmer verbunden. Dem musste dringend Abhilfe geschaffen werden.

Wir nutzten intensiv die uns damals zur Verfügung stehenden Kommunikationsmittel, um bundesweit Beispiele zu recherchieren, die uns Hilfe und Anleitung bieten könnten. Internet-Suchmaschinen waren noch nicht gebräuchlich!

Im Ergebnis installierten wir in Schwerpunktabschnitten sogenannte Lichtreflektoren. Eine Firma stellte metallene Reflektoren her, die an der rückwärtigen Seite der Straßenbegrenzungspfeiler befestigt wurden. Das Scheinwerferlicht vorbeifahrender Autos wurde dort reflektiert, und „Blitze" huschten in die dahinter befindlichen Waldstücke. So sollte das Wild sensibilisiert werden, um achtsamer über die Straße zu wechseln. Es gab überzeugende Erfolge!

Eine andere Methode war ein sogenannter Duftzaun. Entlang der Unfallschwerpunkte wurden in einiger Entfernung Holzpfosten ins Erdreich gerammt und oben mit einer „Krone" versehen. Einem Bauschaum, der mit typischen Gerüchen von aggressiven Wildtieren getränkt war. Durch diesen Duft sollten die Rehe und

Wildschweine ebenfalls sensibilisiert werden. Auch hier waren die Installationen von Erfolg gekrönt.

Wir übernahmen zudem eine Idee unserer Kollegen aus der Fahrradstadt Münster. Um dem Fahrraddiebstahl vorzubeugen, wurde in die Fahrradrahmen ein Code graviert. Über diesen Code konnte man den eigentlichen Eigentümer des Fahrrades feststellen.

Es gab noch zahlreiche andere Initiativen, die wir übernahmen oder selbst entwickelten. Schließlich gründeten wir den Verein „Sicherer Landkreis e. V.". Zahlreiche Bürger erwarben die Mitgliedschaft und engagierten sich freiwillig in Sachen Prävention, auch am Sponsoring. Wir erhielten auch Fördermittel bereitgestellt.

Diese Aktivität schlug ein wie eine Bombe! Wir wurden ins Innenministerium eingeladen und berichteten von unseren initiativen und den nicht von der Hand zu weisenden Erfolgen.

Kurze Zeit später wurden bei allen Polizeidirektionen und Polizeiinspektionen Dezernate für Prävention eingerichtet.

Ich wurde als Leiter des Dezernats Prävention bei der Polizeidirektion Dessau berufen.

Wir waren dort das „Fähnlein der fünf Aufrechten" und rekrutierten uns, neben meinem Stellvertreter und mir, aus drei ehemaligen Mitarbeitern der Arbeitsgruppe „Kriminalitätsvorbeugung" der Kriminalpolizei.

Unsere Klientel waren mittelständische Unternehmen, die wir zu Fragen des Einbruchs- und Diebstahlschutzes berieten. Senioren und Hausfrauen, die wir über Gefahren bei Haustürgeschäften informierten. Bis hin zu Schulkindern, die, beginnend ab dem vierten Schuljahr, einen Führerschein für Radfahrer, ablegten. Zentral wurde gar eine Puppenbühne vorgehalten. Der „Polizeikasperl" trat vor Kindergartengruppen auf und warnte mit pädagogisch aufbereiteten Spielszenen vor Gefahren beim Überqueren der Straße oder beim Spaziergang à la *Hänschen klein!*

Es gab viel zu tun, und die Arbeit machte großen Spaß!

Ich organisierte sogar einen „Tag der Prävention", zu dem Vertreter anderer Präventionsdezernate, Polizeiführer und führende

Vertreter der Kommunen, die mit Themen der Ordnung und Sicherheit beschäftigt waren, eingeladen wurden. Selbstverständlich auch die Medien. Diese Veranstaltung war ein großer Erfolg und wurde in den Folgejahren wiederholt.

Schlaganfall und Prostatakrebs

Die vergangenen Jahre hatten sehr viel Trubel mit sich gebracht. Ich merkte aber auch, dass ich älter geworden war. Weiterhin der „Hansdampf in allen Gassen" zu sein, bereitete mir immer öfter Mühe. Früher ging mir alles viel leichter von der Hand. Ich konnte mehrere Aufgaben und Projekte gleichzeitig lösen und bearbeiten. Das war einmal!

Eines Tages ging ich neben Wally her, als es bei mir „dunkel" wurde. Ich sackte in mich zusammen, doch ehe ich mit dem Körper in voller Länge hinschlug, kam ich wieder zu mir. Was war mit mir los? Verunsichert drückte ich meinen Autoschlüssel in Wallys Hand. Das hätte ich unter normalen Umständen nie getan! Eine instinktive Geste absoluter Hilflosigkeit?

Nicht weit entfernt befand sich die Praxis meiner Hausärztin. Wir eilten dorthin, und sie verkabelte mich gleich mit dem EKG. Aus den aufgezeichneten Kurven des Geräts erkannte die Ärztin, dass mein Hirn kurzzeitig nicht durchblutet gewesen sein muss. Inzwischen waren aber meine sämtlichen Werte wieder im Normalbereich. Dennoch wies sie mich in das Kreiskrankenhaus ein. Ich wurde 24 Stunden lang überwacht. Stündlich wurde ein EKG gemacht, der Blutdruck und der Puls gemessen. Am übernächsten Tag machte man eine Computeraufnahme von meinem Hirn. Es stellte sich heraus, dass ein Gerinnsel eine Blutbahn zugesetzt hatte. Mit Medikamenten hatte man dann die Konsistenz des Blutes mehr verflüssigt und auch den Blutdruck verringert. Ein Jahr später durfte ich mir eine Wiederholungsaufnahme ansehen und mit der Darstellung vom Jahr zuvor vergleichen. Das Blut hatte sich einen neuen Weg gesucht!

Damals wurde ich jedoch sofort in eine Reha-Klinik eingewiesen und bekam dort verschiedene Therapien verordnet. Es gab auch ein Schwimmbad! Ich fühlte mich dort sehr wohl, und nach dem vierwöchigen Kuraufenthalt konnte ich wieder Bäume ausreißen! Ich bin während des Kuraufenthaltes aber auch mit Fällen konfrontiert worden, die nicht so glimpflich davongekommen waren wie ich. Ich könnte es mir schwer vorstellen, weiterleben zu wollen, wenn ich nicht mehr sprechen könnte.

Ungefähr ein halbes Jahr später bemerkte ich feine Blutspuren in meinem Sperma. Sehr beunruhigt suchte ich meine Urologin auf. Sie führte verschiedene Untersuchungen durch und verschrieb auch Medikamente. Es stellte sich keine Verbesserung ein. Schließlich schickte sie mich zu einem Professor in einer Klinik in Dessau. Der Spezialist hatte national und international sehr hohe Anerkennung erworben. Er ließ auch einige Untersuchungen durchführen und zum Schluss Gewebeproben aus der Prostata entnehmen. Von sechs Proben gab es einen Treffer! Ein winzig kleines Krebskarzinom war festgestellt worden. Ein „Krebschen"!

Mein Großvater mütterlicherseits war an Prostatakrebs gestorben, und meine Mutter hatte ja auch einen Unterleibskrebs gehabt. Eine Sache der Gene?

Es musste etwas getan werden! Aber was? Der Professor gab mir eine Broschüre mit allen erdenklichen Fragen zum Prostatakrebs und über alle damaligen Möglichkeiten seiner Bekämpfung. Ich sollte mir alles gründlich durchlesen und mir eine Therapie aussuchen.

Er hatte Recht daran getan! So konnte ich stundenlang schmökern, vor- und zurückblättern, Notizen machen, nachdenken, erneut nachschlagen. Im Zwiegespräch hätte das sehr viel seiner wertvollen Zeit gekostet!

Es gab damals die Möglichkeit der Verabreichung von weiblichen Hormonen, die Injektion von radioaktiv bestrahlten Metallsonden, die rings um das entdeckte Karzinom positioniert werden mussten, Medikamente ähnlich einer Chemotherapie ... Und es gab die Total-OP!

Die anderen Therapien ließen meiner Meinung nach dem Krebs immer noch eine Chance weiterzuexistieren. Bei der Total-OP, genannt Prostatektomie, werden die befallenen Gewebe- bzw. Organteile komplett entfernt. Ich entschied mich für diese Therapie.

Der Professor beglückwünschte mich zu meiner Entscheidung! Aufgrund der sehr geringen Größe des Karzinoms war keine Eile geboten. So einigten wir uns auf einen Operationstermin im Herbst.

Wally reagierte hysterisch und sah sich schon wieder allein. Ich sollte lieber die OP jetzt durchführen lassen. Das passte aber nicht in meinen Zeitplan für einige Rekonstruktions- und Renovierungsarbeiten, die ich mir für das Haus in Spanien vorgenommen hatte.

Ich konnte sie auch anderweitig beruhigen. Es würde zwar eine gewisse Zeit nach der Operation eine Inkontinenz geben, die aber mit entsprechenden Sanitärprodukten aufgefangen werden kann. Auch Sexualverkehr wäre nach einiger Zeit wieder möglich!

Und so kam es auch. Ich hatte natürlich strikt die Therapien der Nachsorge befolgt und kontinuierlich entsprechendes Beckenbodentraining absolviert. Nach einem reichlichen halben Jahr war ich wieder „trocken", und mithilfe von Viagra konnte ich auch wieder meinen Mann stehen.

Heutzutage gibt es viel bessere OP-Methoden, die schonender verlaufen und kaum schwerwiegende „Nachwehen" mit sich bringen.

Die Entlassung in den Vorruhestand

Als ich mich nach dieser OP erstmalig im Spiegel betrachten konnte, erschrak ich vor mir selbst! Ich war grau geworden! Nicht nur der Haarschopf, auch im Gesicht! Dieser Eingriff war nicht spurlos an mir vorübergegangen.

Ich wurde der Gutachter-Ärztekommission vorgestellt. Dem waren einige Tests bezüglich meines physischen Leistungsvermögens vorausgegangen. Dieses Gremium sollte über meine Weiterbeschäftigung im Polizeidienst entscheiden. Ich war „fit wie ein Turnschuh", sagten die Testergebnisse aus! Im Ergebnis des ausführlichen Abschlussgesprächs wurde mir jedoch empfohlen, mich in psychologische Behandlung zu begeben.

Wally hatte immer frohlockt, dass durch meine beiden Erkrankungen in sehr kurzer Reihenfolge und die zu erwartenden Nachfolgen die Chance bestünde, in den Vorruhestand entlassen zu werden. Dann könnten wir für immer nach Spanien ziehen! Das Urteil der Gutachter-Ärztekommission sprach zunächst dagegen.

Der mir von der Kommission empfohlene Psychiater war ein US-Amerikaner, der im Zuge der politischen Veränderungen in Deutschland hierhergezogen war. Ein „Glücksritter"?

Vom ersten Moment an waren wir uns sehr sympathisch! Zweimal in der Woche plauderten wir gemeinsam eine Stunde lang über „Gott und die Welt". Wobei ich aufgrund meines anerzogenen und lebenslang praktizierten Atheismus bei Gesprächen über Gott eher der tolerante Zuhörer war.

Ich berichtete aus meinem Leben und insbesondere über meine jüngsten Erkrankungen. Sehr aufmerksam hörte er auch heraus, dass ich inzwischen ein begeisterter Spanien-Fan geworden war und mir, wenn ich dort weilte, alles um mich herum in einem anderen Licht erschien. Unter der Sonne Spaniens war ich glücklich, zudem ich dort auch eine neue Lebenspartnerin gefunden hatte. Er machte sich eifrig zahlreiche Notizen und erstellte nach einem knappen Jahr ein Gutachten.

Durch organisatorische Veränderungen in der Struktur der Polizei in Sachsen-Anhalt musste Personal abgebaut werden. Das erfolgte überwiegend durch Umsetzungen in andere Bereiche des Öffentlichen Dienstes, aber auch durch Versetzungen in den vorzeitigen Ruhestand.

Meine Chance war gekommen! Es wurde erneut über meine weitere Verwendung beraten. Eigentlich sprach nichts für meine Entlassung in den Ruhestand. Da wurde das Gutachten des Psychologen zum Zünglein an der Waage.

In einem Personalgespräch wurde mir offeriert, dass ich in den vorzeitigen Ruhestand versetzt werden könnte, wenn ich es denn wolle. Und ob ich wollte! Ich setzte jedoch mein Pokerface auf und absolvierte den glücklichen Luftsprung nur in Gedanken!

Dann wurden die „Spielregeln" festgelegt. Ich bekam noch drei Monate lang meine bisherigen Dienstbezüge, danach nur noch etwas mehr als 54 Prozent davon. Und das so lange, bis ich das Pensionsalter erreichen würde.

Ich sah nur die Chance, sofort nach Spanien übersiedeln und mit Wally gemeinsam leben zu können. An die finanziellen Folgen dachte ich nicht. Zudem war ich es gewohnt, mit wenig Geld mein Leben zu bestreiten. Wichtig für mich war nur: Ich war Pensionär und das mit erst 55 Jahren!

Mein Haus war blitzschnell verkauft und die Hypothek an die Bank zurückgezahlt. Unter dem Tisch gab es noch eine Summe in bar auf die Hand. Dieses Geld floss beinahe komplett in das Haus in Spanien!

Tagelang hatte ich nach der „Aschenputtel-Methode" gewählt, was ich nach Spanien mitnehme und was nicht. Unter Beachtung des höchstzulässigen Zuladungsgewichts packte ich die für „würdig" befundenen Gegenstände in mein Auto. Am 3. April 2003 fuhr ein guter Bekannter mit mir direkt nach Cunit und brachte nach der Rückkehr am Folgetag mein Auto zur Händlerin. Ich hatte die fällige „Leasing-Blase" schon überwiesen. Das Auto war nicht mehr in meinem Besitz, und ich war um ein paar tausend Euro ärmer!

Es war ein unbeschreibliches Gefühl! Ich lebte in Spanien! Jeden Morgen weckten mich die Sonnenstrahlen, die durch das Fenster eindrangen. Es war warm, und ganz selten regnete es einmal. Das Wichtigste: Ich hatte keine Dienstpflichten zu erfüllen und keine Unterstellten mehr!

Meine „innere Uhr" bestimmte zwar, wann ich wach wurde, aber wenn ich wollte, konnte ich noch im Bett liegen bleiben. Ein herrliches Gefühl!

Ich war nie ein sogenannter Morgenmuffel, und so wurde es zu meiner Aufgabe, den Frühstückstisch zu decken. Von der durch Arkaden beschatteten Terrasse aus konnte man das Meer in der Morgensonne glitzern sehen. Manchmal dehnten wir das Frühstück über zwei Stunden aus. Danach gab es etwas im Garten zu gießen oder etwas Unkraut zu zupfen. Jule scharwenzelte ein Weilchen neben uns her, dann legte sie sich auf den Rücken und ließ sich die Sonne auf ihr Bäuchlein scheinen.

Mehrmals in der Woche fuhr Wally mit ihrem Auto in die Stadt hinunter, um einzukaufen. Selten nahm sie mich mit. Ich blieb mit Jule allein zurück. Wir hüteten das Haus. Wenn Wally zurückkam, schickte sie sich an, das Mittagessen zuzubereiten. Sie konnte gut kochen! Während der Zubereitung trank sie stets einen Longdrink. Sie füllte das Glas mit Weißwein und gab einen kräftigen Schuss Cointreau dazu. Manchmal trank sie auch noch ein zweites Glas. Sie meinte immer, dass sie das animiere, das Essen besonders gut zuzubereiten.

Zum Essen trank sie dann den Rest des Weins, der noch in der Flasche war. Für mich öffnete ich eine Flasche Rotwein. Wenn Wally ihren Rest Weißwein konsumiert hatte, schenkte sie sich auch von meinem Tinto nach. So konsumierten wir mindestens zwei Flaschen Wein am Tag! Das ging natürlich ins Geld, denn wir tranken keinen billigen Wein.

Nach dem Essen war Siesta angesagt. Jeder verkroch sich in sein schattiges Schlafgemach. Jule kam zu mir und kuschelte sich dicht an mich.

Auf der mit Pinien bestandenen Freifläche hinter dem Haus gab es einen besonders schattigen Platz. Dort hatte ich eine Sitzgruppe eingerichtet. Da tranken wir am Nachmittag unseren Kaffee, und meist gab es noch ein Stück Gebäck dazu.

An der rückwärtigen Hausfront gab es eine überdachte Terrasse. Dort schien die Abendsonne hinein und gab stimmungsvolles Licht zum Abendessen. Nach dem Essen legte sich Wally auf die Couch und schaute ihre Lieblingssendungen im Fernsehen. Es dauerte nicht lange, und sie schlief fest ein. Oft begann sie gar zu schnarchen. Das schien die Chance für mich, das Programm zu wechseln. Aber sobald ich das getan hatte, wurde sie wach und schaltete wieder zurück. So setzte ich mich oft draußen auf die Terrasse und las ein Buch oder löste Kreuzworträtsel.

Wir hatten kaum Kontakt mit anderen Deutschen, geschweige denn mit Spaniern. So lebte ich in einem „goldenen Käfig". Nur wenn es Wally genehm war, durfte ich mit ihr mitkommen. Ich selbst hatte ja kein Auto mehr.

Im Haus auf der anderen Straßenseite wohnte ein deutsches Ehepaar, Peter und Annerose. Einfache und nette Leute. Peter hatte in der Garage unter dem Haus einen Partykeller eingerichtet. Die Wände zierten Regale mit tausenden Mini-Schnapsflaschen aus aller Welt. Es gab eine riesige Sitzgruppe mit typisch spanischen Möbeln und eine Bar mit antiken Barhockern und rustikalen Lampen darüber. Dort wurde oft gefeiert, denn beide sprachen sehr viel und täglich dem Alkohol zu.

Am Vormittag konnte man sich mit Peter noch vernünftig unterhalten. Ich hörte ihm gern und interessiert zu, wenn er von seinen früheren Fußwanderungen durch Barcelona berichtete. Wally sah es jedoch nicht gern, wenn ich nach gegenüber ging. Die beiden seien asozial, meinte sie abwertend.

An einem späten Nachmittag stellte ich fest, dass Wally nicht da war. Sie konnte nicht weit entfernt sein, denn ihr Auto stand in der Auffahrt vor der Garage. Als es dunkelte, kam sie nach Hause gewankt. Sie war gegenüber bei Annerose und Peter gewesen und hatte mit ihnen beim Biertrinken mithalten wollen. Das war natürlich nicht von Erfolg gekrönt gewesen! Ich hatte nun die Folgen zu ertragen, besser: zu beseitigen! Zweimal musste ich das Bad beinahe komplett reinigen. Und am anderen Morgen musste ich mir zusätzlich noch derbe Vorhaltungen anhören, weil ich mich nicht an ihr Bett gesetzt hatte, um ihre Hand zu halten oder ihr kalte Wickel auf die Stirn zu legen. Ich hätte sie gar nicht mehr lieb!

Es folgte eine Zeit der Vorwürfe und Unzufriedenheit. Vielleicht lag es auch daran, dass Wally lange allein gelebt hatte und sich nun schwer an eine Partnerschaft gewöhnen konnte. Sie wollte nicht zurückstecken, und ich wollte nicht ihr bedingungsloser Untertan sein. Wir rieben uns an Kleinigkeiten auf, und unsere Zweisamkeit wurde zum lästigen Übel.

Ich machte den Vorschlag, dass wir eine Zeitlang getrennt leben sollten, um uns dann später wieder erneut zu liieren. Daraufhin meinte Wally, dass bisher immer sie ihre Beziehungen beendet hätte!

An einem frühen Abend kam sie erneut stark angetrunken von gegenüber und befahl mir lallend, ich solle sofort ausziehen, sonst würde sie die Polizei rufen. Es sei ihr Haus, und ich hätte hier nichts mehr zu suchen! Sie gab mir dreißig Minuten Zeit.

Ich hatte mir inzwischen einen gebrauchten Opel Corsa gekauft. Den lud ich voll, mit allem, was mir im Moment wichtig erschien. Dann fuhr ich auf die Suche nach einer Unterkunft. In einem kleinen Hotel fand ich Asyl. Das Zimmer lag Richtung Süden und sehr nahe der Bahnlinie. Eine Klimaanlage gab es nicht. Auch keinen Kühlschrank. Die Preise im Hotelrestaurant zwangen mich, meinen Morgenkaffee in einer kleinen Bar in einer Seitenstraße zu nehmen. Auf das Mittagessen verzichtete ich gänzlich. Zum Abendessen kaufte ich mir in einem kleinen Supermarkt abgepackte Wurst, Käse und Butter. Stets nur in kleinen Rationen, denn die Reste vom Vortag „schwammen" am nächsten Abend im eigenen Fett, und die Butter konnte man dazu löffeln. Aus der Wasserleitung kam nur temperiertes Wasser, sodass es auch unmöglich war, einmal eine Dose Bier zu kühlen.

Ich sah keine Veranlassung, bei Wally um Gnade zu winseln, um wieder bei ihr einziehen zu können. Ich sprach mit einem Deutschen, der direkt unten an der Strandpromenade ein Ferienhaus besaß, das er an Urlauber vermietete. Dort konnte ich einziehen!

Es war Ende August, und die Urlaubssaison näherte sich ihrem Ende. Jeden Morgen gleich nach dem Wachwerden ging ich über die Straße und war sofort am Strand. Ich schwamm bis zu den Bojen, die den Schwimmerbereich begrenzten, und wieder zurück. Dann frühstückte ich auf der Terrasse mit unverbautem Meerblick. In der kleinen, aber zweckmäßigen Küche brutzelte ich mir mein Mittagessen, und am Abend gab es den Brotbelag aus dem Kühlschrank. Ich konnte das Fernsehprogramm schauen, das mir gefiel, und ein gekühltes Bier dazu trinken. Ich fand Gefallen an meiner neuen Lebenssituation!

Wally tauchte mehrfach auf und forderte mich auf, wieder zu ihr zu ziehen. Ich lehnte das ab, wusste ich doch nicht, wie lange ihre Gnade währen würde. Meiner Bitte, meine persönlichen Sachen, die noch in ihrem Haus verblieben waren, abholen zu können, kam sie zuvor. In den nächsten Tagen kam sie mehrfach vorgefahren und warf meine Sachen direkt über die kleine Begrenzungsmauer auf meine Terrasse. Einmal waren auch meine wertvollen, geschliffenen Bleikristallgläser dabei. Die konnte ich in den Glascontainer entsorgen!

Ich lerne Maricela kennen

Mein Vermieter kam eines Tages in Begleitung eines anderen Deutschen. Er hieß Werner. Beide suchten ein ungestörtes Plätzchen, um sich zu besaufen. Die Getränke hatten sie mitgebracht. Ich bot ihnen Asyl und ließ sie gewähren. Sie tranken Bier und Schnaps in großen Mengen und in hastigem Tempo. Ich hielt mich sehr zurück.

Wir unterhielten uns, und ich erfuhr dabei auch, dass Werner eine kleine Firma hat und Brunnen bohrt. Es war anstrengend, ihm zuzuhören, denn er war in Weiterstadt zu Hause und liebte seinen hessischen Dialekt. Sie blieben bis kurz vor der Mittagszeit.

Am Abend kam der Werner mit seinem Auto vorbei und animierte mich, mit ihm in den nahe gelegenen Club zu fahren. Ich war noch nie in meinem Leben in einem Bordell gewesen! Um meine Neugier zu stillen oder um eine Erfahrung zu machen, willigte ich ein.

Das Etablissement befand sich in einem Gewerbegebiet außerhalb eines Städtchens in der Nachbarschaft. Nur die dortige Tankstelle und das zweigeschoßige Gebäude waren hell beleuchtet. Im Untergeschoß des Clubs befand sich ein großer Gastraum mit einer umlaufenden Theke im Zentrum. Auf einer Empore rekelten sich Go-go-Girls. Es gab dort auch Show-Einlagen mit Sexspielen zu sehen. Der Raum war nur sehr schwach beleuchtet. Das ist von Vorteil, wenn man Altersfalten zu verbergen hat. Damals war meine Haut aber noch straff!

Wir setzten uns an den Tresen und bestellten uns je ein Dosenbier. Es wurde gleich kassiert. Die Dose ging für sieben Euro über den Ladentisch!

Im nächsten Moment begannen die anwesenden Mädchen und Frauen verschiedenster nationaler Herkunft, differenzierten Körperbaus, Haut- und Haarfarbe aktiv zu werden. Sie rückten vertraulich nahe heran und fragten nach dem Namen. Dann schwärmten sie von irgendeinem Detail, wie etwa von den schönen

Augen, die man hätte. Es war etwas verkehrte Welt! Hier machten die Frauen die Männer an!

Man konnte mit der Frau seiner Wahl nach oben gehen und gegen entsprechende Bezahlung katalogisierte Liebesdienste in Anspruch nehmen. Das befremdete mich stark. Für mich war und ist Sex die Fortsetzung bzw. der Abschluss eines schönen Abends mit der Partnerin. Derartige Dienstleistungen habe ich nie in Anspruch genommen!

Wir alberten mit den Mädchen herum und spendierten auch einmal ein Glas Sekt. Die Mädchen bekamen die Provision direkt ausgezahlt. Wir blieben beim Bier, denn ein Glas Sekt wurde mit 15 Euro gehandelt.

Eine junge Frau war mir sehr sympathisch. Sie hieß Maricela und kam aus der Dominikanischen Republik. Sie hatte Haut in einer Farbe, die an Milchkaffee erinnerte. Wenn sie lächelte, zeichneten sich links und rechts auf ihren Wangen tiefe Grübchen ab. Ihre strahlend weißen Zähne schienen zu leuchten. Meine Spanischkenntnisse waren damals sehr gering. Dennoch bekam ich eine Konversation hin. Wir fanden uns beide sehr nett.

Genau um 5 Uhr verstummten plötzlich die Lautsprecher mit ihrer Disco-Musik, die Saalbeleuchtung flammte blendend auf und die Mädchen huschten auf ihre Zimmer. Feierabend!

Am nächsten Mittag kam Werner erneut vorgefahren und befahl mir einzusteigen. Ich hatte bei unserem Besuch in diesem Club nicht mitbekommen, dass er sich mit zwei Mädchen zum Shoppen verabredet hatte. Die Dritte im Bunde war Maricela!

Wir fuhren mit seinem Auto in einen großen Einkaufstempel in der Nähe. Die Mädchen zogen uns von einem Geschäft in das andere, und bald waren wir beiden mit Tüten bepackt wie Lastesel. Werner bezahlte alles. Er wusste von meiner finanziellen Situation.

Erst am nächsten Abend fuhren Werner und ich wieder in den Club. Mithilfe des Wörterbuchs hatte ich für Maricela einen Brief geschrieben und ihr darin vorgeschlagen, dass sie bei mir wohnen könne. Sie willigte ein, und nach dem Schichtschluss stieg sie in mein Auto, und wir fuhren zu meinem Häuschen am Strand.

Maricela fand Gefallen daran, am Strand zu wohnen. Spätestens gegen 14 Uhr hatte sie ausgeschlafen. Ich hatte schon ein Mittagessen zubereitet. Es schmeckte ihr ausgezeichnet!

Danach gingen wir noch ein Weilchen am Strand spazieren. Dann gab es noch einen Kaffee. Ich brachte Maricela rechtzeitig zum Dienst und fuhr dann zurück. Am nächsten Tag, im Morgengrauen, holte ich Maricela wieder dort ab.

Wir fanden uns beide nett und verstanden uns prächtig. Ich merkte, dass Maricela dieser tägliche Tapetenwechsel mental sehr guttat. Und obwohl wir nur wenige Stunden zusammen waren, verbesserte ich meine spanischen Sprachkenntnisse enorm! Ich war glücklich! Ich hatte wieder eine Partnerin, die ich umsorgen konnte!

Andreas ist arbeitslos

Es war üblich, dass die Mädchen, die in einem Club arbeiteten, von Zeit zu Zeit ihren Einsatzort wechselten. So gab es für die Kunden immer wieder neue Angebote, und die Mädchen hatten in den anderen Clubs wieder regen Zuspruch. Sie mussten ja Geld verdienen, um zu allererst die tägliche Miete für ihr Zimmer inklusive der Essenversorgung begleichen zu können. Es gab Mädchen, die entlang von abgelegenen Straßen im Freien „anschafften". Für sie entfiel zwar die Entrichtung einer Zimmermiete, dafür war es aber gefährlich und die hygienischen Bedingungen waren skandalös!

Ich versicherte Maricela, dass ich energisch danach strebe, sie aus diesem Milieu herauszuholen. Bis mir dies gelang, verstrichen jedoch noch viele, viele Monate. Maricela nutzte inzwischen die Zeit, um Geld zu verdienen. Viel Geld!

Ich war auch nicht untätig. Ich erhielt kleine Renovierungsarbeiten übertragen. Beim Streichen klebte ich immer sorgfältig ab, deckte den Fußboden ab und verursachte so keine Farbkleckse. Ich war immer pünktlich, machte als Nichtraucher keine langen Zigarettenpausen und arbeitete flink. So erhielt ich durch Mund-zu-Mund-Propaganda, die ja bekanntlich effektiver ist als die beste Fernsehwerbung, immer weitere Aufträge und konnte mir auf diese Weise einen stattlichen Nebenverdienst erwirtschaften.

Andreas war schon eine ganze Zeit lang ohne Arbeit und bekam inzwischen Sozialhilfe gezahlt. Er konnte seine Wohnung zwar behalten, aber zum Bestreiten des Lebensunterhaltes fehlte es ihm vorn und hinten.

Ich lud ihn ein, bei mir zu wohnen. Per Internet buchte ich das Flugticket, und bald konnte ich ihn vom Flughafen in Barcelona abholen. Andreas bewohnte das zweite Schlafzimmer in meinem gemieteten Häuschen am Strand. Nach dem gemeinsamen Frühstück setzte er sich meist in den Zug und fuhr nach Barcelona, um sich die Stadt, insbesondere die verschiedensten

Museen, anzuschauen. Das Geld für die Hin- und Rückfahrt mit dem Zug sowie für die diversen Eintritte steckte ich ihm reichlich zu. Seinen immensen Zigarettenkonsum sponserte ich jedoch nicht.

Am Abend berichtete er mir begeistert von seinen Erlebnissen in der Hauptstadt Kataloniens. Ich konnte ihn nicht begleiten, denn ich hatte nun auch noch die Betreuung einiger Ferienhäuser übertragen bekommen. Da hieß es, die Außenanlagen zu pflegen, kleine Reparaturen und Erhaltungsarbeiten durchzuführen, die Reinigung zu organisieren und die Feriengäste zu empfangen. Da gab es immer etwas zu tun, und ich hatte einen noch beachtlicheren Nebenverdienst.

Eines Tages erhielt Andreas das Angebot, in einem neuen Job zu arbeiten, und flog nach Berlin zurück. Ich war wieder allein. Maricela hielt den Kontakt mit mir per Telefon aufrecht. Sie war jetzt wieder in vertretbarer Nähe tätig, und so konnte ich sie an ihren biologisch bedingten freien Tagen zu mir holen oder gar wieder täglich im Morgengrauen abholen und am frühen Abend erneut zu ihrem aktuellen Einsatzort chauffieren.

Das „Casa Negra"

Maricela war schon seit ihrem 18. Lebensjahr in diesem Gewerbe tätig und hatte viel Geld verdient. Mit diesem Geld hatte sie ihre Mutter und vor allem einige Mitglieder ihrer Familie, die unter dem Existenzminimum lebten, finanziell unterstützt. Sie hatte Geschwister, die vermögender als sie waren, sich jedoch kaum um die anderen Familienmitglieder kümmerten. Maricela hatte immer ein gütiges Wesen und ein warmes Herz!

Eines Tages flogen wir dorthin. Maricela stellte mich ihrer Mutter und dem Rest ihrer sehr umfangreichen Familie vor.

Maricelas Mutter Trinidad war eine einfache, aber herzensgute Frau. Sie betrieb einen kleinen „Tante-Emma-Laden", der ihre ganztägige Aufmerksamkeit beanspruchte. Es gab keine Ladenöffnungszeiten!

Maricelas Mutter hatte mich vom ersten Moment an in ihr Herz geschlossen! Mir war sie auch sehr sympathisch!

Gegen Zahlung eines nicht unerheblichen monatlichen Betrags wuchs Desirée, Maricelas Tochter, bei einer ihrer Schwestern auf. Sie ging schon in die Schule und lernte fleißig. Die Kleine war sehr ordentlich und gut erzogen. Aber entweder fehlte ihr körperlich-sportliche Betätigung, oder es war wachstumsbedingt: Desirée war „pummelig". Sie hatte keinerlei körperliche Ähnlichkeit mit ihrer Mutter und auch nicht mit ihrem Vater, obwohl ich den nur von Fotos kannte.

Am Stadtrand der Hauptstadt Santo Domingo in der Siedlung Don Oscar hatte Maricela ein Grundstück erworben und darauf ein Haus errichten lassen. Das recht große, zweigeschoßige Gebäude stand noch im Rohbau. Das Betondach war schon von der Schalung befreit. Es fehlte noch der Feinputz zur Abdeckung. Sämtliche Außen- und Innenwände ließen noch die verwendeten großen Hohlblocksteine erkennen. Es gab noch keine Treppe. Deshalb musste man waghalsig eine aus Brettern zusammengenagelte Leiter erklimmen, um ins Obergeschoß zu gelangen.

Es gab auch noch keinen ebenen Fußboden, auf den man hätte Fliesen kleben können. Auch fehlten noch die Fenster.

Nachdem ich mir alles sehr gründlich angesehen hatte, kündigte ich dem Bauleiter und Architekten. Es gab zahlreiche Mängel in der Baugründung und vor allem in der Ausführung. So waren an etlichen Stellen die Hohlblocksteine nicht passend gewesen. Anstatt sie auf passende Abmaße zu bearbeiten und dann einzufügen, hatte man leere Zementtüten in die Lücken gequetscht. Wenn diese Wände schon verputzt gewesen wären, hätte man diesen Pfusch nicht erkannt. Erst dann, wenn man einen Dübel setzen wollte, um zum Beispiel einen Küchenhängeschrank anzubringen.

Maricela war entsetzt über meine Reaktion! Ich versicherte ihr, dass ich von nun an die Fertigstellung ihres Hauses überwachen würde. Im Gegenzug rang ich Maricela das Versprechen ab, dass sie ihren Job in den Clubs aufgibt und hierherkommt, sobald das Haus fertiggestellt und bewohnbar ist.

Ich flog noch mit ihr zurück nach Spanien. In wenigen Tagen kündigte ich sämtliche Verträge, löste mein spanisches Konto auf und stellte einige für mich wertvolle und wichtige Sachen bei meiner guten Freundin Karin unter. Dann flog ich allein nach Santo Domingo.

Gleich am Tag nach meiner Ankunft begann ich mit meinem Job als Bauleiter. Der Bautrupp bestand zumeist aus jungen Männern aus Haiti, dem Nachbarland der Dominikanischen Republik auf der Insel Hispaniola. Diese Burschen wurden für wenig Geld beschäftigt und lebten sozusagen von der Hand in den Mund.

Am Morgen versammelten sie sich pünktlich vor der Baustelle. Ein Händler tauchte auf, der aus einer riesigen Schüssel heraus, die er auf dem Kopf trug, Bananen, Fladenbrot und gesüßtes Wasser in kleinen Plastiktütchen verkaufte. Die jungen Männer erbaten sich ihr Frühstück, und der fliegende Händler notierte die Kaufsumme in ein dickes Buch. Am Vormittag erschien dann eine Frau, die Bestellungen für das tägliche warme Essen aufnahm. Gekochter Reis mit Chutney-Bohnen darüber. Zur Mittagszeit schleppte sie zwei kesselartige Töpfe herbei und teilte daraus das Essen aus. Auch sie schrieb den fälligen Betrag in ein dickes Buch.

Am Ende der Woche war Zahltag. Der Leiter des Bautrupps zahlte die Peso-Scheine entsprechend seinem Stundennachweis jedem Einzelnen auf die Hand. Es war ein ansehnliches Bündel an Scheinen, was die Augen der Hilfsarbeiter zum Leuchten brachte. Dieses Glücksgefühl währte jedoch nicht lange, denn im nächsten Augenblick kamen der „Frühstückshändler" und die „Mittagsfrau", um ihre Außenstände zu kassieren. Nur sehr wenige Scheine blieben übrig! Die reichten für ein paar Bier am Wochenende, und am nächsten Montag mussten sie wieder ihren Verzehr anschreiben lassen!

Ich hatte ein sehr gutes Verhältnis zu dem Leiter des Bautrupps aufgebaut. Er war kaum älter als seine Arbeiter, hatte jedoch schon einige Jahre auf verschiedensten Baustellen Erfahrungen sammeln können. Ich konnte ihm auch noch einige Dinge erklären und demonstrieren. Dafür war er sehr dankbar!

In meinem Leben hatte ich bisher sämtlichen Handwerkern über die Schulter geschaut, mir vieles angeeignet und anschließend selbst probiert. Das war immer sehr hilfreich, denn ich konnte mir etliche Handwerkerleistungen ersparen.

Sämtliche deutsche Arbeitsschutzinspektoren wären vor Entsetzen ins Koma gefallen, wenn sie gesehen hätten, mit welchen primitiven Mitteln die Haitianer die Gerüste konstruierten, um von dort aus die Außenfassade bis zum Dachabschluss zu verputzen. Und jeder Zirkusdirektor hätte die Jungs als Hochseilartisten eingestellt. Als Atheist konnte ich nicht den lieben Gott um Schutz und Segen anflehen, dennoch ist nichts passiert!

Nach einigen Wochen verebbten die Aktivitäten auf der Baustelle. Der Außen- und Innenputz war vollendet. Auch eine Treppe ins Obergeschoß war konstruiert. Der Bautrupp war weitergezogen.

Bisher hatte ich die Arbeiten nur überwacht und Hinweise zur Ausführung gegeben. Jetzt begann mein eigener körperlicher Einsatz. Zunächst war ein ebener Fußboden zu betonieren. Ich verpflichtete einen Handlanger, der mir die nötige Mischung zubereitete und herbeitrug. Ich justierte mit stabilen Holzleisten eine Schalung. Dorthinein wurde die Mörtelmischung gekippt, verdichtet und danach mit einem langen Brett glattgerieben. Wenn der Beton fast abgebunden war, löste ich die Latten heraus. Später wurden diese „Fehlstellen" mit Mischung ausgefüllt. So entstand in beiden Etagen ein durchgängig ebener Fußboden.

Ich schonte mich nicht und achtete auch nicht auf die gewerkschaftliche Forderung nach Einhaltung des Acht-Stunden-Arbeitstages. Meine Handlanger hatten bisher solche Arbeitsintensität nicht erlebt. Schon nach zwei oder drei Tagen versagten sie mir ihre Dienste. Nach einigen fehlgeschlagenen Versuchen fand ich einen neuen Handlanger. Es war ein junges Bürschchen mit breiten Schultern und kräftigen Armen. Zusätzlich zum üblichen Tarif sicherte ich ihm ein tägliches kostenloses Mittagessen zu, das ich selbst zubereitete.

Er aß täglich etwa zwei Drittel der Riesenportion, die ich für uns zubereitete. Es gab täglich Geflügelfleisch, verschiedene Gemüse und eine Beilage. Wenn es die Zeit zuließ, bereitete ich gar einen Nachtisch. Der junge Haitianer blieb wochenlang mein Handlanger!

Dann begann ich mit dem Verlegen der Bodenfliesen. Im Baumarkt erstand ich einen großen Posten mit einem Dekor, das Parkettfußboden glich – „made in Spain"! Spätere Besucher klopften tatsächlich ungläubig auf die Fliesen, da sie meinten, es wäre Holz. Das Verlegen ging zügig voran, und der optische Eindruck war faszinierend! Mein Handlanger war nun nur verantwortlich für das Mischen des Fliesenklebers. Dann hatte er ein Weilchen Pause. Mit einem breiten Zahnspachtel trug ich den Fliesenkleber auf den Beton auf und drückte dann die Fußbodenfliesen hinein. Später wurden die Fugen mit entsprechend farbiger Fugenmasse verfüllt. Diese Technologie war dort weitestgehend unbekannt, und so kam es, dass täglich „Besucher" auf meiner Baustelle auftauchten und etliche Zeit interessiert meine Tätigkeiten beobachteten. Ich fühlte mich in die Rolle eines „Außerirdischen" versetzt, der Kunde und Wissen weit entfernt existierender höherer Wesen vermittelt!

Inzwischen waren meine Spanischkenntnisse so weit gediehen, dass ich mit einem Elektriker über meine Wünsche zur Installation der nötigen Lichtschalter, Steckdosen, Decken- und Wandbeleuchtungsanschlüsse diskutieren konnte.

Ein Tischler fertigte die Türen und installierte eine Küche nach meinen Vorgaben. Zu kleinen Missverständnissen führten dabei meine metrischen Maßangaben, während er nur mit dem Zoll-System vertraut war.

Ich fand auch eine Fensterbau-Firma, und bald war das Haus mit Fenstern versehen. Die Fenster riegelten nicht hermetisch ab, was bei den ständig hohen Temperaturen sowieso nicht nötig war, aber sie verhinderten das Hineinregnen.

Letztendlich fand sich ein Klempner und Installateur, der die vorgesehenen Duschen, Waschbecken, WC und Bidet installierte. Anschließend verlegte ich in den Sanitärbereichen die Wandfliesen.

Nun konnte ich darangehen, die Wände zu streichen. Am Abend hatte ich in verschiedenen Telenovelas die farbliche Gestaltung der Wände beobachtet. Die Handlungen dieser meist mexikanischen Seifenopern, mit den deutschen TV-Dauer-Serien *Sturm der Liebe* oder *Rote Rosen* vergleichbar, interessierte mich weniger. Ich betrachtete vorrangig die Dekorationsgegenstände in den Räumen, die Möbel sowie eben die Farben, mit denen die Zimmerwände gestrichen waren. Schließlich brachte ich den Mut auf und tönte die Wände im Haus in einem warmen Gelb oder einem kräftigen Rosa. Mein späteres Arbeitszimmer tünchte ich mit einem Meeresblau. Das war später der kühlste Raum! So kann man Empfindungen manipulieren!

Die komplette Hausfassade wurde schwarz gestrichen, und die vier dicken Säulen im Eingangsbereich sowie die zahlreichen dickbauchigen Säulen des Balkongeländers erhielten einen goldfarbenen Anstrich.

Die direkten Nachbarn und etliche Einwohner der Siedlung waren total verzückt! Solche Farbgebung hatten sie noch nie gesehen! Inzwischen wurde der Fassadenanstrich mehrfach erneuert und ein landestypischer Farbton verwendet. Man spricht jedoch immer noch vom „Casa Negra"!

Wenn ich meine Einkäufe im nahe gelegenen Supermarkt erledigt hatte, nutzte ich für den Transport meiner unzähligen Tüten ein „Taxi". Etliche junge Männer lungerten mit ihren Autos auf dem Parkplatz vor dem Einkaufspark herum. Wenn ich ihnen sagte, ich wolle zum „Casa Negra", wussten sie sofort Bescheid und fuhren zielsicher dorthin. Für ein Trinkgeld fuhren sie und halfen sogar noch beim Ausladen der Einkäufe. Diese Autos hätten nie eine TÜV-Inspektion überstanden, selbst dann nicht, wenn der Prüfer ein Blinder gewesen wäre!

Maricela kommt zur Bauabnahme

Ich hatte bisher in dem Haushalt einer Schwester Maricelas gewohnt. Sie bewohnte ein kleines Häuschen an der rückwärtigen Seite des großen Neubaus. Mir stand dort ein Apartment mit eigenem Bad zur Verfügung. Ich reinigte mein Zimmer und vor allem das Bad selbst, denn Minguita nahm zur kompletten Reinigung des Hauses einen nur einmal angefeuchteten Wischmopp. Auf dem Esstisch und der Arbeitsplatte in der Küche wurden auch nur der Staub und das Fett breitgewischt. Im Resultat gab es eine Unmenge an Fliegen und vor allem Cucarachas, Küchenschaben, im Haus. In meinem Apartment sprühte ich mindestens einmal am Tage gegen jegliches Ungeziefer.

Jetzt aber konnte ich in das „Casa Negra" umziehen!

Ich hatte Maricela ständig per Telefon auf dem Laufenden gehalten und ihr mehrfach beteuert, dass ich mein Versprechen eingelöst hätte. Das Haus war bewohnbar, und sie solle kommen, um ihr Versprechen einzulösen!

Dennoch vergingen noch einige Monate, bis ich Maricela vom Flughafen Las Américas in Santo Domingo abholen konnte. Sie hatte ein weißes Kleid an und glich einer Braut auf dem Weg zur Trauung. Sie hätte mich fast nicht erkannt, so abgemagert und ausgezehrt sah ich wohl aus.

Ich hätte mir gewünscht, das Taxi wäre noch schneller zum „Casa Negra" gefahren. Endlich kamen wir an, und Maricela brach in Freudentränen aus! Sie kannte ja den Bau noch im Stadium des Rohbaus. Jetzt war alles fertig! Als ich die Haustür aufgeschlossen hatte, drängte sie sich an mir vorbei und flitzte mit ihren Absatzschuhen über die spiegelblanken Fliesen. Sie huschte die Treppe empor, und ich konnte unten ihre aufgeregten Tritte hören. Jeden Raum und jeden Winkel inspizierte sie mehrfach. Ich war mir ganz sicher, dass sie keinen Makel finden würde!

Ein paar Wochen lebten wir glücklich und zufrieden in unserem „Palast"!

Im Erdgeschoß nahm das Wohnzimmer fast ein Drittel der Fläche ein. Dahinter befand sich die Küche und gegenüber das Esszimmer. Nach hinten konnte man auf eine Terrasse treten. Vom Wohnzimmer aus führte die Treppe hinauf in die obere Etage. Unter der Treppe befand sich das Gäste-WC.

Im Obergeschoß erstreckte sich das Schlafzimmer mit gleicher Flächenausdehnung wie das darunter befindliche Wohnzimmer. Zur Straße hin erstreckte sich davor ein Balkon über die gesamte Breite des Hauses. Auf der anderen Seite lag mein Arbeitszimmer, daran anschließend das Apartment für Desirée, und am anderen Ende der Etage waren die beiden Gästezimmer mit Bad.

Dann mussten wir in kurzer Reihenfolge drei Einbrüche registrieren. Diese Straftaten ereigneten sich alle am helllichten Tag, wenn die Einbrecher beobachtet hatten, dass wir das Haus verlassen hatten. Sie hatten nach Geld und Schmuck gesucht, was wir beides nicht besaßen. Die Betten waren durchwühlt und sämtliche Garderobe aus den Schränken geholt und auf den Boden geworfen worden. Letztendlich hatte man sich mit dem Inhalt des prallgefüllten Kühlschranks begnügt. Es waren zwar keine hohen materiellen Verluste zu beklagen, aber der mentale Schaden war recht hoch. In meinem bisherigen Leben hatte ich so etwas noch nie erlebt!

Ich war fest entschlossen und gewillt gewesen, dieses karibische Land als meine neue Heimat anzuerkennen. Ich wollte mit Maricela und ihrer Tochter eine Familie gründen und dort leben. Diesen Wunsch hatte ich nun nicht mehr!

Der Cousin Maricelas zog mit seiner Familie in das „Casa Negra" und wohnte dort zum „Nulltarif" mit der Funktion eines Wachmanns. Wir drei hingegen zogen in Maricelas kleineres Haus in San Juan. Dort gäbe es, so versicherte mir Maricela, keine derartige Kriminalität. Im ländlichen Bereich, so kannte ich es ja auch von Deutschland, gibt es tatsächlich kaum Einbruchdiebstahl. Die Aufmerksamkeit der Nachbarn ist viel ausgeprägter.

Das mit der kaum vorhandenen Kriminalität bewahrheitete sich. Was mir jetzt zu schaffen machte, war die Enge der Räume, denn unsere bequemen und großen Möbel aus dem Palast in Santo Domingo mussten nun in die viel kleineren Räume gequetscht werden. Ich konnte auch nicht mehr auf dem großen schattigen Balkon sitzen. Da wehte einst immer ein kühlendes Lüftchen. Das Haus hier war im Abstand von zwei Metern mit einer mit Glasscherben bewehrten hohen Mauer umgeben. Vorn, an der Straßenfront, gab es eine kleine Terrasse, die jedoch vergittert war. Ich kam mir dort wie ein Affe im Käfig vor. Mich hätte es nicht verwundert, hätte mir ein vorübergehender Passant eine Banane durchgereicht!

Der Winter mit seinen mitunter „nur" 24 Grad im Schatten ging vorüber, und der Sommer stellte sich ein. Diese Temperaturen, im Einklang mit einer sehr hohen Luftfeuchtigkeit, waren für mich unerträglich. Wenn man das Haus verließ, war das T-Shirt an der nächsten Straßenecke bereits total durchgeschwitzt. So verließ ich das Haus zwischen 10 Uhr und 17 Uhr kaum. Auf der Straße liefen die Menschen stets mit einer Trinkflasche und einem kleinen Handtuch zum Schweißabwischen und nutzten einen Regenschirm als Sonnenschirm. An einer Bushaltestelle standen die Passagiere in einer Reihe, nicht aus Disziplin oder Ordnungsliebe. Sie nutzten den wenigen Schatten, den ihnen ein Lichtmast bot!

Ich war eingesperrt in einem Haus mit Aussicht auf die Grundstücksmauern oder nach vorn auf die Straße. Ab und an hastete dort ein Mensch vorbei oder ein Fahrzeug tauchte für den Bruchteil einer Minute auf, ehe es wieder aus dem möglichen Beobachtungswinkel verschwand.

An den Wochenenden fuhren wir stets Maricelas Mutter besuchen. Sie wohnte ein paar Kilometer entfernt in Loma Verde (Grüner Hügel). Dort gab es zwar eine unbedeutende Erhebung in der Landschaft, aber wenig Grün. Man wähnte sich in einer afrikanischen Savanne. Allerdings fehlten dazu die Elefantenherden, Löwenrudel, Zebras und andere dort typische Wildtiere. In Loma Verde gab es nur streunende Hunde. Einer von ihnen hatte mich in sein Herz geschlossen. Es war eine Hündin, die aus einer Kreuzung mit einem Golden Retriever hervorgegangen sein musste. Ich konnte mich nicht an unsere erste Begegnung erinnern, dazu waren es zu viele Hunde, die mich beschnüffelten und um einen Leckerbissen gebettelt hatten. Einige hatte ich auch gekrault und ihnen eine kurze Rückenmassage verabreicht. Das hatte es wohl Blanca, wie ich sie nannte, angetan. Kaum tauchte ich in dem Dorf auf, war sie stets zur Stelle! Entweder nahm sie meinen Geruch wahr, oder sie erkannte meine Stimme. Ich kraulte und streichelte sie ausgiebig. Danach musste ich aber erst einmal gründlich meine Hände waschen. Die sahen aus, als hätte ich einen riesigen Berg Briketts gestapelt!

Eines Tages hatte Maricela eine dominikanische Spezialität zubereitet und in Loma Verde ihre nächste Verwandtschaft zum Essen eingeladen. Das Fleisch hatte sie im Markt in San Juan beim Fleischer gekauft. Ich war dabei. Die Farbe der Schürze, die der Metzger trug, war undefinierbar. Mag sein, dass sie einst weiß war. Inzwischen war sie grau mit einem „Touch" ins Bräunliche. Wahrscheinlich wegen des daran abgewischten blutigen Schlachtermessers. Es war sehr dämmrig in der Markthalle, so konnte man auch kaum konkret die Farbe des Fleisches definieren. Auf mich machte das jedenfalls alles keinen appetitlichen Eindruck.

Das Fleisch hatte also Maricela mitgebracht. Sie schnitt es in schmale Streifen, die dann über den Stacheldrahtzaun der Geländebegrenzung gehängt wurden. Eine ganze Zeit dörrte das Fleisch in der prallen Sonne. Inzwischen wurde ein Sud aus verschiedenen Gemüsen bereitet. Dorthinein wurde das Fleisch getan, nachdem es in bissgroße Stücke geschnitten war. Alles wurde so lange geköchelt, bis sich auch das letzte Vitamin verflüchtigt hatte!

In freudiger Erwartung nahmen die Eingeladenen am langen Esstisch Platz. Es schien ihnen vortrefflich zu schmecken, denn sie lobten die Köchin sehr. Die Brühe konnte man essen, aber das Fleisch hatte die Konsistenz eines Radiergummis, zudem keinerlei Geschmack. An dem ersten Stück würde ich wohl heute noch kauen, wenn ich nicht meiner Blanca, die vor mir unter dem Tisch saß, das Stück gegeben hätte. Sie schlang es dankbar herunter, nahm noch ein zweites Stück und kaute darauf herum, wie vordem ich. Plötzlich verschwand sie dann aber.

Als ich das nächste Mal nach Loma Verde kam, machte Blanca einen weiten Bogen um mich!

Maricelas Bruder Babao war Millionär, Dollarmillionär! Er besaß eine Reismühle. Die Bauern der Umgebung brachten ihm ihre Reisernte, und er bezahlte dafür. Dann wurde der Reis auf einer riesigen Betonfläche breitgeschoben und in der Sonne getrocknet. Selbstverständlich „bedienten" sich auch Tauben und Vögel an diesem Reis. Deshalb gab es eine lebende „Vogelscheuche", ein begehrter Job unter den Halbwüchsigen des Dorfes. War der Reis getrocknet, kam er in die sogenannte Mühle. In rotierenden Trommeln wurde die Schale der Reiskörner extrahiert, und das weiße Korn blieb übrig. Diesen Reis verkaufte Babao mit hohem Gewinn!

Einmal schlug mir Babao eine Reise in eine Hochburg des Fünf-Sterne-Tourismus vor. Auf meine Frage hin, weshalb er nicht seine jahrelange Lebenspartnerin mitnehmen wolle, entgegnete er, dass ich ihm immer sagen solle, welches Besteckteil er zu welchem Essen zur Hand nehmen muss. Babao aß stets nur mit dem Löffel, wie die Mehrheit der Personen in seinem Umfeld auch.

Mein Rückzug

Das Klima und insbesondere die Lebensumstände in diesem karibischen Land widerstrebten mir. Ich fühlte mich wie der Bewohner eines Museums. Ich schätzte die Differenz zum Lebensstil in Europa auf mindestens 50 Jahre!

Nun gut, in den Zonen des Tourismus war es angenehmer zu leben, jedoch hatte das auch seinen Preis. Die Lebenshaltungskosten dort sind mitunter höher als in Europa.

Ich wollte wieder nach Spanien zurück!

Maricela wollte in San Juan bleiben! Sie fühlte sich wohl in ihrer Heimat und in der Nähe ihrer Familie. Dafür hatte ich volles Verständnis. Sie hatte ein schönes Haus und hatte inzwischen das „Casa Negra" vermietet. Mit diesem Geld konnte sie bequem ihren Lebensunterhalt bestreiten. Ich versicherte ihr, dass ich in Spanien auf sie und Desirée warten würde. Ich war mir sicher, dass sie über kurz oder lang auch nach Spanien zurückkehren würde. Dazu war sie in den vielen Jahren ihres Aufenthalts in Spanien schon zu sehr „Europäerin" geworden!

Ich bat Karin und René, meine Bekannten in Cunit, mir eine preiswerte Wohnung zu suchen. Danach buchte ich einen Flug nach Barcelona.

Maricela begleitete mich nicht bis zum Flughafen in Santo Domingo. Wir umarmten uns an der Bushaltestelle in San Juan, dann begann meine Rückreise.

Auf dem Flughafen in Barcelona empfing mich Karin in Begleitung ihres Sohnes, der auf Besuch weilte. René fühlte sich nicht gut. Karin umarmte mich sehr stürmisch und drückte mir einen dicken fetten Kuss auf den Mund.

Auf der Heimfahrt nach Cunit kauften wir noch ein Baguette und eine Chorizo, eine Art Salami, ein. Ich hatte Heißhunger darauf!

Nachdem ich René herzlich begrüßt hatte, gab es erst einmal ein zweites Frühstück. Dann zeigte mir Karin mein neues

Domizil. Gleich in der Nachbarschaft bewohnte eine deutsche Witwe ein zweigeschoßiges Haus. Sie bewohnte den unteren Teil. Im Obergeschoß befanden sich zwei geräumige Ferienwohnungen. Eine davon gehörte nun mir. Ich war begeistert, hatte ich doch sogar Meerblick!

Schnell war der Inhalt meiner beiden Koffer in den Schränken verstaut. Dann ging ich hinunter an die Strandpromenade. Genüsslich sog ich die gesunde und frische Meeresluft ein. Jeden Schritt genießend schritt ich auf der Promenade dahin. Ich hätte jeden entgegenkommenden Passanten umarmen können, so glücklich war ich!

Erst als die Sonne untergegangen war, lief ich in mein neues Heim zurück.

Die nächsten Tage nutzte ich, um mich erneut für einen Spanischkurs anzumelden und mir ein Handy zu besorgen. Auch beim Einwohnermeldeamt ließ ich mich ordnungsgemäß registrieren. Für ein kleines gebrauchtes Auto fehlten mir die finanziellen Mittel. Ich hatte seinerzeit etliches Geld zur schnellen Fertigstellung des „Casa Negra" investiert. Karin lieh mir ihr Fahrrad. So war ich beweglich!

Meine Freundin Karin

Karin war mit René quasi „verkuppelt" worden. Sie stammte aus einer Familie von Waldarbeitern. Oft musste sie die Schule schwänzen, um bei der schweren Arbeit im Wald zu helfen. Später lernte sie einen Mann kennen, dem sie zwar zwei Söhne gebar, der sich jedoch recht bald als brutaler Tyrann und schwerer Alkoholiker entpuppte. Sie wendete all ihren Mut auf und ließ sich scheiden. Ihre beiden Kinder waren inzwischen volljährig und selbstständig geworden.

Lange Zeit meisterte Karin ihr Leben allein. Dann nahmen sie Bekannte mit auf ihre Urlaubsreise nach Spanien. Sie kannten René und wussten, dass er alleinstehend ist. Es wurde ein Treffen organisiert, und man fand sich nett. Karin war und ist eine recht attraktive Frau, ist sehr fleißig, kann wirtschaften und sehr gut kochen. René war ein Schweizer, der schon viele Jahre in Spanien lebte. Er hatte immer sehr gute Umgangsformen und war ein wahrer Charmeur.

Karin zog bei ihm ein. Sie hatte nun ein Zuhause in Spanien und einen Partner. René hatte eine Köchin und Haushälterin zum Nulltarif!

Karin ging in einigen Ferienhäuschen, die an Urlauber vermietet wurden, putzen. So besserte sie die karge Haushaltskasse auf. René bekam zwar eine kleine Pension, die jedoch nicht reichte, um ohne Kopfzerbrechen leben zu können. Während Karin schuftete, saß René zu Hause auf dem Sofa, rauchte unzählige Zigaretten und schaute stundenlang Fernsehen. Durch diesen Bewegungsmangel, kombiniert mit seinem sehr hohen Tabakkonsum, litt René unter erheblichen Durchblutungsstörungen in den Beinen und hatte auch einen sehr hohen Blutdruck. In der Vergangenheit hatte er mehrere Ärzte konsultiert und sich nach entsprechender Diagnose je einen Stapel von Medikamenten verschreiben lassen. Unter dem Motto „Viel hilft viel" nahm er sie alle!

René war knapp zwanzig Jahre älter als Karin und hatte einen entsprechenden Bekanntenkreis. Karin war es überdrüssig, mit Greisen verkehren zu müssen. Sie sehnte sich auch nach Zärtlichkeiten, die er ihr nicht gab.

Karin hatte es nun auf mich abgesehen! Und zwar so offensichtlich und vordergründig, dass selbst ich es bemerkte.

Ich sprach mich mit ihr aus und bedauerte, ihr Ansinnen nicht erwidern zu können und zu wollen. Ich hatte ja Maricela versprochen, dass ich auf sie warten würde. Wir sprachen beide auch mit René und klärten ihn entsprechend auf.

Wenig später verschlimmerte sich Renés Gesundheitszustand bedenklich. Hinzu kam eine „Ungereimtheit", die ihm eine Steuernachzahlung einbrachte. Karin beglich zu größten Teilen diese Schuld mit ihren Ersparnissen. Sie nutzte die Gunst der Stunde und überredete René, in die Schweiz oder in eine Stadt nahe der schweizerischen Grenze zu ziehen. So könne er künftig korrekt und zeitnah auf Forderungen der Schweizer Behörden reagieren.

René willigte widerspruchslos ein. Beide fanden eine wunderschöne Wohnung am Rande des südlichen Schwarzwaldes. Bis zur Schweizer Grenze war es nur einen Steinwurf weit.

René nahm den Flieger. Ich chauffierte Karins winziges Auto zum neuen Wohnort. Eine Spedition brachte die wenigen Möbel, Wäsche und Gegenstände, die auf einem reservierten Raum Platz gefunden hatten, mit.

Wir waren natürlich schneller als der Lkw und konnten schon das Abladen vorbereiten. Ich brachte provisorische Raumbeleuchtungen an, und Karin suchte die Stellplätze für Schränke und andere Möbel aus. Das Abladen und vor allem das Stellen des Transportgutes verliefen dementsprechend zügig und makellos.

Karin war glücklich in ihrem neuen Zuhause! Hier wurde Deutsch gesprochen! Sie verstand wieder alles selbst, und René musste nicht ständig dolmetschen!

Ich blieb noch einen Tag, dann flog ich zurück nach Spanien.

Wenige Wochen später verstarb René. Karin kam mit der Urne mit seiner Asche nach Cunit. Ich half ihr dabei, eine sehr feierliche Seebestattung durchzuführen.

Monate später hatte sie sich in ihren Vermieter und er sich in sie verliebt. Sie unternahmen viel miteinander, und Karin berichtete mir stets ausführlich und überglücklich!

Nach etlicher Zeit wurde bei ihrem Peter eine Krebserkrankung festgestellt. Das Stadium der Erkrankung war schon sehr weit fortgeschritten. Es war keine Heilung mehr möglich.

Peter wählte die Euthanasie, um sein Leben zu beenden.

Seine Familie, zu der er auch nach der Scheidung immer noch den Kontakt gepflegt hatte, versammelte sich um sein Sterbebett. Karin war natürlich auch dabei. Man unterhielt sich, bis der Medikamentencocktail Wirkung zeigte und Peter eingeschlafen war.

Karin war wieder allein.

Ihre Versuche, bei Tanzveranstaltungen einen Partner fürs Leben zu finden, scheiterten allesamt. Den Partner für eine Nacht hätte sie natürlich finden können.

So lebt Karin heute noch allein. Ihre Partnerin ist ihre Katze Mausi, die sie vor Jahren in Spanien auf der Straße aufgelesen und später auch beim Umzug nach Deutschland mitgenommen hatte.

Karin und ich sind sehr gute Freunde und halten engen Kontakt. Ich weiß auch, dass Karin sehr glücklich wäre, wenn ich eines Tages vor ihrer Tür stehen würde. Aber ich kann mir ein Leben in Deutschland nicht mehr vorstellen.

Meine dritte Hochzeit

Nach etlichen langen Telefonaten kam Maricela nach Spanien geflogen. Ihr erwachsener Sohn Tony organisierte ein Treffen, und wir redeten „Klartext" hinsichtlich unserer gemeinsamen Zukunft. Maricela war überrascht, dass ich Wort gehalten und auf sie gewartet hatte!

Ich suchte eine größere Wohnung für uns, und wenig später konnte auch Desirée nachkommen. Die Familie war wiedervereint!

Wir begannen damit, die nötigen Dokumente und Unterlagen zu beschaffen, die für eine Eheschließung notwendig sind. Eine bürokratische Hürde war, dass ich Deutscher, Maricela Spanierin, geborene Dominikanerin, war und wir in Spanien heiraten wollten. Viele Ehen dieser Art werden als „Zweckehen" geschlossen, um die jeweilige Staatsbürgerschaft zu erlangen. In unserem Fall behielt jedoch jeder von uns seine Staatsbürgerschaft. So mancher „Amtsschimmel" ist eben nicht nur langsam im Gang, sondern auch oft mit Scheuklappen versehen!

Nach knapp zwei Jahren der Vorbereitung war es dann endlich so weit! Es war kurz vor Weihnachten. Da gab es kaum noch freie Termine beim Standesamt. So ließen wir uns in einem Nachbarort trauen. Ohne viel „Pomp". Nur im Kreis von Maricelas Kindern. Die einzigen Gäste waren die Trauzeugen.

Maricela hatte meiner dringlichen Bitte entsprochen und ihrer ehemaligen Beschäftigung endlich „Ade" gesagt. Sie war nun Hausfrau und konnte während der Zeit, in der Desirée in der Schule war, schalten und walten, wie sie wollte. Ich werkelte in „meinen" Ferienhäusern und hatte damit begonnen, einen Shuttleservice anzubieten. Ich brachte mit meinem Auto Touristen zum Flieger bzw. holte sie dort ab. Ich war stets pünktlich und zuverlässig. Durch Mund-zu-Mund-Propaganda entwickelte sich mein Service zu einem lukrativen Nebenverdienst. Später bot ich auch Ausflugfahrten zu Sehenswürdigkeiten im Umkreis an.

Besonders im Sommerhalbjahr konnte ich ein stattliches Sümmchen zur Seite legen, um auch in den Wintermonaten meine Familie großzügig versorgen zu können.

Ich hatte meine Beschäftigung, hatte reichlich Kontakte und
fand Bestätigung. Maricela zerstreute sich beim Bummel durch
Boutiquen und Kosmetikgeschäfte. Dazu nutzte sie weitgehend
das Geld der Mieteinnahmen ihrer beiden Häuser in der Dominikanischen Republik. Zur Haushaltsführung steuerte sie nicht
einen Euro bei!

Die Reise nach Deutschland

Ich hatte genügend Geld angespart, um mit meiner Familie eine Reise nach Deutschland unternehmen zu können.

Unsere erste Station sollte bei Karin sein. Sie hatte ein Gästezimmer in ihrer Wohnung und freute sich sehr auf unseren Besuch. Mir ging es ebenso. Maricela scheute sich vor der vielstündigen Autofahrt. So nahm sie gemeinsam mit Desirée den Flieger bis Basel. Ich legte die Fahrt allein mit meinem Auto zurück.

Bei meiner Ankunft umarmte mich Karin überschwänglich. Wir hatten uns viel zu erzählen! Am nächsten Tag fuhren wir zum Airport und holten dort Maricela und Desirée ab. In den Folgetagen erkundeten wir den Schwarzwald und besuchten alle möglichen Sehenswürdigkeiten. Karin war dabei eine gute Fremdenführerin, denn sie war mit ihrem Peter einst auch überall dort unterwegs.

Dann hieß es Abschied nehmen. Wir fuhren weite Strecken am Rhein entlang. Unser nächstes Ziel war Albersloh bei Münster. Dort wohnte meine Tante Gisela mit ihrem Mann Eberhard. Auch hier blieben wir ein paar Tage und besichtigten, was es zu besichtigen gab. Ich kannte mich ja aus, denn ich hatte seinerzeit einige Seminare an der Polizeiführungsakademie in Münster-Hiltrup besucht. In der Freizeit hatte ich die Gegend erkundet.

Dann fuhren wir weiter nach Gommern. Ich hatte eine kleine Pension angemietet. Wir besuchten meinen Vater und seine Frau, meine Schwester und ihren Mann Fred. Auch meine alte Schulfreundin Rita lud uns zu sich ein. Sie hatte einen zünftigen Grillabend organisiert.

Wir machten Tagesausflüge in den Harz, in den Wörlitzer Park und nach Magdeburg. Meinen beiden Frauen gefiel die Reise sehr gut. Die Rückreise nach Spanien erfolgte dann mit dem

Auto. Maricela sagte nach der Rückkehr, dass sie nie wieder so lange im Auto sitzen möchte.

Ich bin seither auch nie wieder nach Deutschland mit dem Auto gefahren. Jetzt fliege ich immer und nehme bei Ankunft einen Mietwagen. Das spart Zeit und Nerven.

Die Fahrt nach Andalusien

Herlinde, alle sagen „Linda" zu ihr, ist eine alleinstehende Frau. Sie hat nie einen Mann geheiratet, hatte nie eine eigene Familie und auch keine Kinder. Linda hatte ihr Leben lang als Krankenschwester gearbeitet. Eine sehr lange Zeit auf der Wöchnerinnenstation der Klinik im schweizerischen Winterthur. Sie hatte ihren Beruf geliebt und war in ihm völlig aufgegangen. Wahrscheinlich hatte sie deshalb nie einen Partner fürs Leben finden können. Aber sie hatte stets gut verdient und emsig gespart.

Als Linda pensioniert wurde, ging sie mit ihrem hochbetagten Vater, der früher in Langenargen am Bodensee Schuldirektor und Kirchenorganist war, nach Spanien und umsorgte ihn sehr umsichtig. Das Klima und ihre Pflege taten ihm sehr gut. So wurde er mehr als 101 Jahre alt.

Linda erbte das Haus, in dem beide gewohnt hatten. Zusätzlich kaufte sie von ihren Ersparnissen ein zweites Häuschen als Kapitalanlage und zur Vermietung an Bekannte.

Ich hatte Linda per Zufall kennengelernt. Wir fanden uns sympathisch, und durch verschiedene Ereignisse und Begebenheiten entstand eine Bekanntschaft, die an eine Freundschaft heranreicht.

Eines Tages bat mich Linda, sie nach Granada zu chauffieren. Dort wohnte eine Nichte von ihr. Die Nichte arbeitete als Lehrerin an einer dortigen Schule und war mit einem spanischen Lehrer verheiratet. Linda hatte für deren zwei Kinder etliche Sachen gestrickt und noch andere Dinge zu transportieren, die sie angeblich nicht im Flieger mitnehmen konnte.

Mich reizte diese Aufgabe sehr, und ich besprach mit Linda die Art der Vergütung für meine Fahrleistung. Zudem stimmte sie zu, dass Desirée mitfahren durfte. Ich hätte sie ja sowieso nicht allein zu Hause lassen können, denn Maricela weilte zu diesem Zeitpunkt in der Dominikanischen Republik. Es gab dort Probleme mit den Mietern im „Casa Negra".

Beim Klassenlehrer erhielt ich auf Antrag eine Freistellung für das Mädchen. Desirée sollte bei Rückkehr einen ausführlichen Reisebericht vor der Klasse abgeben.

Ich berechnete die Fahrtstrecke und informierte mich per Internet über wichtige Ausflugsziele in der näheren und weiteren Umgebung von Granada. Eine preiswerte Unterkunft war auch schnell reserviert. Dann ging es los!

Es war Frühjahr und noch nicht so heiß in Andalusien. Am Vortag unserer Reise hatte ein heftiges Unwetter auf Höhe der Hälfte unserer Fahrstrecke getobt. Mächtige Regenfälle hatten gar eine Autobahnbrücke zum Einsturz gebracht und die umliegende Gegend in eine weitläufige Seenlandschaft verwandelt. Wir wurden von der Autobahn abgeleitet und irrten dann über schlammüberzogene Nebenstraßen bis zu unserem Ziel. Wir hatten mehr als zwei Stunden Zeit verloren, und mein Auto war beinahe komplett mit einer Schlammkruste überzogen!

Die Erlebnisse der nächsten Tage entschädigten für die Strapazen der Anreise. Da Lindas Nichte und deren Familie im laufenden Schulprozess integriert waren, konnten wir die Tage für Ausflugsfahrten nutzen. Natürlich besichtigten wir die Alhambra in Granada. Die nötigen Eintrittskarten hatte ich bereits per Internet geordert.

An einem anderen Tag fuhren wir nach Córdoba. Zunächst mieteten wir eine der zahlreichen Pferdekutschen und machten damit eine sehr interessante Stadtrundfahrt. Anschließend besuchten wir einige Objekte, die während dieser Rundfahrt unsere besondere Aufmerksamkeit geweckt hatten. Besonders die Mezquita, eine im Jahr 1236 errichtete Moschee, beeindruckte uns sehr. Andalusien stand ja zur damaligen Zeit unter arabischer Herrschaft.

Wir fuhren auch nach Ronda und besichtigten einige der zahlreichen Sehenswürdigkeiten dieser Stadt. Besonders faszinierte uns die Bogenbrücke, welche die Stadtteile El Tajo und El Mercadillo, die durch eine 140 Meter tiefe Schlucht getrennt sind, verbindet. Dieses imposante Bauwerk wird leider oft von Menschen missbraucht, die sich in suizidaler Absicht von ihr hinab in den Tod stürzen. Uns war überhaupt nicht danach, einen Sprung zu wagen! Dafür fanden wir einen Platz auf der Terrasse eines Restaurants und ließen uns dort mit einem sehr köstlichen Hammelkeulenbraten verwöhnen. Dazu genossen wir den Blick auf diese Brücke.

Weitere Ausflugsziele waren auch die Stadt der Reichen und Schönen, Málaga, und die Tropfsteinhöhle in der Nähe von Nerja. Die uns zur Verfügung stehende Zeit reichte nicht, um alle Schönheiten Andalusiens im Umfeld von Granada aufzusuchen und zu bewundern. Dennoch war es eine sehr beeindruckende Reise!

Maricela lässt sich zur Friseurin ausbilden

Wenn es einst Astrids Wunsch war, einen eigenen Kosmetiksalon zu betreiben, so war es der Wunsch Maricelas, einen Friseursalon zu führen. Sie hatte sich bereits durch Beobachtung und Probieren einige Tricks und Kniffe abgeschaut und eine gewisse Praxis als Friseurin angeeignet. Es fehlte aber noch ein entsprechendes Berufszertifikat.

Wir fuhren in die nächstgrößere Stadt. In Vilanova gab es ein solches Ausbildungszentrum. Maricela meldete sich dort an, entrichtete die Studiengebühr, und von Stund an fuhr ich zuerst Desirée zur Schule und anschließend Maricela zur Ausbildung.

Mit dem Zertifikat in der Hand suchte Maricela eine Anstellung, fand aber keine Arbeit. An jeder Ecke gab es einen Friseursalon!

Wir wohnten inzwischen in einer weitaus größeren Wohnung. Maricela richtete in einem Zimmer einen Friseursalon ein und begann sozusagen im „Homeoffice" Kundinnen zu frisieren. Das Kundeninteresse war mehr als „schaumgebremst". Dabei hatte Maricela bei der Beschaffung ihres Handwerkzeugs und bei den Produkten, die zur Anwendung kamen, keinesfalls gespart!

Nachdem sich der heimische Frisiersalon als eine Fehlinvestition herausgestellt hatte, richtete ich diesen Raum als Schlafzimmer her. Dann unterbreitete ich Maricela meine Idee, dass doch ihr Sohn bei uns wohnen könnte. Er bezahlte für sein winziges Apartment in einer abgelegenen Nebengasse in Barcelona einen Wucherpreis. Maricela willigte ein, und Tony war begeistert! So konnte er einige Hunderter im Monat sparen. Für mich war wichtig: Die Familie war komplett!

Diese Harmonie währte mehr als zwei Jahre. Dann bekam Tony ein Angebot, in einem Luxushotel in Madrid als Hotelpage zu arbeiten. Der Verdienst war sehenswert, und eine winzige Wohnung in der Nähe war auch schnell gefunden. Tony zog aus.

Diese Situation nutzte Desirée und bat darum, gemeinsam mit ihrem langjährigen Freund dieses Zimmer bewohnen zu dürfen. Ich stimmte gönnerhaft zu.

Kurz darauf berichtete Maricela von der Chance, in der Schweiz als Friseurin arbeiten zu können. In der Schweiz lag das Lohnniveau mindestens viermal höher als in Spanien.

Eine ehemalige Kollegin hatte sie darüber informiert, dass in einem dortigen Nachtklub die Position einer Friseurin vakant sei.

Maricela packte ihre Siebensachen. Ich buchte ihr einen Flug, und sie ging auf die Reise zum großen Geldverdienen.

Ich blieb mit Desirée und ihrem Erik allein zurück. Ich war wirklich allein! Es fand kein Familienleben statt. Die beiden Jugendlichen schliefen ausgiebig und lange. Sie hatten inzwischen eine Anstellung bei McDonald's gefunden. Sie kamen nach einem unsystematischen Schichtplan zum Einsatz, der sich wohl nach den Kundenzahlen zu bestimmten Tageszeiten richtete. So war der Tag eigentlich in einzelne aktive Stunden eingeteilt. In der restlichen Zeit spielten die beiden mit riesiger Begeisterung und Intensität irgendwelche Computerspiele. Sie lebten in einer anderen Welt! Ich bekam die beiden nur zu Gesicht, wenn ich zu Tisch rief. Dann schlurften sie, noch mit Nachtzeug bekleidet, ungewaschen und ungekämmt herbei. Sie aßen wortlos das von mir zubereitete Essen und schlurften ebenso wortlos in ihr Zimmer zurück. Kein Lob, kein Dank. Nichts.

Tony hatte seinerzeit monatlich einen kleinen finanziellen Beitrag geleistet. Die beiden hatten jedoch nur einmal etwas gezahlt, dann nie wieder.

Ich wusste, dass Eriks Eltern in Scheidung lebten und ihr kleines Reihenhaus leer stand, da beide bei ihren neuen Partnern lebten. Ich nötigte Desirée und Erik, dort einzuziehen. Ich argumentierte mit der Legende, dieses Zimmer an Tagestouristen vermieten zu wollen. Als ich mit den Renovierungsarbeiten begann, zogen sie endlich aus.

Es kam vor, dass Fahrgäste von mir mit ihrem Quartier nicht zufrieden waren und mich baten, Ersatz zu besorgen. Diese „Marktlücke" wollte ich schließen!

Mein erster Gast im „Fremdenzimmer" war eine deutsche Frau. Ein flüchtiger Bekannter von mir hatte sie mir vermittelt. Sabine wollte in Spanien sesshaft werden und zog für zwei Wochen bei mir ein. In dieser Zeit wollte sie eine Wohnung finden und sich ordnungsgemäß anmelden. Eine Arbeitsstelle benötigte sie nicht, da sie schon Rente bezog.

Ich half ihr bei allen Behördenwegen, bei der Wohnungssuche und besorgte ihr einen Platz in einem Spanischkurs. Letztendlich hatte sie gar einen spanischen Personalausweis für Ausländer. Das kleine Apartment, das ich für sie in Comarruga gefunden hatte, gefiel mir selbst ganz ausgezeichnet!

Sabine flog nach Deutschland zurück, löste dort ihren Haushalt auf, meldete sich beim Einwohnermeldeamt ab und kam mit dem Flieger zurück. Sie landete mit nur einem Koffer, denn sie brauchte die zweite Hand für den Transportbehälter für Lady. Die Hundedame war ein mittelgroßer Mischling aus dem Tierasyl. Lady war vom ersten Moment an in mich verliebt.

Sabine richtete sich in ihrem Apartment in Comarruga ein und war bemüht, sich einzuleben. Sie verstand es jedoch nicht, Kontakte zu knüpfen, die sich ihr als Hundebesitzerin beim Gassigehen mehr als genug boten. Ihr Handicap war das Gehör und ihre untauglichen Hörgeräte, die sie tragen musste. Für sie war es auch sehr schwer, sich mit der spanischen Sprache vertraut zu machen. In kritischen Situationen sprach sie dann Englisch, was in Spanien eine fast aussichtslose Praxis ist, um sich verständlich zu machen. Alsbald stellten sich auch gesundheitliche Probleme ein. Es mussten zwei Stents gesetzt werden, um die Blutzufuhr in den Herzkranzgefäßen zu verbessern. Es war sogar eine Unregelmäßigkeit in der Funktionsweise der Herzklappen diagnostiziert worden. Das brachte Sabine jedoch nicht dazu, ihren Zigarettenkonsum zu minimieren oder das Rauchen gänzlich aufzugeben.

Sie war vollkommen verunsichert, gar hilflos, und ich musste sie ständig begleiten und als Dolmetscher fungieren. Schließlich folgte sie den Empfehlungen ihrer Kinder und kehrte nach Deutschland zurück.

Maricela geht in ihre Heimat zurück

Maricela kam mit dem Flieger aus Zürich und bat mich, sie vom Flieger abzuholen. Ich nahm Desirée mit, und wir freuten uns während der gesamten Rückfahrt, dass wir wiedervereint waren. Diese Freude währte jedoch nicht lange. Maricela flog wenige Tage später wieder in die Schweiz zurück. Ich konnte ihr beim Kofferpacken unbemerkt über die Schulter schauen. Was sie da einpackte, sah nicht nach Berufsbekleidung für Friseurinnen aus.

Zur Rede gestellt, erklärte sie unumwunden, dass sie wieder in einem Nachtklub arbeitet. So könne sie schnell und viel Geld verdienen. Sie sei es leid, mich wegen jedes Euros anbetteln zu müssen.

Dass sie in einem Nachtklub in der Schweiz als Friseurin arbeitet, war also eine fette Lüge von ihr! Ich war enttäuscht und wollte unter diesen Bedingungen nicht weiter mit ihr zusammenleben.

Unbeirrt flog Maricela in die Schweiz zurück. Als sie nach einigen Wochen zurückkam, zog sie zu Tony nach Madrid.

Maricela gefiel das Leben in Madrid sehr. Der Trubel, das Großstadtflair! Dort konnte sie, ausgiebig gestylt und geschminkt, durch die Prachtstraßen flanieren, um bewundernde Blicke zu ernten. Sie stöberte auch in den zahlreichen Boutiquen; für den Kauf eines Modeartikels fehlte ihr jetzt aber das Geld.

Letztendlich kaufte sie sich von ihrem letzten Geld ein Flugticket und kehrte in ihre Heimat zurück. Es sollte nur ein mehrwöchiger Besuch bei ihrer Familie werden. Dann kam jedoch die Corona-Pandemie, und aufgrund der festgelegten Sicherheitsauflagen war an einen Rückflug nicht zu denken. Inzwischen hat sich Maricela mit dem Leben dort wieder angefreundet und lebt dort zufrieden.

Sie hatte mich stets gefragt, ob ich damit einverstanden sei, was ich bejahte. Und sie fragte mich auch, ob ich mich scheiden lassen würde. Das verneinte ich strikt. Zum einen habe ich keinerlei Ambitionen, erneut mit einer Partnerin zusammenzu-leben. Zum anderen möchte ich, dass Maricela eines Tages in den Genuss meiner Witwenpension kommt. Wir haben eine schö-ne Zeit miteinander erlebt, und dafür soll sie versorgt sein. Ich möchte nicht, dass dieses Geld dem Staat verfällt.

Andreas gründet eine Familie

Andreas hatte in seinem bisherigen Leben sehr zahlreiche Bekanntschaften von kurzer oder auch etwas längerer Dauer. Er ging jedoch auch langandauernde und intensive Partnerschaften ein. Er war stets auf der Suche nach der idealen Frau für seinen größten Lebenswunsch. Er wollte eine Familie gründen und einen Sohn zeugen, den er mit Liebe, Fürsorge und Zärtlichkeit umsorgen könnte. Dem er all das vermitteln und zukommen lassen könnte, was er in seiner Kindheit vermisst hatte!

Andreas hatte in seiner ehemaligen Firma gekündigt und ein eigenes Unternehmen gegründet. Er witzelte immer, dass nur die erste Million schwer zu verdienen sei. Durch sein Engagement schrieb die Oberon GmbH stets schwarze Zahlen. Andreas hatte also ein stabiles Fundament für seine künftige Familie geschaffen.

Er lernte Sabine kennen. Sie stammte aus der Lausitz, lebte und arbeitete viele Jahre im Ausland und hatte sich nun in Berlin niedergelassen. Ihre Mutter wohnte auch in der Nähe. Sabine brachte zwei wohlerzogene Mädchen im Vorschulalter mit. Sie hatte also durchaus gute Erfahrungen als Mutter und Erzieherin. Das schien für Andreas die Garantie, dass sie für sein künftiges Kind die perfekte Mutter sein könnte.

Es dauerte nicht sehr lange und Sabine war schwanger. Es sollte unbekannt bleiben, ob es ein Junge oder ein Mädchen werden würde. Die Hauptsache war, der neue Erdenbürger ist gesund. Wobei sich Andreas sehr sicher war, dass es ein Junge werden würde. Ich weiß nicht, woher er seine Gewissheit nahm.

Die vier suchten eine neue und größere Wohnung, die sie letztendlich auch fanden. Um beim Umzug zu helfen, flog ich nach Berlin und machte mich in der neuen Wohnung nützlich. Andreas verbrachte nach wie vor viele Stunden des Tages in seiner Firma. Wenn er am Abend nach Hause kam, staunte er nicht schlecht, was ich alles schon montiert und angebracht hatte. Andreas war nie ein Heimwerker.

Ende August 2019 fand dann die Hochzeit statt. Im Gutshaus Stolpe, in einem sehr romantischen Winkel in Mecklenburg-Vorpommern gelegen, war ein rauschendes, filmreifes Fest organisiert. Es gab keinen einzigen Kritikpunkt. Alle der zahlreichen Hochzeitsgäste waren des Lobes voll. Besonders Andreas' Geschäftspartner aus Israel, Mittelamerika und einigen mitteleuropäischen Staaten. Sogar das Wetter war Spitzenklasse.

Natürlich hatte ich auch eine kleine Ansprache vorbereitet. Zum Schluss wünschte ich Sabine und Andreas, dass sie ihr gesamtes Leben lang stets lieber nach Hause kommen würden, als fortzugehen!

Mein guter Wunsch ging leider nicht in Erfüllung. Im November, also nur wenige Wochen nach der Hochzeit, verstarb Andreas an einer Lungenembolie.

Im Februar kam Levi zur Welt. Andreas hatte nie erfahren, dass er einen Sohn bekommen hatte!

Ich wohne wieder in Comarruga

Die Vermieterin meiner großen Wohnung in Calafell informierte mich eines Tages darüber, dass sie diese Wohnung zu verkaufen gedenke. Das würde nicht heute und nicht morgen sein. Wenn ich jedoch ein günstiges Angebot für eine Wohnung für mich erhielte, solle ich nicht zögern.

Als einige Wochen später Sabine ihren Rückzug nach Deutschland ankündigte, machte ich den Tausch des Mietvertrages perfekt. Ich zog in ihr Appartement.

Die „Irrwege" meines Lebens, seit ich im April 2003 Deutschland den Rücken gekehrt hatte, hatten ihr Ende gefunden. Ich war wieder in Comarruga, wo einst alles begonnen hatte!

Meine neue Wohnung ist eher ein Apartment. Über in etwa 40 Quadratmeter erstrecken sich ein Wohnzimmer mit offener Küche, davor ein Balkon, auf dem zwei Stühle und ein Tisch Platz finden, ein winziges Bad, ein großes und ein kleines Schlafzimmer. Das kleine Schlafzimmer ist zum einen mein „Büro", zum anderen das „verbotene Zimmer". In diesem Zimmer bringe ich Dinge unter, für die ich im Moment keine Verwendung habe bzw. von denen ich nicht weiß, wo ich sie sonst lassen soll. Dieses Zimmer dokumentiert eine meiner Lebensmaximen: „Nur das Genie beherrscht das Chaos!" Wenn sich Besucher zu mir verirren, halte ich diese Tür strikt geschlossen.

Vom Balkon aus kann ich deutlich das Meer sehen. Wenn die Wellen von links, also aus Richtung Barcelona kommen, bedeutet das, dass das Wetter unbeständig, gar regnerisch wird. Kommen die Wellen von rechts, also aus Richtung Tarragona, bleibt das Wetter stabil und schön. Somit ist mir rechts lieber als links, oder auch: Mir gefällt Tarragona besser als Barcelona!

Bei klarer Sicht sehe ich gar die Berge von Montserrat. In diesem Bergmassiv befindet sich die Kathedrale mit dem Heiligtum der Katalanen, der Schwarzen Madonna, einer lebensgroßen prächtigen Holzfigur. Das Holz hat sich durch Umwelteinflüsse, insbesondere die Kirchenbeleuchtung mit offenem Feuer, über die Jahrhunderte hinweg schwarz gefärbt.

Gegenüber schaue ich auf die Freifläche der benachbarten Wohnanlage. Dort gibt es gepflegten Rasen, einen Spielplatz und einen Pool. Ebenso ist die Freifläche in meiner Wohnanlage gestaltet.

Ich habe es nicht weit bis zum Bahnhof, zur Post und zu einem kleinen Supermarkt. Bis zur Strandpromenade laufe ich knapp zehn Minuten bergab, durch eine von Olivenbäumen gesäumte Treppenanlage.

Auf der breiten Promenade gibt es keinen Straßenverkehr. Etliche Lokale reihen sich aneinander. Es hat nicht lange gedauert, bis ich eine Eisdiele gefunden habe, auf deren Terrasse ich täglich am Morgen meinen Kaffee trinke. Einen kurzen Fußweg weiter befindet sich mein Stammlokal, das sehr gutes Essen anbietet. Das Personal ist bestens geschult. Es ist alles sehr sauber und gepflegt. Die Küche befindet sich in einem „Glaskäfig"! Das Restaurant La Verema ist mein Wohn- und Esszimmer und das Personal meine Familie, erkläre ich immer. Rafael, der Koch, bereitet mir auf besonderen Wunsch auch einmal ein Mittagessen, das nicht auf der Karte steht!

Bis nach Calafell sind es nur knapp sieben Autominuten. So ist es kein Problem, die bisher bestehenden Kontakte zu meinen zahlreichen Bekannten aufrechtzuerhalten.

Die Betreuung „meiner" Ferienhäuser habe ich einem guten Bekannten übertragen.

Die Corona-Pandemie

Ich „stöbere" immer gern im Internet und informiere mich dort zu verschiedensten Ereignissen und Themen. Ende Oktober des Jahres 2019 erfuhr ich von einem „Szenario" der WHO. Man führte ein Planspiel zu einer plötzlich eingetretenen Virenepidemie durch. Fiktiv operierte man mit unzähligen Erkrankten bis hin zu etwa 80 Millionen Todesopfern weltweit. Da lief es einem kalt den Rücken herunter! Ich tröstete mich damit, dass es ja nur eine Simulation war.

Beunruhigt war ich jedoch schon. Als ehemaliger Militär wusste ich ja von Atomwaffen, auch von Chemiewaffen und vor allem von heimtückischen biologischen Kampfmitteln. Aber nicht mit Opfern in dieser Größenordnung! Alles ist möglich!

Beinahe zur gleichen Zeit hatte ich einen Film gesehen, der schon im Jahr 2011 gedreht worden war. Als „Science-Fiction" kategorisiert, handelt der Film *Contagion*, mit Kate Winslet, Gwyneth Paltrow und Matt Damon in den Hauptrollen, von einer erfolgreichen Unternehmerin, die nach einem Geschäftsbesuch aus dem asiatischen Raum nach Hause zurückkehrt und plötzlich so schwer erkrankt, dass sie stirbt.

In Freilandhaltung gehaltene Hausschweine fraßen, so die Filmhandlung, Sekrete und Fäkalien von virenbefallenen Fledermäusen. Die auf diese Weise infizierten Schweine gelangten in die menschliche Nahrungskette. So gab es auch Speisen aus derart verseuchtem Schweinefleisch zum Abschiedsessen der Geschäftsfrau, ehe sie ihren Rückflug in die USA antrat.

Das Virus verbreitete sich in Windeseile und löste eine Epidemie aus. Es wurde schnell ein Impfstoff entwickelt und brachte den beteiligten Pharmakonzernen Riesengewinne, da dieses heißersehnte Serum zu Wucherpreisen angeboten wurde. Es gab auch skrupellose Lieferanten, die Placebos anstatt des Serums teuer verkauften.

Als Ende Februar, Anfang März 2020 in den Medien von einem todbringenden Virus berichtet wurde, das im asiatischen Raum erstmals aufgetreten war und sich mit Windeseile weltweit verbreitete, erinnerte ich mich sofort an diese beiden Informationen, die ich einst aufgenommen hatte. War das Planspiel gar kein Brainstorming gewesen, sondern eine auf vorhandenen Fakten beruhende Prognose?

Wieso verbreitete man offiziell die Legende, dass Fledermäuse das Virus auf Menschen übertragen hätten? Die durchaus berechtigte Annahme, dass es sich um einen „Unfall" in den biochemischen Laboratorien im chinesischen Wuhan gehandelt haben könnte, wurde strikt negiert.

Das Virus war da! Unbestritten! Seine Herkunft jedoch gemäß einer Drehbuchidee darzustellen, machte für mich die ganze Sache etwas unglaubwürdig.

Bald darauf wurden entsprechende Schutzmaßnahmen angeordnet. Geduldig trug ich in der Öffentlichkeit die befohlene Schutzmaske. Dann kam der totale Lockdown! Das gesamte Leben kam zum Stillstand. Noch nie in meinem Leben bin ich bisher mit Stubenarrest bestraft worden! Nun für mehr als sieben Wochen!

Täglich verbrachte ich viele Stunden vor dem Fernsehgerät und verfolgte die Nachrichten, Regierungserklärungen und Situationsberichte. Ich sehnte den Tag herbei, an dem dieser Spuk endlich ein Ende haben würde. Nur per Telefon konnte man sich mit anderen unterhalten. Auf der Straße gab es nichts zu sehen. Die streunenden Katzen sonnten sich mitten auf der Fahrbahn, denn es kamen keine Autos vorbei. Alles war wie ausgestorben!

Trotz dieser allzu strikten Isolationsmaßnahmen infizierten sich die Menschen weiterhin, etliche mussten zur Behandlung in die Kliniken oder gar in die dortigen Intensivstationen eingeliefert werden. Einige starben gar. Wobei nicht konkret untersucht wurde, ob sie direkt an dem Virus oder aus einem anderen Grund mit parallel festgestellter Corona-Infektion erkrankt oder verstorben waren.

Es war gestattet, Lebensmittel einzukaufen, man durfte in der Apotheke benötigte Medikamente holen und durfte auch einen Arzt aufsuchen. Es war bei empfindlicher Geldstrafe strikt verboten, sich außerhalb der eigenen Wohnung aufzuhalten!

Nun, ich hätte jeden Tag zu irgendeinem Supermarkt fahren können und unter Beachtung der vorgeschriebenen Sicherheitsmaßnahmen zwischen den langen Reihen der Warenträger spazieren gehen können. Ich machte es besser! Obwohl ich kein Raucher bin, kaufte ich mir jeden Tag eine Schachtel Zigaretten und die Tageszeitung. Dazu lief ich gemütlich hinunter an die Strandpromenade und dann bis an deren anderes Ende. Dort war der Zeitungsladen, der auch Zigaretten verkaufte. Ich hatte so ein Alibi für einen ausgedehnten Spaziergang.

Sehr zögerlich wurden die strikten Maßnahmen zur Eindämmung des Infektionsgeschehens gemindert. Grundlage waren sogenannte Inzidenzzahlen. Man erfasste statistisch die mit einem speziellen Verfahren durchgeführten Tests und ermittelte so einen Wert pro 100.000 Einwohner. Dieser Wert allein war die Richtschnur für die Verschärfung oder die Verringerung der auferlegten strengen Restriktionen. Man orientierte sich nur oberflächlich an den Covid-Erkrankten, die stationäre Aufnahme in Kliniken oder gar in den Intensivstationen gefunden hatten.

Parallel dazu entwickelten führende Pharmakonzerne verschiedene Impfstoffe, die nach extrem verkürzter Testphase und ohne gründliche Erforschung der möglichen Neben- und Nachwirkungen auf den Markt gebracht wurden. Diese Impfstoffe wurden als „Rettung der Menschheit" propagiert. Die Mehrheit der Bevölkerung ließ sich demzufolge freiwillig impfen. In der Hoffnung, eine mögliche Infektion auszuschließen oder zumindest einen schweren Verlauf oder gar den Tod zu verhindern.

In der DDR war es seinerzeit Pflicht, sich jedes Jahr gegen die Grippe impfen zu lassen. Nach dieser Impfung war ich stets mehrere Tage lang stark erkältet, hatte Kopfschmerzen, erhöhte Temperatur und andere Begleiterscheinungen. Nach der politischen Wende war diese Impfung nicht mehr Pflicht. Seither habe ich mich nie wieder gegen die Grippe impfen lassen. Dennoch bin ich nie schwer erkrankt und hatte auch nicht mehr mit den Begleiterscheinungen dieser Impfung zu kämpfen. Ich ernähre mich immer gesund und vitaminreich, bewege mich viel an der frischen Luft und vor allem in der Sonne. So, denke ich, habe ich mir ein stabiles Immunsystem geschaffen, das meinen Organismus vor Infektionen aller Art schützt.

Mein Enkel Levi

Natürlich hatte ich meinem Enkel Levi sofort nach seiner Geburt einen Besuch abgestattet. Es war ein unbeschreiblich schönes Gefühl, diesen kleinen Erdenbürger im Arm zu halten. Obwohl er erst wenige Tage alt war, schaute er mit seinen blauen Augen recht aufmerksam drein. Einmal, so schien es mir, blickte er mir so eindringlich und direkt in die Augen und verzog dabei sein kleines Gesicht zu einem warmen Lächeln, dass ich meinte, er schaue stellvertretend für seinen Vater. Ich bin fest überzeugt, dass mein verstorbener Sohn Andreas in ihm weiterlebt. Daraus ergibt sich für mich die Aufgabe, mich nicht nur als Opa um den kleinen Kerl zu bemühen. Vielmehr möchte ich auch den nicht mehr vorhandenen Part des Vaters stellvertretend übernehmen. In meiner Fantasie schmiede ich bereits Pläne und sehe ihn schon, große Zeiträume über, als meinen Gast hier in Spanien. Ich möchte ihm all das an Lebenserfahrung und -weisheit vermitteln, was sein Vater sehr gern getan hätte.

Sicherlich ist es eines Tages so weit, dass ich meinen Enkel betreuen und beherbergen kann. Ich freue mich schon sehr auf diese Aufgabe! Ich habe auch schon lange keine „Kleckerburgen" am Strand gebaut!

Inhaltsverzeichnis

HERZ FÜR AUTOREN A HEART FOR AUTHORS À L'ÉCOUTE DES AUTEURS MIA KAPΔIA ΓIA ΣYΓΓPA
HJÄRTA FÖR FÖRFATTARE UN CORAZÓN POR LOS AUTORES YAZARLARIMIZA GÖNÜL VERELIM SZÍV
PER AUTORI ET HJERTE FOR FORFATTERE EEN HART VOOR SCHRIJVERS TEMOS OS AUTOR
ZÖINKÉRT SERCE DLA AUTORÓW EIN HERZ FÜR AUTOREN A HEART FOR AUTHORS À L'ÉCOUT
ВСЕЙ ДУШОЙ К АВТОРАМ ETT HJÄRTA FÖR FÖRFATTARE Á LA ESCUCHA DE LOS AUTOR
MIA KAPΔIA ΓIA ΣYΓΓPAΦEIΣ UN CUORE PER AUTORI ET HJERTE FOR FORFATTERE EEN H
ARIMI ZERZÖINKÉRT SERCE DLA AUTORÓW EIN HERZ FÜR
SCHR CORAÇÃO ВСЕЙ ДУШОЙ К АВТОРАМ ETT HJÄRTA FÖR

Der Autor

Gerhard Wolf, geboren 1948, absolvierte nach
seiner Ausbildung zum BMSR-Techniker die
Offiziershochschule des Ministeriums des Innern
und arbeitete fast 30 Jahre lang als Truppen- und
Stabsoffizier für die Volkspolizei der DDR. Nach der
deutschen Wiedervereinigung engagierte er sich
bis zu seiner vorzeitigen Versetzung in den Ruhestand 2003 im Polizeidienst von Sachsen-Anhalt.
Wolf lebt in Spanien, wo er sich seinen Hobbys,
dem Malen und Schreiben, widmet.
In der Anthologie 11 ist 2022 die Kurzgeschichte
„Der Schrank" von ihm erschienen.

Der Verlag

*Wer aufhört
besser zu werden,
hat aufgehört
gut zu sein!*

Basierend auf diesem Motto ist es dem novum Verlag
ein Anliegen, neue Manuskripte aufzuspüren, zu ver-
öffentlichen und deren Autoren langfristig zu fördern.
Mittlerweile gilt der 1997 gegründete und mehrfach
prämierte Verlag als Spezialist für Neuautoren in
Deutschland, Österreich und der Schweiz.

**Für jedes neue Manuskript wird innerhalb
weniger Wochen eine kostenfreie, unverbind-
liche Lektorats-Prüfung erstellt.**

Weitere Informationen zum Verlag und
seinen Büchern finden Sie im Internet unter:

www.novumverlag.com